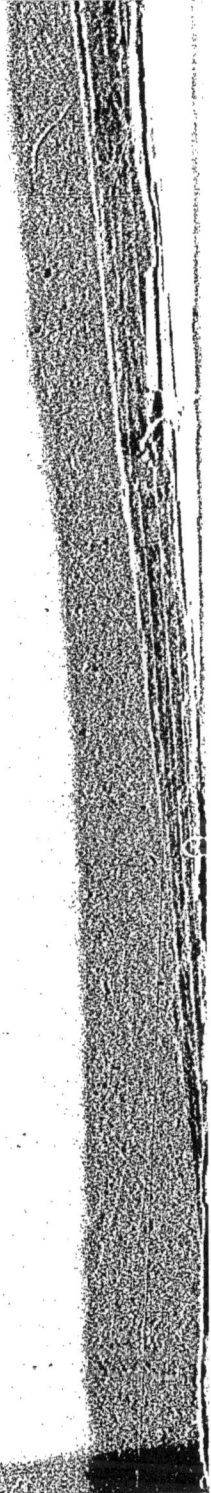

LE
DROIT CIVIL
DE GENÈVE
SES PRINCIPES ET SON HISTOIRE

PAR

A. FLAMMER

NOTAIRE

*membre effectif et ancien secrétaire général de l'Institut
national genevois.*

FORMANT LE TOME XX DU BULLETIN DE L'INSTITUT

GENÈVE
CHEZ LES PRINCIPAUX LIBRAIRES
—
1875

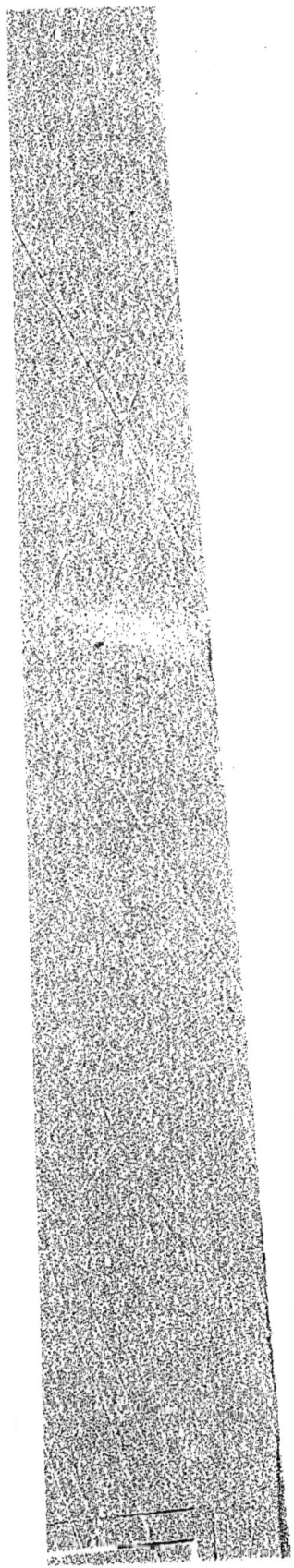

LE DROIT CIVIL

DE GENÈVE

SES PRINCIPES ET SON HISTOIRE

DU MÊME AUTEUR

Lois civiles et commerciales qui constituent, avec les Codes, la législation du canton de Genève, réunies dans l'ordre des Codes, par Antoine FLAMMER, avec la collaboration de Edouard Fick ; 1 vol. in-8°, de 408 pages, 1859, 6 fr.

Lois pénales, d'instruction criminelle et de police, qui forment, en ces matières, avec les Codes français et le Code pénal militaire fédéral, la législation du canton de Genève, réunies dans l'ordre chronologique, annotées, suivies des concordances des Codes avec ces Lois, et précédées d'une Introduction, 1 vol. in-8°, de 440 pages, 1862, 5 fr. 50 (1).

Usages ou jurisprudence coutumière du canton de Genève, 1 vol. in-8°, de 242 pages, 1866, 6 fr.

De l'organisation des Tutelles dans le canton de Genève, br. de 36 pages, 1869, 1 fr.

(1) Un nouveau *Code pénal* a été promulgué en 1874.

LE
DROIT CIVIL
DE GENÈVE
SES PRINCIPES ET SON HISTOIRE

PAR

A. FLAMMER

NOTAIRE

membre effectif et ancien secrétaire général de l'Institut national genevois.

FORMANT LE TOME XX DU BULLETIN DE L'INSTITUT

GENÈVE
CHEZ LES PRINCIPAUX LIBRAIRES
—
1875

LE

DROIT CIVIL GENEVOIS

DANS

SON DÉVELOPPEMENT HISTORIQUE

PAR

ANTOINE FLAMMER

AVANT-PROPOS

Dans une de ces solennités où, selon l'antique usage de notre République, ses premiers magistrats, en entrant en charge, prêtent sur les Saintes-Écritures, devant les Autorités et le Peuple réunis dans la cathédrale, le serment de fidélité, feu M. le syndic J.-J. Rigaud, s'adressant au Conseil Représentatif, s'exprimait ainsi :

« Il serait digne des travaux de quelques-uns de
« nos jeunes jurisconsultes de s'attacher à repren-
« dre toutes les opérations de cette assemblée, de
« reproduire l'organisation de toutes les branches
« de l'administration, *de faire connaître l'origine de*
« *nos lois et de les suivre dans leur développement.* »

Et il ajoutait : « Ce tableau historique de la législa-
« tion de notre pays serait non-seulement un tra-
« vail intéressant, il serait de plus l'œuvre d'un bon
« citoyen. »

En lisant, il y a quelques années, ces nobles et
encourageantes paroles, je résolus de tenter la réalisation d'une partie du programme qu'elles contiennent ; de là est né l'ouvrage que j'offre aujour-
d'hui au public genevois.

Il me semble qu'il est venu à son heure. Après
une période de soixante années, en effet, il peut être
utile de résumer, de la sorte, les modifications qui
se sont accomplies dans notre droit civil ; au moment
surtout où une partie importante de ce droit, se
trouve avoir été placée, par la nouvelle Constitution,
dans la compétence des Conseils de la Confédération.

Je n'ai épargné ni recherches, ni peines, ni méditations pour que cet ouvrage, qui ne franchira guère,
je le sais, les limites de notre canton, soit aussi
exact et aussi complet que possible ; et cependant,
ce n'est pas sans une certaine défiance de moi-
même que je me décide à le publier ; car j'ai le sentiment qu'avec plus de loisir et de science, je fusse
resté moins éloigné de l'idéal.

Mais, en toutes choses, il faut savoir se borner.

Tel qu'il est, cependant, j'aime à croire que ce

travail pourra rendre quelques services, qu'il contri-
buera à répandre la connaissance de notre législation, et qu'il comblera une lacune que présentait
sous ce rapport notre histoire nationale.

C'est sans doute dans cette pensée que la Section
des sciences morales et politiques, d'archéologie et
d'histoire, m'a autorisé à le faire paraître dans le
Bulletin de l'Institut genevois.

Genève, 17 Août 1874.

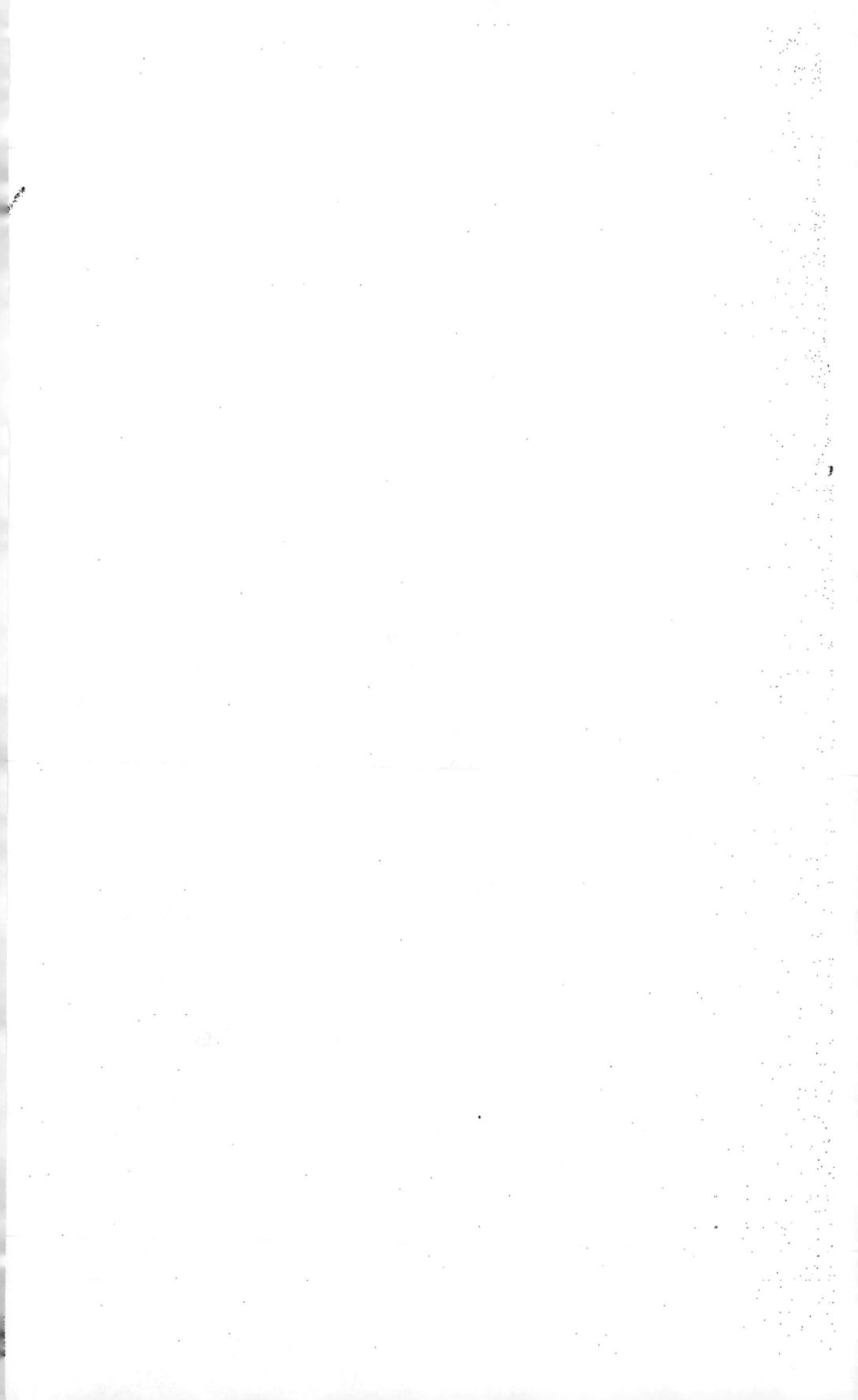

INTRODUCTION

§ Ier

LE DROIT CIVIL ; SA DOUBLE SANCTION. — COUP-D'ŒIL
SUR LA CONSTITUTION POLITIQUE ET CIVILE DE L'AN-
CIENNE GENÈVE.

Le droit civil est l'ensemble des principes et des formes qui
déterminent les rapports juridiques des personnes et leurs
droits sur les choses susceptibles d'entrer, à titre de propriété
ou par leur usage, dans la possession individuelle ou collective. C'est ce droit qui assure, en particulier, la protection et
la perpétuité de la famille, qui consacre la propriété et règle
la transmission des biens, par l'effet des conventions et de
l'hérédité ; qui fixe ainsi les conditions et les limites de la
liberté individuelle, par une juste pondération avec les intérêts
généraux de la société.

Le droit civil est donc la mesure de la liberté individuelle ;
mais il ne constitue pas cette liberté tout entière ; car elle ne
reçoit son couronnement que par la liberté politique qui, en
élevant l'homme à la dignité de citoyen, lui donne par cela
même les moyens de développer pleinement ses facultés, en lui
assurant une légitime part d'activité et d'influence.

Le droit civil a une double sanction, celle que lui donne le
droit naturel et celle de l'autorité qui le consacre et en garantit l'exécution par les arrêts de la justice.

Le Créateur a marqué du signe de l'unité la race humaine ;
il a gravé en traits ineffaçables dans sa conscience, dans sa
raison, dans son âme, par une révélation à la fois individuelle
et collective, intérieure et extérieure, les grandes lois morales
qui forment les sources primitives et sacrées du droit, sources
que la religion a pour mission de conserver dans toute leur
sainteté et leur pureté parmi les hommes. Ces lois morales,
nul ne peut les enfreindre impunément ; elles marquent
l'exacte limite de l'ordre et du désordre, du juste et de l'injuste, du bien et du mal ; elles sont de tous les temps et de
tous les lieux ; et par cela même elles communiquent, dans
chaque pays, au droit civil, une unité et une stabilité d'autant
plus grandes qu'il s'en est plus profondément pénétré.

Mais, si l'unité est au fond, la variété est à la surface ; car
le droit civil, bien que fondé sur le droit naturel, subit, dans
son établissement et sa formation, l'influence de bien des circonstances diverses, et tout particulièrement celle des traditions, des mœurs, des degrés de culture intellectuelle, morale
et religieuse ; et l'on peut faire ici l'application de cette
remarque de Voltaire que « l'empire de la coutume a répandu
la variété sur la scène de l'univers. »

Considéré au point de vue de l'autorité qui a pour mission
de le constater ou de le créer, le droit civil, soit qu'il s'établisse par une plus ou moins longue succession de précédents
judiciaires, soit qu'il émane de la volonté directe d'un législateur, est un des éléments essentiels de la souveraineté ; aussi,
tant que la notion de l'Etat a été incomplète, tant que la souveraineté a été morcelée entre divers pouvoirs politiques ou ecclésiastiques, le droit civil a subi l'influence de cet état de choses ;
il s'est mélangé d'éléments aussi divers que les sources d'où
émanaient ces autorités elle-mêmes, dont les attributions et la
compétence n'étaient souvent pas clairement définies. C'est

ce qui explique la coexistence à Genève, pendant le moyen-âge, jusqu'à la Réformation, à côté du droit civil des Romains, du droit canonique, et dans une certaine mesure du droit féodal. Pendant cette longue période, cependant, le développement du droit s'était effectué lentement, par l'action de coutumes et franchises locales, dont le premier recueil authentique date de 1387 (1); elles contenaient à la fois la constitution politique et civile de la cité, constitution incomplète, il est vrai, mais qui portait en elle le germe d'un épanouissement fécond, puisqu'elle lui permit plus tard de conquérir la juridiction civile et bientôt après la souveraineté politique elle-même, dans sa plénitude.

La puissance législative, désormais répartie exclusivement entre les trois pouvoirs politiques de la République naissante, dont le développement s'était opéré dès les siècles précédents, savoir le Petit Conseil, le Grand Conseil ou Deux-Cents, et le Conseil général, ne reçut sa forme définitive qu'en 1568 par l'adoption de l'Edit portant dans une de ses principales dispositions : « Que rien ne soit mis en avant en Conseil des Deux-Cents qui n'ait été traité en Conseil estroit, ni au Conseil général, avant qu'avoir été traité, tant au Conseil estroit qu'aux Deux-Cents (2). »

Cette répartition de la puissance législative fut le centre et la clef de voûte de la constitution de l'ancienne République, et

(1) Voyez Éd. Mallet, *Libertés, Franchises, Immunités, Us et Coutumes de la Cité de Genève*, Genève, 1843.—Pictet de Sergy, *Genève, Origine et développement de cette République*, t. II. chapitre III, p. 101 : *Analyse des Franchises*. — Jules Vuy, *Rapport fait à l'Institut genevois sur le concours relatif aux Franchises de Genève. Bulletin de l'Institut*, 1864.

(2) Disposition reproduite à peu près textuellement par l'Édit de 1782 et par le Code Genevois de 1791, liv. I, titre 8.

l'édit de 1758 ne fit que la confirmer en maintenant au Petit
Conseil le droit exclusif d'initiative, ce *droit négatif*, que
défendit avec tant d'éloquence et de talent l'auteur des *Lettres
écrites de la campagne*. Elle explique la longue durée des lois
de l'ancienne République, et éclaire l'histoire orageuse de ses
luttes intestines; elle fait comprendre aussi comment, malgré
la prédominence que l'édit de 1568 assura pour longtemps,
par la forme des élections, à certaines familles privilégiées,
l'existence du Conseil général qu'il consacrait fut en réalité la
sauvegarde de la démocratie genevoise.

A dater de la Réformation, le droit canonique cessa de faire
partie de la législation civile et ecclésiastique de la République. OEuvre exclusive de l'Eglise romaine, ce droit s'était
développé à travers les siècles par les canons des conciles et
les décrets des Papes dont il avait affermi la domination tem-
porelle. La cour de l'Official jugeait au nom de l'Evêque toutes
les affaires civiles qui n'étaient pas dans la juridiction inférieure
du Vidomne. On appelait de ses décisions à Vienne, devant le
Métropolitain, et à Rome, auprès du Pape. L'administration de
la justice civile était donc presque toute entière dans les mains
de l'Eglise. La République, dès le début de sa constitution, fut
investie des deux plus importantes bases de l'Etat moderne;
le pouvoir législatif, qui jusqu'alors n'avait existé qu'à l'état
d'embryon, et le pouvoir judiciaire.

Nos franchises et coutumes locales avaient, il est vrai, déjà
apporté au droit canonique d'importantes restrictions, comme
elles en avaient également mis au régime féodal; à ce point de
vue, indépendamment des autres garanties qu'il consacrait, ce
code a pour nous une grande valeur historique, car il est le
monument authentique des origines bien plus anciennes de
notre ancien droit national et de nos libertés. Cependant, malgré ces restrictions, le droit canon pesait encore de tout son

poids, principalement dans les matières matrimoniales, lorsque la Réformation le fit disparaître.

La féodalité fut plus vivace; nous la verrons persister
comme base du système de la propriété, jusqu'à la fin du
xviiie siècle. Cependant elle n'aura aucune influence légale
dans le partage des successions, et l'exercice des droits politiques n'en recevra d'atteinte que pour les genevois de la campagne, sujets de la République, constituée à leur égard en
une véritable seigneurie.

Peut-être n'est-il pas inutile de rappeler ici que le système
féodal ne cessa en France qu'à la suite de la nuit du 4 août
1789, et que le droit canonique n'y fut supprimé que le 7 septembre de la même année, par suite de l'abolition de toutes les
juridictions ecclésiastiques.

Quand on considérera notre petite République aux deux
époques les plus solennelles de son histoire, celles où, à trois
siècles de distance, elle fut assez heureuse pour pouvoir se
constituer librement, et où elle put asseoir ses institutions
politiques et civiles sur des bases nationales, nous découvri-
rons encore des analogies frappantes, tant est grande la vita-
lité de certaines formes et la puissance des souvenirs qu'elles
éveillent. C'est ainsi que les vieux édifices abritent les générations nouvelles et que leurs fondements mêmes recouvrent
d'anciennes et fortes assises, que les siècles ont respectées.

§ II

LES ÉDITS CIVILS, LEUR PREMIÈRE RÉDACTION. — INFLUENCE DE LA COUTUME DE BERRY. — GERMAIN COLLADON ET JEAN CALVIN, LÉGISLATEURS.

Une fois en possession de son indépendance, Genève, devenue état souverain, pourvut d'abord au plus pressé, en organisant les pouvoirs politiques, judiciaires et ecclésiastiques, par plusieurs Édits successivement passés, de 1541 à 1544, en Conseil général. Il s'agissait, en effet, de régler au plus tôt le nouvel ordre de choses établi par la Réformation. La plus grande activité régnait dans les conseils et dans les commissions chargées des travaux préparatoires.

La révision des Edits politiques avait été achevée et sanctionnée au mois de janvier 1543. Le 3 décembre de la même année, celle des Ordonnances du Droit sur le taux des « esmo-« luments, escriptures et aultres choses », fut confiée à Girardin de la Rive, Cl. Pertemps, Cl. Roset, Dom. d'Arlod, Me Calvin, Me de Geneston et le secrétaire Beguin. Leur travail, sanctionné par le Conseil général le 3 février 1544, se borna à recueillir, coordonner et amender les édits précédents (1).

C'est probablement à cette époque que se rapporte le plan d'un corps complet de droit ecclésiastique, civil et de police, que Calvin rédigea pour Genève, et qu'on possède encore; mais, entraîné par les nécessités de son ministère, le loisir lui manqua, sans doute, pour poursuivre lui-même une œuvre

(1) Amédée Roget. *Histoire du Peuple de Genève*, t. II, p. 65.

aussi considérable. Quoiqu'il en soit, on connaît, par son *Institution*, l'importance extrême qu'il attachait à la rédaction de ces lois, qu'il considérait comme « les nerfs et l'âme de la République. »

L'élaboration du Droit civil proprement dit ne fut, toutefois, possible que lorsque les luttes intérieures de la cité, suscitées par l'influence toujours croissante de Calvin, furent apaisées par la défaite complète du parti des Libertins.

Ce fut une autre Commission, nommée dès 1560, qui devait, sur un plan plus modeste, élaborer avec succès les lois civiles. Nous y voyons figurer Dorsières, Genevois d'origine, et le grand jurisconsulte Germain Colladon, qui, neuf ans auparavant, avait quitté Bourges pour venir se fixer à Genève, à l'abri des persécutions religieuses. Reçu bourgeois en 1555, il entrait, quatre ans plus tard, dans le conseil des Soixante, et peu après dans le conseil des Deux-Cents. Il mourut en 1594, à l'âge de quatre-vingt quatre ans.

Germain Colladon eut, dans la rédaction des Édits civils, une influence prépondérante. Homme de sens pratique et d'un grand savoir, il manifesta, dans le choix et la rédaction des textes, le même talent que, deux siècles et demi plus tard, M. Bellot montrait dans l'établissement des lois qui nous régissent actuellement. Le travail de compilation des Édits civils fut achevé en 1568, quatre ans après la mort de Calvin, et, à cette occasion, le Petit-Conseil tint à offrir à Colladon un témoignage de sa reconnaissance.

On ne peut méconnaître, toutefois, la part d'influence qui revient à ses collègues et aux magistrats de l'époque dans cette œuvre nationale, ni celle du grand Réformateur qui y avait collaboré activement par l'établissement des Édits antérieurs. Le même esprit de simplification que Calvin avait fait prévaloir dans l'organisation de l'Église de Genève, comme dans les formes du culte, se retrouve dans les Édits, la même pensée religieuse et politique s'y manifeste ; et la tradition, en nous représentant Calvin comme le législateur qui a exercé l'influence la plus considérable sur les destinées de notre patrie, confirme pleinement, sous ce rapport du moins, les inductions auxquelles nous conduit l'étude attentive des textes : il contribua surtout à consolider la Réforme par les lois.

Les Édits civils, sanctionnés par le Conseil général le 29 janvier 1568, en même temps que les Édits politiques définitifs, formaient ce qu'on peut appeler le Droit civil constitutionnel de l'ancienne Genève. Renfermés dans moins de cinq cents articles, y compris ceux relatifs à l'organisation judiciaire et aux règles de la procédure, ils ne contenaient que les principes de droit commun, jugés alors les plus essentiels à l'administration de la justice. La rédaction de cette législation en langue française était devenue une nécessité, puisqu'aucun édit, alors comme déjà précédemment, ne pouvait avoir force de loi sans avoir reçu la sanction de ce Conseil général, composé exclusivement des citoyens et bourgeois de la ville et de sa banlieue immédiate.

Ce n'est là, toutefois, que la forme extérieure que revêtit la transformation profonde qui s'opéra, au xvie siècle, dans le droit, et Genève, à bien des égards, peut être considérée comme l'initiatrice la plus avancée du droit civil, non moins que du droit politique, au moins sur le continent.

Bien qu'une notable partie des Édits civils ait été empruntée à la Coutume de Berry, que Colladon avait pratiquée comme avocat, et qui avait l'avantage d'avoir été tout récemment rédigée dans les années 1539 à 1540, les rédacteurs des Édits civils ne songèrent pas à la transplanter de toutes pièces sur un sol qui lui était étranger à tant d'égards. Ils s'en servirent, il est vrai, comme de canevas et de modèle ; mais les changements qu'ils y apportèrent, dans le sens des lois déjà votées, des coutumes locales, des traditions nationales et de l'état social de la cité, furent considérables. Sur certains points, ils ne firent que traduire les lois romaines ; sur d'autres, ils les modifièrent selon les idées de l'époque. Il résulta de là une œuvre originale et véritablement nationale. Elle fut comme un trait brillant de lumière après les ténèbres, et justifia pleinement la devise heureuse de la nouvelle République.

§ III

LES ÉDITS CIVILS ET LES ORDONNANCES ECCLÉSIASTIQUES. LE MARIAGE.

Le Calvinisme, en choisissant Genève pour sa forteresse, et en y facilitant assez vite l'établissement d'une aristocratie puissante par ses richesses, par ses talents, et, il faut le dire aussi, par son dévouement parfois héroïque, par ses habitudes d'ordre et de simplicité républicaine, le Calvinisme, dis-je, devait, par cela même, contenir l'expansion du Droit, qu'il avait en quelque sorte transformé à son image ; mais il n'en doit pas moins être considéré, par son côté rationnel et militant, par sa puissante méthode d'analyse et de critique, comme un pas immense fait dans le sens des principes d'égalité et de liberté politique et civile. D'ailleurs, la constitution de la République, qui reposait sur les anciennes franchises, la préserva toujours du danger d'être changée peu à peu en une autocratie religieuse. Chez nous, l'État, bien qu'étroitement uni à l'Église, ne fut, on peut le dire, jamais dominé par elle.

L'Eglise, au contraire, reçut de l'Etat son organisation extérieure. Les ordonnances ecclésiastiques, dues en grande partie à Calvin, avaient été, en 1542 et en 1561. comme elles le furent lors de leur révision définitive en 1576, votées d'abord par le Petit-Conseil, adoptées ensuite par le Deux-Cents, et sanctionnées enfin par le Conseil général, assemblé, suivant l'ancienne coutume, au son de la grosse cloche, exactement comme le furent les Édits civils et politiques. L'union de l'Eglise et de l'Etat avait été nettement établie dans le préambule, en ce sens que l'Etat, dans les choses temporelles, tenait de Dieu la seigneurie et la supériorité, même sur l'Eglise, à la condition de respecter le gouvernement spirituel des âmes, confié à celle-ci. (Ordonnances de 1576. art. XCVII.)

La législation sur le mariage établira ce point d'une manière non équivoque.

Les Ordonnances ecclésiastiques, en effet, avaient placé, dans la juridiction de l'Eglise, le mariage, « pour tout ce qui « regardait les personnes aptes à s'unir, les conditions d'âge, « les degrés de parenté ou d'affinité qui l'empêchaient, la « manière de le contracter, les causes pour lesquelles il pou- « vait être déclaré nul ou rescindé, et les autres cas qui « avaient de la connexité avec ceux-ci; » mais la compétence de l'Eglise, en cette matière importante, lui était conférée par l'Etat qui avait cru devoir la lui reconnaître pour se conformer à une autorité plus haute, celle de l'Evangile de J.-C. considéré, d'après les idées de l'époque, comme la constitution supérieure, permanente et inaltérable de l'Etat, dans toutes les matières qui se rattachaient au domaine de la religion chrétienne, que les magistrats et les membres des Conseils, en entrant en charge, juraient d'observer et maintenir. Remarquons, d'ailleurs, que, même en cette matière, le Consistoire n'avait, suivant les cas, qu'un pouvoir d'exécution ou de préavis, et que, du moment qu'une sentence juridique devait intervenir, elle était du ressort exclusif du Petit-Conseil.

Cette législation des Ordonnances ecclésiastiques, admirable de méthode et de clarté, et qui comprenait dans son ensemble toute l'organisation de l'Église de Genève, si elle nous paraît aujourd'hui rigide et austère, n'en était pas moins de nature à relever l'institution du mariage, à en faire sentir l'importance et la sainteté, à donner une organisation forte à la famille, placée ainsi sous la double et vigilante autorité de l'Eglise et de l'Etat, du Consistoire et du Conseil. Aussi, en cette matière, tout y était-il réglé et prévu avec un soin particulier.

Les promesses de mariage devaient être faites, non clandestinement, mais devant témoins honnêtes ; aucune condition n'y pouvait être mise, et, s'il n'y avait cause raisonnable de la différer, la célébration du mariage devait avoir lieu dans les six semaines. Le défaut de dot, d'argent ou d'accoutrement n'était pas un motif suffisant pour l'empêcher, d'autant, ajoutent les Ordonnances, que ce n'est que l'accessoire.

Le divorce des époux était admis, mais pour cause d'adultère seulement, et, à cet égard, ils étaient placés dans une complète égalité ; il ne leur était pas permis de divorcer par consentement mutuel ; même la séparation de fait ne pouvait avoir lieu qu'autant que, sur le préavis du Consistoire, le Conseil l'avait autorisée.

Les Ordonnances, voulant faciliter les mariages entre jeunes gens, avaient mis à la puissance paternelle des limites exceptionnelles : elles permettaient au fils âgé de vingt ans, et à la fille âgée de dix-huit ans accomplis, de se marier, alors même que le père, consulté, aurait refusé son consentement. Dans ce cas, le Consistoire, après avoir entendu le père, donnait son préavis, et le Conseil l'autorisation nécessaire. Elles faisaient au père de famille un devoir de ne pas contraindre

l'enfant à se marier contre sa propre inclination, et le Conseil
pouvait même contraindre le père à doter son enfant, s'il
jugeait que l'opposition de celui-ci au mariage avait pu être
entachée de négligence ou de trop grande rigueur. Enfin,
les Ordonnances ecclésiastiques avaient institué des registres
d'état civil, lesquels devaient être tenus par les pasteurs
chargés de la célébration des baptêmes et des mariages ; et,
en ce qui concerne les décès, par les préposés aux sépultures,
dont un rapport devait être transmis, chaque semaine, à la direction de l'hôpital.

Les Edits civils de 1568 ne réglaient donc, dans la matière
du mariage, que ce qui avait trait au régime des biens entre
époux.

Contrairement à la Coutume de Berry, qui consacrait le
système de la communauté, les Edits avaient admis exclusivement le régime dotal du droit romain ; toutefois avec cette
différence essentielle que, à moins de dispositions contraires,
tous les biens de la femme étaient dotaux ; ils devaient lui
être rendus à la dissolution du mariage, avec un augment
de la moitié ou du tiers, suivant la nature de la dot.

Au surplus, les époux étaient libres de se donner entre vifs
ou par testament, la quotité de biens fixée par l'Edit, suivant
la nature des biens et sauf le retour aux enfants.

§ IV

LES ÉDITS CIVILS (SUITE). — LES DROITS DE FAMILLE.
— LES SUCCESSIONS. — LES SUBSTITUTIONS.

En général, les Edits civils avaient, dès le début, réglé avec un soin particulier, et dans un esprit de justice et d'équité remarquable, tous les droits de famille, mariage, puissance paternelle, tutelle, émancipation, jusqu'à la délicate matière des successions légitimes et testamentaires; et l'on peut dire que, dans leur ensemble, ils furent, à cette époque féconde de transformation et de réorganisation, comme le levain et, sur bien des points, l'expression anticipée des principes consacrés par le droit civil moderne.

Quelques exemples suffiront pour justifier cette assertion.

J'ai déjà eu l'occasion de faire connaître ailleurs la sagesse de la législation relative aux tutelles (1). La puissance paternelle, qui s'exerçait jusqu'à l'âge de vingt-cinq ans, si l'émancipation n'intervenait pas auparavant, était réglée avec non moins de sollicitude.

Il en était de même de la femme mariée, à l'égard de laquelle l'Edit avait cru devoir mettre des bornes à la puissance maritale, en la faisant autoriser par deux proches parents ou par des personnes prudentes et amies, dans tous les cas où, appelée à s'engager pour son mari, la femme aurait pu compromettre, avec sa dot, son avenir et celui de ses enfants.

L'égalité la plus complète régnait entre les enfants dans la famille : on avait mis de côté, avec soin, dans le régime des successions, ces priviléges de sexe ou de primogéniture, con-

(1) *De l'Organisation des Tutelles dans le canton de Genève.* 1869.

2

sacrés par les coutumes du temps, et qu'on retrouve encore dans plusieurs législations modernes ; et, à cet égard, les Edits civils laissèrent loin derrière eux la coutume de Berry, laquelle, par le fait même qu'elle formait un corps complet de droit civil et féodal, réservait au fils ainé, à titre de préciput, le principal manoir et l'arpent de terre, appelé *vol du chapon*, qui en était la dépendance immédiate.

Cependant, les anciens édits, en proscrivant le droit d'aînesse, paraissent avoir été plus larges que les mœurs. Dans les campagnes, en effet, il était assez d'usage que le fils ainé se mariât seul et que ses frères demeurassent ses valets volontaires, et cette coutume, qui se perpétua jusqu'à la fin du siècle dernier, parait même avoir produit, dit-on, un esprit remarquable de prévoyance et de conduite (1). Le même fait se reproduisait aussi dans la cité, où l'on vit souvent les cadets de famille quitter une patrie trop étroite pour chercher au dehors des moyens d'existence (2). Cette expatriation était facilitée par l'usage établi d'ancienneté d'échanger les enfants pour leur éducation ou pour des apprentissages (3).

L'égalité, entre les enfants pouvait, il est vrai, être rompue par testament, mais seulement dans de certaines limites ; car la loi ne permettait pas au père ou à la mère de priver ses enfants de plus de la moitié de leur portion virile, même pour favoriser quelques-uns d'entre eux. D'autre part, le père et la mère succédaient seuls à leurs enfants décédés sans postérité, ni frères, ni sœurs ; principe excellent qu'on s'étonne, à bon droit, de ne pas retrouver dans le Code civil français, et dont l'absence, en bien des cas, constitue une injustice.

(1) Diodati, *Vie de Cellerier*, p. 37.

(2) Senebier, *Histoire littéraire de Genève*, article Le Fort, tome II, page 336.

(3) Galiffe, *Genève historique et archéologique*, p. 276.

La position des enfants naturels dont le père ou la mère mourait sans testament, demeura assez misérable, car ils n'avaient droit qu'à des aliments jusqu'à l'âge de dix-huit ans ; cependant leurs parents pouvaient leur donner ou léguer la moitié de leurs biens ; mais l'existence d'un seul enfant légitime suffisait pour limiter la portion de biens laissée aux bâtards, par donation ou testament, à la huitième partie seulement de la succession, quel que fût leur nombre. Le Code genevois de 1791 traita les enfants naturels d'une manière beaucoup plus équitable.

Contrairement au droit coutumier, les Edits ne considéraient l'origine des biens qu'autant qu'une succession *ab intestat* était échue exclusivement à des ascendants autres que les père et mère, ou à des frères et sœurs issus de lits différents ; pareillement, la distinction des propres et des acquêts n'avait lieu que par rapport aux donations ou legs entre époux, la moitié des propres étant réservée à leurs parents en ligne directe, ou à leurs frères et sœurs.

Dans l'ancien droit de l'Europe, la matière des fidéicommis ou substitutions, fort simple dans son origine, avait fini par devenir beaucoup plus compliquée, depuis que l'on avait commencé à les étendre non-seulement à plusieurs personnes appelées les unes après les autres, mais à plusieurs degrés ou à une longue suite de générations. Il s'était ainsi formé comme un nouveau genre de succession, où la volonté de l'homme prenait la place de la loi, en vue de maintenir et de concentrer dans certaines maisons un patrimoine suffisant pour en soutenir l'éclat. De là était née une jurisprudence extrêmement complexe, source d'une infinité de procès (1).

(1) Voir le préambule de l'*Ordonnance de Louis XV, sur les Substitutions*, août 1747.

Mieux avisés, les rédacteurs des Édits avaient limité les substitutions au deuxième degré, non compris la première institution ; mais en même temps, comprenant l'importance de ne pas laisser hors du commerce les biens qui y étaient soumis, ils déclarèrent valables, à l'égard des tiers de bonne foi, les aliénations que le grevé de substitution aurait faites de ces biens, et les obligations auxquelles il les aurait assujettis, sauf le recours de droit contre ce dernier.

Et cependant, même dans ces limites, quelle inégalité les substitutions n'ont-elles pas pu créer et maintenir dans la répartition de la richesse, chez nous ou ailleurs ! Le syndic Cramer, en son Commentaire sur les Édits, remarquait déjà « qu'elles ne pourraient être supportées à l'infini dans une « république et une ville de commerce, où il est convenable « que tous les citoyens soient égaux et que les biens se par- « tagent et circulent. » De son côté, André Naville (État civil de Genève, p. 158) exprimait éloquemment la même idée, quand, à propos des substitutions, il écrivait, vers la fin du siècle dernier, ces paroles remarquables : « Les efforts parti- « culiers de tous les membres de la société tendent constam- « ment à l'inégalité ; mais le législateur, veillant sur le bonheur « de tous, sait tirer de la réunion de ces efforts la conserva- « tion de la seule proportion d'égalité qui puisse exister dans « l'état civil. A mesure que les générations se succèdent, il « répartit les biens trop inégalement accumulés, que la géné- « ration qui passe laisse à celle qui la suit ; au contraire, « sous le système de ces lois, chaque degré d'inégalité est « consacré ; à mesure que les génerations se succèdent, cette « inégalité s'augmente, et la génération qui passe semble ne « s'arrêter un moment que pour disproportionner les biens « dans celles qui la suivent.

« Le travail est la condition de l'homme ; l'utilité de ce tra

« vail est sa gloire. Mais ces lois font de l'oisiveté la condition
« de la classe la plus distinguée entre les hommes, et des tra-
« vaux les plus utiles un déshonneur ; elles assignent pour
« apanage aux aînés des familles riches, l'inaction ; aux cadets,
« les couvents ou le métier des armes.

« La propriété lie les hommes à la patrie ; ainsi, plus le
« législateur divise les propriétés, plus il unit l'intérêt parti-
« culier à l'intérêt public. Mais ces lois tendent sans cesse à
« accumuler les propriétés dans le plus petit nombre de mains
« possible et, diminuant ainsi graduellement les bases des fa-
« milles, elles réduisent dans cette même proportion la popu-
« lation des Etats qui les ont adoptées.

« Le mariage et la paternité, ces deux garants des vertus,
« des mœurs domestiques et de la soumission aux lois, ne sont
« plus, sous celles-ci, des devoirs naturels et doux à remplir ;
« le substitué ne mariera qu'un de ses enfants ; le célibat est
« l'obligation de tous les autres ; le non-substitué et le roturier
« croiront s'ennoblir en suivant le même système. »

Ce tableau des conséquences sociales des substitutions s'appliquait, dans l'esprit du publiciste genevois, aux pays monar-
chiques où elles s'étendaient alors indéfiniment et où elles
avaient donné lieu à une législation très-complexe ; car, pour
Genève, où elles étaient déjà fort limitées, il est certain que la
faculté d'aliéner, accordée au substitué, avait suffi pour les
rendre assez rares. C'est ce qu'avait déjà constaté le jurisconsulte Tronchin, quand il écrivait dans ses *Lettres de la Campagne* : « Chez nous, les sources des procès importants ont été
« pour jamais taries : nous ne connaissons ni substitutions,
« ni fidéicommis, ni retrait lignager. »

Une disposition des Edits, que Montesquieu appela *la belle
loi de Genève* (*Esprit des Lois*, t. XX, ch. XVI), est celle qui
excluait des Conseils et de toutes les dignités dans l'Etat, non-

seulement les faillis et les insolvables, mais encore leurs enfants, tant qu'ils n'auraient pas acquitté les dettes de leurs
pères. On ne peut méconnaître, en effet, qu'elle ait contribué
à entourer de considération et de confiance les magistrats ;
mais il n'en est pas moins vrai que cette loi politique soumettait les enfants à une solidarité que n'admettait pas la loi des
successions, d'après laquelle chaque enfant n'était responsable
des dettes de son père, que proportionnellement à sa part
virile dans les biens de celui-ci. Aussi cette loi fut-elle
modifiée plus tard par l'Edit de Pacification de 1782 (Titre VI,
art. 6).

D'autres dispositions consacraient également des principes
d'une extrême sévérité, dans le but, sans doute, de maintenir
élevé le niveau de la moralité publique : de ce nombre étaient
celles qui privaient de sa dot la femme convaincue d'adultère,
et de son augment la veuve qui paillardait. On voudrait, cependant, ne pas y voir figurer la confiscation qui privait de
tout ou partie de leur patrimoine les enfants des condamnés à
mort et de ceux qui, hors les cas d'aliénation mentale, s'étaient
volontairement donné la mort. Hâtons-nous pourtant d'ajouter
que, sur ce dernier point, les mœurs furent plus fortes que
la loi.

§ V

LES ÉDITS CIVILS ET LA FÉODALITÉ

J'aborde maintenant la partie des édits relative au régime féodal. Ce point de vue nouveau servira à pénétrer plus à fond dans leur esprit.

La cité de Genève, grâce à ses prérogatives d'ancienne ville impériale et à son négoce, échappa toujours aux servitudes personnelles qui formaient le cortége du régime féodal. Cependant les propriétés y étaient possédées, vendues et acquises, à titre de fief, d'emphytéose ou d'abergement par des seigneurs dont l'art. 55 des Franchises avait pris soin de réserver expressément les droits à cet égard. Il en était de même, pour le territoire immédiat de la ville et notamment pour ses faubourgs, avant leur démolition forcée dans le cours des années 1534 et 1535, démolition qu'un impérieux besoin de défense rendit nécessaire et que la tentative de l'Escalade justifia pleinement. Les évêques, en leur qualité de princes ecclésiastiques, au temporel comme au spirituel, n'avaient jamais exercé qu'un pouvoir présidentiel et judiciaire; et quant au pouvoir législatif, ils le partageaient, de loin en loin, avec le Chapitre et les Citoyens.

Mais il en était autrement pour les fiefs que l'Evêque, le Chapitre et les autres dignitaires ecclésiastiques possédaient à la campagne ; ces fiefs étaient dans leurs mains de véritables seigneuries féodales ; des seigneurs particuliers possédaient d'ailleurs aussi des fiefs, à des degrés et à des titres divers.

Au moment où le pouvoir de l'Evêque disparut avec Pierre de la Baume, la République naissante se trouva naturellement substituée aux priviléges, tant de l'évêque que des autres dignitaires de l'Eglise et à la souveraineté, aussi bien sur leurs diverses possessions à la campagne que dans la ville elle-même. Et c'est ainsi qu'elle devint et resta pendant bien longtemps, à l'égard des fiefs qu'elle possédait à la campagne, une véritable seigneurie féodale. Ceci explique pourquoi les citoyens et bourgeois de la ville jouirent seuls des droits politiques, tandis que les genevois du territoire en furent constamment privés. Cet état de choses était d'ailleurs dans les idées et les nécessités de l'époque ; on se figure difficilement, en effet, le régime démocratique fonctionnant dans des villages de peu d'étendue, la plupart séparés de la métropole par des territoires étrangers soumis à des maîtres puissants, et habitués de longue date à des mœurs tout opposées.

A l'époque de la Réformation, les fiefs de l'Eglise de Genève avaient donc passé à l'Etat, lequel s'en était servi soit pour doter l'Hospice général, soit pour subvenir à l'entretien du culte et du clergé national ; mais les plus grands et les plus nombreux, possédés par des particuliers, continuèrent à subsister jusqu'au moment où les Conseils de la République, par une sage et prévoyante politique, réussirent à les réunir par des acquisitions successives au domaine de la Seigneurie. Cependant, malgré cette quantité de fiefs, il existait déjà à cette époque des fonds libres, dits de fief ignoré ou de franc-alleu qui réunissaient dans les mains de leurs libres possesseurs, tous les éléments de la propriété actuelle.

Par la différence de leurs origines et par l'effet de l'extrême enchevêtrement du système féodal, beaucoup de ces fiefs relevaient de justices étrangères, notamment de celles de Chambéry, Gex, Dôle, Dijon, Berne ; d'où résultaient de perpétuels conflits de juridiction : « Les seigneurs propriétaires de fiefs « aujourd'hui possédés par l'Etat, résidant en pays étrangers, « observe M. Naville (*Etat civil de Genève*, p. 194), attiraient

« sous tous les prétextes imaginables la connaissance des
« causes, entre eux et leurs redevancie.s, aux tribunaux dont
« relevaient leurs terres. Nos pères passaient leurs jours à
« courir de ville en ville, autour de notre petite enceinte,
« pour défendre ou suivre à mille difficultés de ce genre; et
« la République elle-même qui revendi·quait sa propre juri-
« diction, était constamment en différend avec les cours de
« justice étrangères, à l'occasion de ces démêlés particu-
« liers. »

Les édits civils de 1568, bien différents, sur ce point, de la
coutume de Berry, ne contenaient, à l'imitation des anciennes
Franchises, que quelques rares dispositions consacrant le
principe et l'existence de la propriété féodale, là où elle existait de fait, soit au profit de seigneurs particuliers, soit au
profit de la Seigneurie, c'est-à-dire de la République elle-
même : le seul point qu'ils aient réglementé avec quelque
détail est la loi du lod, c'est-à-dire le sixième denier reve-
nant à la seigneurie du fonds, lors de l'aliénation ou de la
mutation par décès au profit d'étrangers ou de parents éloignés.

Bien que les édits ne le disent pas, il paraît certain, les
registres publics en font foi, que les fonds étaient réputés,
dans la règle et à défaut de titre, francs et libres de leur
nature, comme dans d'autres coutumes, notamment dans celle
du Dauphiné (1). La maxime des pays de droit écrit: « Nul
seigneur sans titre » était donc admise chez nous. Cependant,
il est bon de noter que les droits de fiefs, de censive et autres
droits seigneuriaux n'étaient pas éteints par la subhastation,
soit vente forcée, laquelle purgeait toute autre espèce de
droits, non revendiqués pendant la durée des formalités.

Ce fut en 1617 que le Conseil des Deux Cents, voulant frap-

(1) Dénis de Salvaing, *Usage des fiefs*, 1751.

per la féodalité particulière dans son principe et en arrêter le développement au profit de l'Etat, sans toutefois porter atteinte aux droits acquis, adopta un arrêt remarquable, ainsi conçu :

« Il est défendu d'ériger fief ni se retenir cense sur aucune
« maison ou fonds de franc-alleu, dans la Souveraineté, sauf
« à ceux qui prêtent carnet à la Seigneurie ; — et arrêté en
« outre que ceux qui possèdent de tels fiefs seront appelés en
« la Chambre des Comptes, pour remettre les dits fiefs à la
« Seigneurie, et être remboursés du prix qu'ils auront
« financé. »

Lors de la révision des Edits civils, en 1713, le même principe fut introduit avec quelques modifications :

« Aucune personne ne pourra exiger aucun fief, *ou étendre*
« *celui qu'elle pourrait avoir*, ou se retenir aucune cense, sur
« maison ou fonds de franc-alleu, *à peine de confiscation dudit*
« *fief et cense imposée ou retenue*. »

Ce simple principe, on le voit, contenait en germe toute une révolution dans les conditions mêmes de la propriété du sol, et les efforts de l'Etat tendirent toujours dès lors au rachat des seigneuries particulières, toutes les fois que le domaine direct et le domaine utile n'étaient pas reunis dans la même main. Nous aurons occasion de dire ailleurs à quelles conditions ces rachats avaient lieu. Les fiefs particuliers ainsi rachetés passèrent dans le domaine de la République, avec tous les droits féodaux qui y étaient attachés. La Seigneurie les revendait ensuite, à titre onéreux, sous forme d'abergemens ou d'emphytéoses perpétuelles, en s'en réservant le domaine direct et moyennant les cens et les redevances réelles résultant à son profit du titre de concession. Ce fut par exception seulement que le Petit Conseil et le Deux Cents consentirent la vente du droit de fief lui-même, soit du domaine direct, comme cela eut lieu le 14 Juin 1631, pour une famille genevoise, au profit de laquelle on érigea « en fief noble et franc, seigneurie, justice, juridiction haute, moyenne et basse » des terres situées dans le territoire du Mandement de Peney, sous la réserve que ce fief ne pourrait jamais être cédé à d'autres qu'à des citoyens genevois, et sauf les droits de souveraineté de la République.

Les achats de fiefs particuliers effectués par la Seigneurie avaient eu pour effet de réduire à la longue considérablement le nombre de ceux qui étaient encore en mains des seigneurs particuliers, à tel point qu'en y comprenant celui dont il vient d'être parlé, il n'en restait plus, selon M. Naville, que quatre en 1790.

Au surplus, depuis la fondation de la République, les prérogatives politiques inhérentes aux anciens fiefs nobles, avaient disparu ; la constitution de l'Etat ne reconnut jamais d'autres nobles que ceux qui étaient revêtus des magistratures, et cette noblesse honorifique disparaissait même au moment où le magistrat rentrait au rang de simple citoyen (1).

« Que tous les Genevois, disposait un ancien édit rappelé « dans la Constitution de 1796, soyent contens en degré de « citoyens, sans vouloir se préférer et s'attribuer quelque « autorité et prééminence par dessus les autres, qu'entant « qu'office de magistrature le portera. »

Les prétentions nobiliaires n'en continuèrent pas moins à s'affirmer et à se perpétuer dans les mœurs et dans les faits, en sorte que pendant plus de deux siècles après la Réformation, elles régnèrent sans partage dans les Conseils de la République (2). L'idéal du gouvernement, tel que Calvin l'avait exposé dans son *Institution chrétienne* se trouva ainsi réalisé :

(1) Naville. *Etat civil de Genève*, p. 187. — d'Yvernois. *Tab. des révol. de Genève*, p. 326.

(2) Voir une note extrêmement importante dans les *Fragments historiques après la Réformation*, de M. Grenus, p. 392. Voir aussi *Notice sur M. Pictet-Diodeti*, 1832, p. 91.

le pouvoir aux plus notables, pourvu qu'ils respectassent les
libertés du peuple. Aussi l'Eglise de Genève, par ses liturgies
et ses prédications, tout en affirmant l'égalité des hommes
devant Dieu et le devoir de fraternité, a-t-elle pu contri-
buer au maintien de cet état de choses ; et J.-J. Rousseau
lui-même s'est plu à représenter la constitution de Genève
comme une constitution sagement pondérée, une combinaison
heureuse entre l'égalité naturelle et l'inégalité que les hommes ont établie entre eux (*Dédicace à la République de Genève*).
Qu'on se rappelle, en effet, que, par l'Edit politique de 1568,
les Conseils se recrutaient, même pour les hautes magistratures dont le choix, en dernier ressort, était confié au Conseil général. — Mais revenons à la féodalité.

Une institution qui en découlait directement, était la taillabilité sur laquelle les édits de 1568 se taisaient, mais que ceux de
1713 mentionnent et que nous retrouvons encore dans le Code
genevois de 1791. Les taillables ou gens de main-morte
n'avaient pas la faculté de disposer par testament, s'ils mou-
raient sans enfants ; et, d'après un arrêt du Conseil des Deux-
Cents, du 5 mars 1647, les aliénations entre-vifs faites par eux
moins de quarante jours avant leur mort, étaient nulles ; dans
ces deux cas, leurs biens passaient au seigneur qui les avait
sous sa dépendance.

Sous les Franchises, Genève s'était toujours attribué, comme
inhérent à ses anciennes prérogatives de ville impériale, le
droit d'affranchir le taillable admis à l'habitation pendant l'an
et jour, dans l'enceinte de la ville et de sa banlieue immédiate, sans avoir été, dans ce laps de temps, réclamé par son
seigneur : « Il est fait nouvel homme, disaient les juristes, il
« n'est plus celui qu'il était auparavant, puisqu'il a gagné la
« terre de franchise. »

Mais ce principe n'empêcha pas les affranchis de taillabilité,

leurs fils et leurs petits-fils d'être exclus des Deux-Cents et
d'être considérés, sous l'ancienne République, comme inhabiles à occuper aucune magistrature ou fonction honorifique
(Grenus, *Fragm. hist*., 24 mars 1671, t. II, p. 167 et 180 ;
Tome I, p. 75). La ville ne connut jamais la taillabilité personnelle ; et, quant à l'hérédité, la coutume, même sous les
Franchises, voulait que nul bien, de quelque nature qu'il fût,
étant dans son enceinte, échût à d'autres qu'aux plus proches héritiers, ou à ceux auxquels le défunt les aurait légués
(Bonivard. *De noblesse et de ses offices ou degrez*, p. 368,
édit. Revilliod ; — *Franchises*, art. 34 et 35 ; — — Bérenger, *Hist. de Genève*, t. III, p. 345).

Ajoutons enfin que, sous les Edits, le taillable put toujours
s'affranchir en donnant à son seigneur la cinquième partie de
ses biens, s'il était soumis à la taillabilité personnelle, et la
sixième partie si elle n'atteignait que les fonds.

Malgré ces tempéraments, la persistance sur le territoire
rural de la République des institutions féodales, soit comme
base de la propriété du sol et de certains droits réels s'y ratta-
chant, soit comme principe générateur des liens de dépendance que ces institutions avaient créés entre les hommes,
dans leurs rapports civils et politiques, est assurément un fait
considérable, de nature à projeter la lumière sur les causes
sourdes des luttes politiques qui agitèrent Genève pendant
tout le cours du xviiie siècle.

§ VI

LES ÉDITS CIVILS ET LE DROIT SUBSIDIAIRE. — LES DEUX GODEFROY ET J.-J. BURLAMAQUI, JURISCONSULTES.

Les Édits n'avaient posé que les bases essentielles du Droit civil. Ils suffisaient, sans doute, dans le plus grand nombre des cas ; mais ils supposaient cependant un ensemble de principes préétablis qui leur servaient de base ou de complément, toutes les fois que, dans leur silence, les tribunaux ne trouveraient de directions suffisantes ni dans les maximes de la jurisprudence, ni dans la disposition de l'édit qui faisait aux juges un devoir de terminer, autant que possible, les procès par la conciliation. Le droit subsidiaire se trouvait dans le Droit romain, auquel un usage immémorial avait donné force de loi chez nous, tandis que le Pays de Vaud était régi par un véritable droit coutumier, lequel ne jouit jamais à Genève d'aucune autorité, sauf dans les matières féodales. Le syndic Cramer affirme, en effet, que, dans le silence des Édits, on recourait à la coutume de Berry, l'une des principales sources des Édits, plutôt qu'à celle du Pays de Vaud, « n'en ayant, » dit-il, « jamais rien tiré. » De son côté, le professeur Jean-Manassé Cramer, son successeur dans l'enseignement du Droit national, ne laisse aucun doute sur ce point : « Nous suivons, dit-il expressément, le Droit romain dans le silence des Édits, qui sont proprement notre droit coutumier. » Aussi, l'enseignement de ces jurisconsultes et de leurs prédécesseurs fut-il un rapprochement continuel des Édits et du Droit romain, soit pour signaler les dispositions concordantes de quelques-unes de leurs dispositions, soit pour montrer les différences

nombreuses qui les séparaient, soit pour faire ressortir les
points où le Droit romain servait de complément. Dans ce dernier cas se trouvaient, en particulier, les principes en matière
de prescription acquisitive, et ceux qui concernaient les biens
paraphernaux, quand, par contrat de mariage, la femme avait
fait cesser, en tout ou en partie, la présomption légale de do-
talité établie par l'édit.

Ce recours au Droit romain comme à une législation subsidiaire n'était pas, d'ailleurs, particulière à Genève. Le même
fait se reproduisait, plus ou moins, dans tous les pays de
l'Europe, surtout dans les régions du Midi, où ce droit avait
survécu à la conquête romaine et où les coutumes, nées du
Droit germanique, avaient beaucoup moins profondément
pénétré. Le Droit romain, après la chute de l'empire d'Occi-
dent, avait, il est vrai, subi une sorte d'éclipse et participé à
la déchéance dans laquelle le peuple était tombé; mais il
s'était relevé, comme science, au commencement du xiime siècle, à cette époque où l'Université de Bologne, qui attirait de
toutes parts une jeunesse studieuse, contribua à lui assurer,
par l'éclat de son enseignement, une autorité toujours croissante. Cela explique comment Genève, au moment de la première codification officielle de ses franchises et coutumes,
en 1387, se trouvait en partie régie par le Droit romain.
Comme dans le reste de l'Europe, il avait de nouveau été reçu
dans nos contrées, grâce à l'opinion qu'il était la voix même
de la raison et de l'équité. Par la consécration tacite de
l'usage, il passa peu à peu de l'école jusque dans le siège des
tribunaux. Toutefois, ce droit se trouvait alors mitigé, non-
seulement par les coutumes et franchises locales, mais encore
par le Droit canon, dans lequel les Papes avaient, avec le
temps, fini par transporter une grande partie du Droit civil,
dont ils adoucirent, sur certains points, la rigueur, et qu'ils

mirent, surtout dans la matière des contrats, plus d'accord avec la morale chrétienne et la simplicité naturelle. (Sclopis, *Hist. de la lég. ital.*, t. II, p. 97 ; — Bérenger, *Hist de Gen.*, t. III, p. 317 ; — Brocher, *Étude sur la légitime.*, p. 186.).

Nous avons déjà vu que l'autorité du Droit canonique ne survécut pas à l'établissement de la Réforme ; et, en 1604, le Petit Conseil refusa même formellement l'impression d'une édition de ce Droit, « à cause, dit le Registre, des impiétés qui y sont contenues. » (*Indice raisonné des Reg. du Conseil, de 1550 à 1660*, aux Archives.).

Malgré la fréquente application qui était faite du Droit romain, et l'étude dont il était l'objet, ce ne fut pourtant que vers les dernières années du xvime siècle, lorsque la Réforme religieuse et l'indépendance de la République parurent assises sur de solides fondements, à l'intérieur comme au dehors, que l'Académie de Genève compta dans ses rangs d'illustres commentateurs du Droit romain, comme du Droit féodal. Chassés de leur patrie d'origine par les poursuites cruelles de l'Inquisition, ils étaient venus, comme Germain Colladon, demander un asile à la ville du Refuge, à la métropole du protestantisme. Aux Ottoman, aux Lect, aux Pacius, succédèrent alors, comme professeurs, les deux Godefroy : *Denys*, célèbre surtout par les notes dont il accompagna son édition du *Corpus juris* (1583), et que D'Aguesseau considérait comme le plus docte et le plus profond de tous les interprètes des lois civiles, et *Jaques*, son fils cadet, qui fut surtout renommé par sa Restitution et son Commentaire du *Code Théodosien*. Ce fut également Jaques Godefroy qui, le premier, recueillit les documents originaux qui servent de base à l'histoire de Genève, et dont une partie fut publiée, après sa mort, par l'historien Spon. Tandis que le père s'était surtout occupé de la correction et de l'interprétation pratique des textes du droit, le fils voulut éclairer les textes par l'histoire et remonter aux sources antiques. (1)

Le ralentissement qui, dès le milieu du xviime siècle, se produisit dans l'étude scientifique du Droit romain, tint surtout à deux causes : la suppression de la langue latine comme langue officielle en Europe, et l'importance toujours plus marquée que prit le Droit national, rédigé, commenté en langue vulgaire, et participant avec elle à un travail constant de transformation, de perfectionnement et de vie. Quoiqu'il en soit, les grands jurisconsultes des xvime et xviime siècles semblent, par leurs immenses travaux, avoir épuisé et fixé la science de l'ancien droit, car leurs successeurs se renfermèrent dès lors, chez nous du moins, plus volontiers dans d'autres travaux et dans l'enseignement de l'Académie, et, s'ils en sortaient, c'était souvent pour occuper, sur les traces de Lect et de Jaques Godefroy, comme jurisconsultes et hommes d'État, les premières magistratures de la République. (Senebier, *Hist. litt. de Gen.*, t. II, p. 144 ; — t. III, p. 87 et 360.)

Cependant, le droit moderne s'élaborait silencieusement dans un autre domaine. J.-J. Burlamaqui (1694-1748) continuait avec éclat la grande tradition nationale par ses leçons sur les *Principes* et les *Éléments du Droit naturel*, qui devinrent, par la suite, deux livres classiques : monuments non équivoques de l'excellence traditionnelle de l'enseignement qu'offrit, de tout temps, notre Académie. Grâce à une exposition admirable de méthode, d'élévation, de bon sens et de simplicité, Burlamaqui fondait ainsi le droit sur les plus saines idées de liberté, d'égalité et de fraternité, et en déduisait les principes d'une exacte et lumineuse connaissance de

(1) *Les Savants Godefroy.* Paris. 1873, p. 100. — Notice par M. le professeur Bellot, dans la *Bibliothèque Universelle de Genève*. Décembre 1837.

l'homme, de ses rapports avec la société et avec le Créateur.

§ VII

DESTINÉE DES ÉDITS CIVILS. — ON LES PUBLIE EN 1707. — RÉVISION DE 1713. — ÉDITIONS DE 1735 ET DE 1783. — LES COURS DES PROFESSEURS CRAMER.

Les édits civils subsistèrent presque sans changement pendant toute la durée de la République. Sauf l'ouvrage de Naville, il n'en parut jamais aucun commentaire ; mais, comme ils furent l'objet d'un enseignement spécial à l'Académie, il en circulait des cours manuscrits, rédigés soit par les professeurs, soit par les étudiants en droit. Le syndic Jean Cramer écrivit un ouvrage méthodique sur le droit genevois, dans ses rapports avec le droit romain, dont le manuscrit se trouve à la Bibliothèque publique. Il est intitulé : « *Syntagma Juris civilis Romani et Genevensis a domino Johanne Cramero, Juris utriusque Professore in academia Genevensi, 1733.* » Il laissa, en outre, le manuscrit du cours sur les Edits civils, qu'il professa de 1723 à 1738, et dont il existe plusieurs copies ou extraits. M. Bellot (*Motifs de la loi de procédure,* 2ᵉ édit., p. 551), parle du syndic Cramer comme de « celui de nos jurisconsultes à qui notre ancienne législation nationale a été le plus familière. » Jean-Manassé Cramer, son fils, qui lui succéda, nous a laissé également un Cours sur les Edits civils professé par lui dans les années 1759 à 1789.

Jusqu'en 1707, on ne connut les Edits, tant civils que politiques, que par des copies manuscrites. Un groupe de citoyens

justement alarmés de voir reposer la République sur des lois
dont le texte officiel était inconnu, en demanda, au nom de la
souveraineté du peuple, la publication. Cette demande et d'autres semblables, produisirent une explosion où périt Pierre
Fatio. Ce fut le point de départ d'une révolution qui devait
durer un siècle, et s'étendre enfin bien au-delà de nos frontières.
Les Petit et Grand Conseils, s'étant mis d'accord, il fut fait
alors une édition des Édits civils, à laquelle on ajouta, en
note, les arrêts et règlements du Deux-Cents, destinés à servir à l'application de divers articles. L'historien Thourel
observe que les Genevois, si jaloux de leurs prérogatives
de citoyens, se préoccupèrent peu des lois civiles et criminelles, tellement qu'ils laissèrent plus tard la révision des Édits
civils se consommer et recevoir la sanction souveraine sans y
attacher la moindre importance. (Thourel, *Histoire de Genève*,
t. III, p. 109.)

La première édition de 1707 des Édits civils, en effet, en
avait montré les points faibles ; quelques personnes attirèrent
l'attention des Conseils sur plusieurs articles obscurs ou équivoques et d'autres sur lesquels des usages violateurs avaient
prévalu. (D'Yvernois, *Tab. hist. et politiq. des Révol. de Genève*, t. Ier, p. 72.) Les Conseils ne se refusèrent pas à la révision qui leur était demandée, dans des conditions, comme on
va le voir, d'ailleurs très-modestes, parce que leur intérêt,
observe l'historien Bérenger, était, en cela, commun avec celui du peuple. On confia donc la révision à trois jurisconsultes,
le syndic Sartoris, le lieutenant Mestrezat et l'ancien auditeur
Sales.

Leur travail, après avoir été revu par les Conseils, fut proposé à la sanction du Conseil général le 5 octobre 1713. Bérenger rapporte la harangue que prononça à cette occasion le
syndic Gautier, qui le présidait :

« Magnifiques Seigneurs, dit-il, quand nos pères eurent
« établi au milieu de nous une religion pure et sainte, ils pen-
« sèrent à nous donner des lois permanentes pour y fixer la
« paix et le bonheur; ils consultèrent les plus habiles juris-
« consultes et formèrent un corps de Lois civiles dont l'expé-
« rience avait déjà prouvé la sagesse. Mais Dieu seul est im-
« muable; tout ici-bas change et périt. Une révision de ces
« Edits est devenue nécessaire, vous l'avez désirée. Trois juris-
« consultes y ont consacré leurs veilles. Les Conseils ont exa-
« miné les corrections, article par article; nous allons les
« mettre sous vos yeux : nous avons joint à ces Edits des rè-
« glements sur le commerce; ils tendent à en rendre la pros-
« périté plus constante et les revers moins accablants. Nous
« espérons que vous les jugerez dignes de votre approba-
« tion. »

La révision de 1713 reproduisait en trente-six titres les Edits
de 1568, presque textuellement, dans la langue vieillie, mais
par cela même vénérable du xvie siècle. La rédaction en fut
simplifiée, et, pour le fond, les modifications ne portèrent
que sur quelques points spéciaux.

Ainsi, contrairement aux Ordonnances ecclésiastiques, le
mariage fut assimilé aux autres contrats, quant à l'âge auquel
il pouvait avoir lieu sans le consentement du père ou du cura-
teur : la majorité se trouvant ainsi généralisée à vingt-cinq
ans. Les Ordonnances furent encore modifiées sur un autre
point : le mariage entre cousins germains fut permis, « comme
n'étant pas défendu par la Loi de Dieu. »

En outre, on réduisit à trente ans la plus longue prescription, laquelle auparavant était de quarante ans, conformément
au droit romain; toutefois, on laissa subsister l'imprescripti-
bilité des droits féodaux. Le taux de l'intérêt, même conventionnel, fut réduit au cinq pour cent. On supprima la confis-

cation des biens des condamnés pour faits de sorcellerie, et, à
cette occasion, Jean Cramer remarquait très-judicieusement
qu'on avait cessé de croire à la sorcellerie depuis que les condamnations, autrefois très-graves, auxquelles elle donnait lieu,
avaient cessé d'être appliquées. On conserva encore, il est vrai,
cette peine à l'égard des suicidés, mais elle disparut bientôt
elle-même, au moins en fait, par la pression de l'opinion; car,
depuis 1729, on assimila constamment, dans ce but, le suicide,
aux cas d'aliénation mentale. En outre, on introduisit de nouvelles dispositions sur les lettres de change et sur les faillites
qu'on tira des ordonnances de Louis XIV, sur le commerce.
Enfin, c'est la révision de 1713 qui introduisit le contre-aug-
ment accordé au mari sur les biens dotaux de sa femme décédée, et qui étendit la compétence des Deux Cents aux affaires
civiles matrimoniales et criminelles.

Le Conseil général adopta presque à l'unanimité les Édits
civils, ainsi révisés. L'historien Jean Picot rapporte qu'afin de
prévenir de longues discussions et des objections dangereuses,
on n'en avait point donné préalablement connaissance aux citoyens; ils durent se contenter de la lecture qui leur fut faite de
l'ensemble du travail, lecture qui dura quatre heures. Le Petit
Conseil qui redoutait toujours la convocation du Conseil général,
ajoute le même historien, se félicita du succès de la ruse qu'il
avait employée pour donner une heureuse issue à celle-ci.
(*Histoire de Genève*, t. III, p. 228.) Une fois approuvés, il fit
imprimer les Édits et en ordonna la distribution à tous les
citoyens et bourgeois. Ajoutons que les deux éditions qui en
furent données en 1735 et en 1783 ne furent que la reproduction de celle de 1713.

A la suite des mouvements populaires que suscita la condamnation infligée à J.-J. Rousseau, à l'occasion de l'*Emile* et
du *Contrat social*, les Puissances médiatrices, soucieuses des in-

térêts politiques de l'aristocratie genevoise, avaient imposé aux
citoyens une constitution qui leur enlevait leurs droits les plus
essentiels, notamment ceux de se réunir en société dans leurs
cercles, de publier et distribuer des écrits sur les lois et sur
le gouvernement et son administration. *L'Edit de pacification*
du 21 novembre 1782 (tel était le nom donné à cette charte)
n'avait tenu aucun compte des réclamations sans cesse renais-
santes, relatives à la publication des lois politiques organiques,
depuis si longtemps réclamée, malgré l'Edit de pacification de
1758 qui l'avait solennellement promise ; il s'était contenté d'ordonner la confection d'un Code politique et d'un Code civil,
par deux commissions nommées par le gouvernement *(Préambule* de l'édition de 1783) ; mais le travail de ces commissions,
soumis *in globo* à chacun des trois Conseils, ne trouva pas grâce
devant le Conseil général, résolu qu'il était à repousser les
lois prévues par cette Constitution. La collection des Edits de
1713 demeura, en conséquence, le Code définitif des lois de la
République, en matière civile.

Ainsi, la République, pendant toute sa durée, conserva
presqu'intacts les Edits civils qui, malgré leur ancienneté,
étaient restés, jusqu'à la Révolution française, la législation
la plus avancée du continent. Le célèbre voyageur William
Coxe qui s'était plu, en visitant la Suisse, à étudier de près les
institutions de Genève, n'hésitait pas à proclamer son code
civil « la partie la plus parfaite de sa Constitution. »

L'œuvre de la médiation ne devait pas être de longue durée ;
le peuple se sentait froissé dans ses droits les plus chers. La
Révolution française, qui éclata, devint le signal de sa délivrance : les Conseils eux-mêmes se hâtèrent de soumettre au
Conseil général d'importantes dispositions plus conformes à
l'ancienne liberté. Elles furent sanctionnées par l'Edit du 10 février 1789, qu'on célébra de part et d'autre comme le sceau

d'une réconciliation définitive et durable. L'article 1er portait :
« L'Édit du 21 novembre 1782, avec les modifications qui y
sont apportées par le présent Édit, ainsi que le Code politique
publié le 13 juin 1783, seront la Loi fondamentale de l'Etat
et formeront la collection complète de ses Lois politiques. »

§ VIII

LES ÉDITS CIVILS ET LE CODE GENEVOIS DE 1791. — LA RÉVOLUTION GENEVOISE EXPLIQUÉE PAR JACQUES GRENUS. — LE TRAITÉ DE 1798. — F.-A. NAVILLE, SON LIVRE DE L'ÉTAT CIVIL DE GENÈVE.

Le Code genevois sanctionné le 14 novembre 1791, réalisa, pour la première fois, le vœu si souvent formulé d'une
collection complète des Lois politiques. Son principal rédacteur fut l'ancien procureur général Du Roveray. Ce Code
remarquable, et dont, chose singulière, aucun historien n'a
parlé, prévoyait qu'une révision des Édits civils serait faite
avant la fin de l'année 1792 ; mais la République allait entrer
dans une période orageuse où plus d'une fois les passions coupables, à l'instigation de démagogues français, se déchaî-
nèrent, tenant d'une main le drapeau de l'égalité, de l'autre
le glaive sanglant, et condamnant au martyre les meilleurs
citoyens.

Le Code genevois de 1791 décréta la suppression gratuite
de la taillabilité ou du droit de main-morte sur tous les fiefs
appartenant à l'Etat. Il en régla le rachat pour les fiefs particuliers et chargea le Petit Conseil de transiger pour la réunion
de ceux-ci au domaine public. Il réserva exclusivement au Conseil général le droit d'établir de nouveaux fiefs en faveur des

particuliers, comme l'avait déjà fait l'Édit de pacification de 1782.
Il régla aussi avec équité la position civile des enfants naturels. Un Édit de 1793 continua chez nous la démolition du
système féodal, en supprimant les droits de cens et de lod,
ainsi que les franchises de lod appartenant à des particuliers,
auxquels l'État devait les racheter ; mais le déficit croissant
du trésor public, dû à des circonstances extérieures, rendit
ce rachat impossible. L'avocat Jacques Grenus, dans un plai-
doyer qui rappelle parfois l'antique éloquence, a tracé des
beaux temps de la République et des causes qui préparèrent sa
ruine, un tableau que je ne résiste pas à reproduire ici :

« Il est pénible, disait-il dans son exil, de rappeler de
« tristes souvenirs ; il est douloureux de reporter sa pensée
« sur ces temps de troubles et d'erreurs, où les enfants d'une
« même famille purent oublier qu'ils étaient des frères.

« C'est cependant dans le grand livre de l'expérience, dans
« l'histoire, que nous devons chercher les leçons de la sa-
« gesse et les avis de la prudence. S'il est une circonstance
« où cette recherche soit nécessaire, c'est lorsqu'il s'agit
« d'examiner, sous tous les rapports, un événement tellement
« lié à la situation politique antérieure de la République,
« qu'il ne peut être considéré sous un autre point de vue que
« les précédents.

« La République, dans son origine, ne connut de dissenti-
« ments que quelques conspirations, que tramèrent en vain
« les partisans du Prince qui avait sur elle des prétentions.
« Nos ancêtres furent aussi heureux pour se débarrasser du
« joug des Ducs de Savoie, que nos voisins les Suisses pour
« briser les fers de la maison d'Autriche.

« Depuis le dernier attentat d'un Prince ambitieux et vin-
« dicatif, un siècle s'écoula où tous les esprits furent réunis
« pour consolider l'édifice de la liberté publique, et où les

« cœurs ne connurent de jalousie que celle de disputer de
« patriotisme ; j'entends, par ce mot, l'amour bien entendu
« de son pays.

« Genève ne compta point (comme les Républiques d'Italie
« au xive siècle) de ces hommes ambitieux, qui n'écartaient
« les tyrans que pour le devenir à leur tour.

« Les citoyens n'eurent qu'une même volonté, celle de vivre
« à l'abri de lois qu'ils agréassent, exécutées par des magis-
« trats de leur choix. Les fonctions publiques étaient un
« devoir que remplissaient les citoyens qui y étaient propres,
« sans motif d'ambition ou d'avarice. Genève, tranquille au
« dedans, devint florissante. L'Europe était ébranlée dans ses
« fondements par les longues guerres que suscitait l'ambition
« de Louis XIV. La République, neutre et étrangère à ces
« débats, voyait sa prospérité s'accroître ; sa situation entre
« des États jaloux et rivaux, sa position commerciale, en
« firent un vaste entrepôt des divers objets des besoins des
« peuples. Les persécutions religieuses y amenèrent de nou-
« veaux colons, des capitaux et de l'industrie.

« Genève devint opulente ; sa population s'augmenta : cet
« accroissement de prospérité devint fatal à son repos ;
« divers Ordres, jaloux]les uns des autres, cherchèrent à se
« dominer ; tantôt des querelles de forme entre les Conseils ;
« tantôt des discussions mieux fondées sur la liberté indivi-
« duelle, sur les droits du Conseil général, sur la capacité d'en
« être membre, vinrent troubler la tranquillité publique.

« Ces dissensions datent du commencement du siècle ;
« elles eurent de longs intervalles, jusqu'au moment où la
« guerre civile s'établit, pour ainsi dire, en permanence. Cet
« état de choses dure depuis plus de trente ans (l'auteur tra-
« çait ces lignes en 1797). Les partis, tour à tour vainqueurs
« et vaincus, ont profité de la victoire.

« Les actes du Conseil général, qui intervenaient dans le
« cours des débats, n'étaient que des chaînes, ou des trèves
« mal assurées. Les querelles ne recommençaient qu'avec plus
« de violence ; c'étaient des ressorts qui se détendaient en
« raison de la compression. En 1789, le terme de cette longue
« crise s'avançait ; une révolution entière se préparait par
« une cause qui changea de tout temps la face et la forme des
« gouvernements ; les finances de l'Etat ne se trouvèrent pas
« en balance avec les dépenses qu'exigeait le régime militaire
« établi en 1782 ; ce fut le vrai motif de l'espèce de victoire
« que le parti populaire remporta. Le déficit des finances,
« épuisées par diverses causes, amena la Révolution de 1792 :
« si je ne me trompe, le gouvernement fut plutôt abandonné
« qu'il ne fut conquis. Le vuide total, l'impossibilité de faire
« le service, amenèrent en 1794 une seconde révolution. A
« cette époque fatale, on fut entraîné, par la nature même des
« circonstances, à revenir sur le passé. On fut contraint de
« jeter des regards rétrogrades sur les causes de la pénurie
« du trésor public. Les besoins du présent et de l'avenir furent
« si énormes, relativement aux ressources pécuniaires, extrê-
« mement réduites par la stagnation du commerce et de l'in-
« dustrie, la réduction des rentes et les faillites ; ces besoins
« se trouvèrent tellement disproportionnés aux moyens ordi-
« naires de lever des impositions, que les administrateurs
« nouveaux durent se trouver dans le plus étrange embarras.
   « Quel était le parti le plus sage, le plus prudent et le
« meilleur ? Toutes les pensées se confondent lorsque l'on
« entreprend de le rechercher. Si, dans les circonstances
« mêmes les plus extraordinaires, les censeurs peuvent dire,
« après l'événement, que si on avait agi de telle ou telle ma-
« nière, on aurait pu parvenir au même résultat par d'autres
« voies ; certes, la crise imminente était d'une telle nature, que

« les actes pour s'en tirer précédaient sans cesse les réflexions.
« Alors, cette révolution préparée depuis plus de trente ans
« par l'état des finances éclata de la façon la plus terrible. Les
« esprits furent exaspérés de trouver la République réduite
« aux plus grandes extrémités. Chaque individu frémissait de
« désespoir de se trouver placé sur un gouffre aussi dévorant
« qu'un trésor vide. Les discussions précédentes, les griefs
« réciproques, les haines de parti se réveillèrent avec plus de
« violence que jamais ; les actes d'oubli ne furent que des
« trêves. Enfin, il fallut sérieusement s'occuper de rédiger
« une Constitution qui fût également le gage de la liberté et
« de la sûreté. Le 24 septembre 1796, cet acte qui terminait
« les débats d'un siècle, a dû mettre un terme aux dissensions
« qui agitèrent la République. » (*Défense des citoyens*, etc...,
p. 8-12.)

Mais les jours de la République genevoise étaient comptés ;
et son indépendance séculaire, miraculeusement conservée à
travers tant de périls, ne put résister à l'envahissement armé
de la puissante voisine qui la convoitait. Le Traité de réunion
qui intervint le 17 mai 1798, pour régulariser ce que la violence avait commencé, disposa que « les lois civiles genevoises resteraient en vigueur jusqu'à la promulgation des lois
de la République française. » Dès lors, les Édits civils qui
avaient survécu à toutes les révolutions n'eurent plus qu'une
durée partielle et précaire.

Telle fut la destinée de cette législation, à laquelle l'ancienne
Genève dut une bonne part de sa longue prospérité. François-
André Naville, penseur profond autant que jurisconsulte éminent, a laissé, sur cette législation, un livre malheureusement
inachevé, mais qui est resté comme un témoin de son patriotisme, un monument et un guide précieux pour l'étude de nos
anciennes lois nationales. En écrivant l'*État civil de Genève*,

qui parut en 1790, quatre ans avant son martyre, l'auteur
avait pour but de faire ressortir comment des lois simples et
peu nombreuses, mais reposant sur des principes généraux et
appliquées par une magistrature intègre et éclairée, avaient pu
suffire pendant près de deux siècles et demi à un peuple de
trente-cinq mille âmes, à une cité illustrée non-seulement
par la culture des sciences, mais aussi par son commerce et
son industrie. Il voyait la preuve de l'excellence des Édits civils
dans le petit nombre de procès jugés annuellement, et dans
cette vénération qui n'avait cessé de les entourer. Aussi n'hési-
tait-t-il pas à les signaler aux autres peuples de l'Europe
comme la lumière qui devait les guider vers des lois plus heureuses, dans le grand travail d'enfantement du droit nouveau qui
se préparait. La Révolution française, en effet, sous l'inspiration
directe des principes politiques du *Contrat social*, entreprit la
création d'un droit civil uniforme, au sein d'une lutte pleine de
grandeur, et de crimes enfantés non par les doctrines du philosophe genevois, mais bien par les passions des hommes.

§ IX

LES LOIS DE LA RÉPUBLIQUE FRANÇAISE.
LE CODE CIVIL.

A l'époque où Genève perdait pour un temps son autonomie
et son indépendance séculaire et où se consommait ainsi le
naufrage de ses lois civiles, la France républicaine, reprenant,
selon l'idée de Naville, « l'édifice dès ses fondements, » avait
déjà fait passer dans ses lois les principes essentiels sur lesquels repose la société moderne. Le Code civil, dont les
assises mêmes avaient été posées par les lois récentes de

l'époque intermédiaire, vint enfin résumer et combiner, dans une synthèse savante, les conquêtes de la Révolution avec les principes de l'ancien droit, tels que d'Aguesseau et Pothier les avaient formulés, avec une admirable clarté, dans le cours du xviii° siècle. Ce code fut la réunion en un seul corps, par la loi du 30 ventôse, an xii (21 mars 1804), de trente-six lois sur les diverses matières qu'il embrasse.

Sa promulgation fit donc disparaître les coutumes propres à chaque province, sans excepter le droit romain, lequel ne reposait lui-même que sur l'usage, ni ce qui restait encore en vigueur de nos lois nationales, jusque-là épargnées, telles que celles relatives aux servitudes, aux tutelles, au régime des biens entre époux, à l'autorisation spéciale nécessaire à la femme s'obligeant pour son mari, enfin aux prescriptions.

L'un des traits saillants du Code civil fut assurément la séparation complète qu'il consacra, quant aux rapports juridiques, entre l'ordre civil et le domaine purement religieux ; cette séparation, de date récente, remontait aux premières années de la Révolution, et Mme de Staël a pu dire avec raison « que l'Assemblée constituante, en proclamant la parfaite liberté des cultes, avait replacé la religion dans son domaine, la conscience. (1) »

L'illustre jurisconsulte Pothier, dans son *Traité du Contrat de mariage* (2) et J.-J. Rousseau dans son *Contrat social* (3), avaient déjà proclamé la nécessité et la parfaite légitimité de ce principe, sans lequel l'indépendance de l'Etat et la liberté du citoyen ne sauraient subsister.

---

(1) Mme de Staël.—*Considérations sur la Révolution Française*, Partie Ire, chapitre IV.

(2) Première partie, chap. III.

(3) Livre IV, chap. IX.

Ne considérant l'homme que dans ses rapports avec la
société civile, où se déploie son activité naturelle, où naissent,
se forment, se résolvent ses intérêts terrestres, les jurisconsultes de la Convention, qui mirent, sous le Consulat, la dernière main au Code civil, réglèrent ces rapports, indépendamment de toute préoccupation religieuse exclusive, de tout
culte établi, de toute immixtion politique des églises officiellement reconnues. La séparation entre les deux domaines ne
pouvait être plus complétement consacrée. L'état civil sera
désormais une institution neutre et exclusivement laïque.
L'homme pourra naître, se créer par le mariage une famille
et lui transmettre librement ses biens en héritage, sans
dépendre pour son état civil, de l'acceptation d'aucun dogme
religieux, ni du bon vouloir d'aucun ministre du culte.

Du même coup, le droit civil devint indépendant de la constitution politique. L'homme, le sol qu'il habite, qu'il cultive
et embellit, furent reconnus également libres; dès lors plus
de droits féodaux, de dîmes, de supériorités et de services
personnels, de droits exclusifs de chasse, obérant la classe
indigente et ruinant l'agriculture. Les servitudes réelles d'un
fonds sur le fonds voisin furent soigneusement dépouillées
par le législateur de toute idée de prééminence ou de sujétion
féodale.

La liberté étant, de sa nature, inaliénable, nul ne pourra
engager ses services que pour un temps déterminé.

Le mariage lui-même, naguère encore régi exclusivement,
quant aux conditions de sa célébration et quant à son indis-
solubilité, par les principes du droit canonique, ne sera plus
considéré par le législateur que comme un contrat civil, astreint, il est vrai, à une solennité et à des garanties particulières, mais cependant dissoluble, aux yeux de la loi, sinon de
la conscience, par le divorce, conformément au principe sanc-

tionné pour la première fois par l'Assemblée législative, bien
que le Code civil, sur le rapport de Portalis, ait notablement
diminué, avec raison, les cas dans lesquels les lois révolution-
naires avaient permis le divorce.

Le Code civil, ainsi basé exclusivement sur le double principe de la liberté et de l'égalité des personnes et des fonds,
devait naturellement consacrer ces principes dans la matière
des conventions. Dès lors, toute convention fut licite, pourvu
qu'elle ne fût contraire ni à l'ordre public, ni aux bonnes
mœurs, et sa résolution en dommages-intérêts, pour le cas
d'inexécution, se trouva ainsi complétement généralisée. Il est
vrai qu'à côté de ces principes de droit naturel, on trouve
encore la personne du débiteur soumise, dans des cas nombreux, à la contrainte par corps, que la Convention elle-même
n'avait un instant supprimée que pour être obligée de la rétablir bientôt après ; on verra encore la personne de certains
condamnés frappée de mort civile, peine cruelle qui lui ôtera
presque sa qualité d'homme, puisqu'elle brisera jusqu'à ses
liens de famille et lui enlèvera au profit de celle-ci la propriété de ses biens. Et n'oublions pas que cette peine, sous le
régime impérial qui s'inaugurait, allait être attachée même à
certaines condamnations d'un caractère purement politique !
L'étranger, de son côté, bien qu'assimilé en principe au citoyen
lui-même, quant à l'exercice des droits civils, se verra
encore privé d'une partie de ces droits, si les lois de son pays
d'origine ne les assurent pas au Français lui-même. Mais
sachons pourtant gré aux auteurs du Code d'avoir, en admet-
tant le principe de la réciprocité consacré, dès 1782, par notre
ancienne législation, ouvert la voie à de nombreux traités,
spécialement en vue de l'abolition du droit d'aubaine lequel
empêchait l'étranger de rien recevoir ni transmettre par
succession légitime ou testamentaire : dernier vestige de

ce droit barbare qui faisait dire à Voltaire : « C'est dans notre Europe qu'il y a encore quelques peuples dont la loi ne permet pas qu'un étranger achète un champ et un tombeau dans leur territoire. (1) »

Bien que la tendance générale de cette législation ait été de réaliser, par une transaction équitable, l'idée de justice dans les rapports sociaux, on ne peut méconnaître que ce principe n'ait fléchi plus d'une fois devant des considérations de prétendue utilité générale, et n'ait été, sur certains points, sacrifié aux exigences d'une sorte de raison d'état, étroitement liée à certaines idées, à certains préjugés traditionnels ou économiques ; et sous ce rapport, on l'a déjà remarqué, nul monument législatif ne refléta plus complètement peut-être l'époque qui le produisit. (2)

Le législateur, dans le Code, a, il est vrai, réglé, sous la seule préoccupation de l'idée de justice, les rapports de famille, la protection des incapables, les droits et devoirs des propriétaires voisins, l'hérédité basée sur les liens du sang, qu'il reconnaît d'une manière presque indéfinie, et dont il proclame l'unité quant aux biens, détruisant ainsi du même coup toutes les distinctions sur leur nature et leur origine, qu'avait établies l'ancien droit pour en régler la succession ; il a régularisé, par des principes équitables, la faculté de tester, et fixé la plupart du temps, avec une grande sagesse, la réserve des enfants et des ascendants immédiats ; dans toute la matière des contrats, qu'il subordonne à la bonne foi, il a fait une application constante du principe d'équité que nul ne doit s'enrichir aux dépens d'autrui ; — et pourtant on est bien forcé de reconnaître que tout différent est le point de vue sous

(1) Voltaire. — *Essai sur les mœurs,* chap. 197.
(2) Thiercelin. — *Essai de littérature du droit.* — Paris, 1859, p. 213.

lequel il a considéré les droits des enfants naturels reconnus à la succession de leurs père et mère, et réglé le sort de la femme mariée sous le régime dotal et même sous celui de la communauté, objet de sa préférence.

Le droit relatif aux enfants naturels, en particulier, fut marqué au coin de la plus grande sévérité, et l'on peut dire qu'au point de vue qui nous occupe, le législateur en a fait, en quelque sorte, une caste à part, presque condamnée d'avance à un servage éternel et à une éternelle obscurité. Ici, l'intérêt de la famille à venir l'a emporté sur toute autre considération d'une saine philosophie. Le législateur, semble-t-il, a fait taire en lui tout sentiment de justice, quand, obéissant sans doute encore à ce préjugé qui veut systématiquement rendre l'homme responsable de fautes qu'il n'a point commises, il a exclu l'enfant naturel de la succession de son père, de sa mère même, pour ne lui accorder qu'un droit plus ou moins restreint, selon la proximité du degré de parenté des héritiers légitimes ; de telle sorte qu'il ne fût appelé pleinement à la succession qu'à défaut de parents au douzième degré ! Comme si le lien qui unit l'enfant naturel à sa mère ou au père qui l'a reconnu n'était pas un fait au-dessus du législateur, et comme s'il dépendait de celui-ci de changer ou d'amoindrir l'ordre même de la nature ! Il y a plus : en ne permettant la reconnaissance de l'enfant naturel que pour lui interdire de rien recevoir, par donation entre vifs ou par testament, au-delà de ce qui lui est accordé par la loi dans la succession ; et en lui préférant même, en une certaine mesure, l'étranger, on peut dire que le législateur s'est exposé sciemment à ce que pareille loi fût constamment éludée, preuve certaine qu'il a dépassé les bornes de son pouvoir. N'aura-t-il pas toujours tort, en effet, lorsqu'il contrariera à ce point les sentiments naturels, qu'il mettra l'individu entre la loi

4

et sa conscience ? Sans doute, la question est délicate, et bien respectables sont les considérations qui militent en faveur des droits de la famille légitime, l'une des plus importantes bases de l'ordre social ; mais il semble qu'une fois que la loi a assuré l'avenir des enfants issus d'une union régulière, l'intérêt de l'enfant naturel doit prendre le pas sur celui de parents plus éloignés.

On pourrait facilement étendre cette critique à la préférence que les rédacteurs du Code ont donnée aux parents du douzième degré sur l'époux survivant ; ici encore ils ont certainement accordé trop d'influence aux principes admis par l'ancien droit ; mais cette rigueur vis-à-vis de l'époux survivant devait avoir son correctif dans la faculté laissée aux époux de modifier avant le mariage, par contrat, soit depuis, par donation ou testament, les principes qu'il n'établissait qu'à défaut de conventions contraires (1).

C'est ici le lieu de faire remarquer, avec l'illustre Rossi (2), qu'à l'époque où s'élabora le Code civil, la révolution économique n'avait pas marché de front avec les modifications sociales qui s'opéraient par le droit civil (2). D'autre part, les auteurs du Code, préoccupés surtout de la propriété du sol et des droits qui s'y rattachent, étaient loin de prévoir l'importance qu'allait prendre la propriété mobilière par la concurrence résultant de la liberté du travail. On peut dire que leurs efforts tendirent surtout à établir la conciliation du droit tra-

_____

(1) Ceci était écrit avant la loi du 5 septembre 1874, sur les droits successoraux.

(2) Rossi. *Observations sur le Droit civil français, considéré dans ses rapports avec l'état économique de la société. Mémoires de l'Institut de France*, Académie des Sciences morales et politiques, t. II, 2me série, 1839, p. 216.

ditionnel et historique, avec le droit rationnel pur qui forme le trait caractéristique des lois de l'époque intermédiaire.

Quoiqu'il en soit, et malgré les critiques plus ou moins fondées dont il peut être l'objet, le Code civil n'en demeure pas moins, dans son ensemble, l'œuvre législative la plus considérable qui ait été accomplie depuis la rédaction des Coutumes ; il demeure le monument le plus durable de la grande époque où il a pris naissance, bien qu'il ait été, à certains égards, une cause d'affaiblissement pour la France, dont les nombreuses provinces perdirent, par sa promulgation, leur ancienne originalité et leur vie juridique propre.

§ X.

PREMIERS TRAVAUX LÉGISLATIFS DE LA RÉPUBLIQUE RESTAURÉE. — MAINTIEN PROVISOIRE DES CODES FRANÇAIS. — ESSAIS DE RÉVISION GÉNÉRALE. — TRIOMPHE DU SYSTÈME DES RÉVISIONS PARTIELLES.

Dix ans s'étaient déjà écoulés depuis la promulgation du Code civil, lorsque d'anciens magistrats de la République genevoise, profitant des désastres du premier empire, la firent renaître à l'indépendance et à la vie. Cette patrie, qu'ils avaient autrefois servie, et qu'ils avaient dû ensevelir dans leur âme, la puissance de leur espérance et de leur foi l'avait ressuscitée. Tant est vraie cette observation de Voltaire, que « quand une nation connaît les arts, quand elle n'est point « subjuguée et transportée par les étrangers, elle sort aisé- « ment de ses ruines et se rétablit toujours » (1).

(1) Voltaire, *Essai sur les Mœurs*, chapitre 197.

Qu'allait-il désormais advenir chez nous des lois françaises?

Nul doute que les auteurs de la Constitution de 1814 qui, à l'exception de l'antique Conseil général, avaient cru pouvoir animer d'un souffle nouveau les formes politiques antérieures à 1792, sans tenir compte de celles qui les avaient remplacées, n'eussent eu aussi l'idée de revenir à l'ancienne législation civile. La révision des Edits fut bien réellement décidée en principe; mais la Commission préparatoire, qui en avait été chargée, comprit bientôt qu'on ne remonte pas facilement le cours du passé. On ne pouvait sérieusement songer à remettre en vigueur une législation incomplète, où la vie avait cessé de circuler, dont la pratique s'était oblitérée, et qui ne suffisait plus aux besoins et à l'état actuels de la République. Genève, en effet, agrandie dans son territoire des communes avoisinantes nécessaires à son désenclavement et à sa réunion effective à la Confédération suisse, ne pouvait songer à soumettre ces territoires nouveaux à des lois qu'ils n'avaient jamais connues, et dont ils n'auraient peut-être accepté le joug qu'avec une certaine répugnance, à cause de leur origine protestante. On s'arrêta donc au parti le plus sage, et les deux lois qui réglèrent, d'abord provisoirement en 1815, puis définitivement en 1816, l'organisation judiciaire du Canton, déclarèrent maintenus provisoirement les divers codes et lois en matière civile et commerciale, comme en matière criminelle; faisant ainsi, du même coup, disparaître virtuellement tout ce qui, dans ces codes et dans ces lois, tenait, de près ou de loin, à la constitution politique et administrative de la France.

Mais les Conseils n'abandonnèrent pas pour cela l'espérance d'avoir bientôt une législation nationale. La belle Loi sur la procédure civile, dont la rédaction fut confiée à Bellot, réalisa, dès 1819, ce que ce désir avait de plus pressant et de plus pratique. La nouvelle organisation judiciaire avait d'ailleurs

rendu cette réforme nécessaire ; et l'unité de juridiction qu'elle
consacrait dans le Canton permettait de simplifier les formes
de la procédure. Bellot comprit toute l'importance de la tâche
qui lui était confiée. Travailleur infatigable autant que pra-
ticien consommé et habile jurisconsulte, il réussit à faire de
cette Loi, et de l'Exposé des motifs dont il l'accompagna, une
œuvre originale et véritablement nationale, admirable autant
par la parfaite clarté du style que par le sentiment de justice
et d'équité qui y règne d'un bout à l'autre. Pourtant, il faut le
reconnaître, cette loi ne fut pas exempte de quelques duretés
regrettables au point de vue des droits accordés au créancier
sur la personne et les biens du débiteur : la contrainte par
corps y est maintenue, même dans des cas exclusifs de toute
idée de fraude ; la saisie des meubles, des vêtements, des
outils, des provisions de première nécessité est permise, à de
rares exceptions près ; taches réelles, qu'on a du dès lors faire
disparaître en bonne partie, mais qui étaient imposées par les
usages et les mœurs au moment où la loi prit naissance.
Notons enfin, comme trait caractéristique de cette Loi, qu'elle
consacre, dans la solennité du serment, l'autorité des Saintes-
Écritures : hommage non équivoque rendu au Christianisme
par le législateur, en même temps que, par respect pour la
liberté de conscience, il autorisait de modifier la formule du
serment pour les cas où la personne appelée à le prêter pro-
fesserait un autre culte qui l'interdit ou n'en reconnût pas
l'efficacité. Cette disposition exceptionnelle fut plus tard étendue à toute espèce de serment (1).

La Loi Bellot, sur la procédure civile, rappelle un autre
monument législatif qui contribua à la créer : je veux parler
du célèbre Règlement du Conseil Représentatif, œuvre d'Etienne

(1) Loi du 20 déc. 1854.

Dumont, l'éditeur de la *Tactique des Assemblées législatives de Bentham*. Telle fut, en effet, la sagesse de ces deux Lois, qu'elles ont survécu, presque en leur entier, aux changements que nos révolutions politiques devaient amener sur tant d'autres points par la suite. Le Règlement Dumont, par la marche lente et méthodique qu'il imprima aux délibérations, fut, dès le début, considéré à bon droit comme le principe de vie de la République renaissante. A une époque où la Constitution concentrait dans le Conseil d'Etat la plus grande partie des pouvoirs publics, et où ce corps exécutif avait, au nombre de ses prérogatives, exclusivement l'initiative des lois, Dumont, partant de l'idée *que ce qui résiste appuie*, réussit à organiser ce droit de résistance légale des corps constitués, qui fut le trait dominant des institutions de la Restauration ; et les garanties que ce règlement consacra furent tellement efficaces, qu'il put contenir, dès le début, l'esprit de réaction qui rêvait le retour à l'ancienne législation. Il contenait, sur tous les points, un système tout différent des usages qui avaient prévalu dans les anciens Conseils. Dumont, il faut le reconnaître, fut, en cela, admirablement compris, conseillé et soutenu par un groupe d'hommes éminents, tels que Bellot, avec lequel il fut lié d'une amitié toujours plus étroite, l'Italien Rossi, qui, après avoir fait de brillantes études en Allemagne, s'était fixé à Genève, où il avait bientôt reçu la bourgeoisie d'honneur, Simonde de Sismondi, l'historien des Républiques italiennes, le professeur et conseiller d'état Girod, Salomon Cougnard et toute la jeune pléïade de jurisconsultes, d'économistes et de savants, dont plusieurs, a dit J.-J. Rigaud, avaient été formés hors de Genève, à l'école des grands événements d'une époque faite pour mouler les hommes d'une forte trempe.

Ce fut principalement à l'influence de ces hommes, dont le talent égalait le dévouement à la chose publique, que Genève

dut l'éclat dont elle brilla dans la période de la Restauration.
Dès la fin de 1821, ils entreprirent la publication de l'*Exposé
succinct des Délibérations du Conseil Représentatif*. Jusqu'alors,
ainsi qu'ils en faisaient la remarque, les lois avaient été « pu-
« bliées sans aucune information, sans aucun intérêt, sans
« aucune connaissance des discussions qui les avaient pré-
« parées et des motifs qui les avaient fait recevoir : c'était
« l'autorité séparée de tout moyen de persuasion. » Ils vou-
lurent combler cette lacune et s'attachèrent surtout à reproduire, avec les motifs, le développement historique de notre
législation.

Les *Annales de législation, de jurisprudence et d'économie
politique*, fondées en 1820, étaient destinées, dans la pensée
de leurs rédacteurs, à traiter les questions en elles-mêmes,
dans une sphère dégagée des passions politiques et religieuses,
afin de découvrir les principes dirigeants de l'ordre social, de
raviver l'amour des études historiques dans la sphère du droit,
de faciliter la connaissance des institutions judiciaires de
l'Angleterre et de l'Allemagne. Malheureusement, ces deux
publications cessèrent presque en même temps : celle-ci en
1823, l'exposé en 1824. A cette époque, la cause de la
publicité en matière de gouvernement était loin encore d'être
gagnée ; on n'était pas rassuré sur les dispositions de l'étranger
à l'égard de notre petite république. « Évitons », disait un
des syndics en charge, à propos de la demande qui était faite
de livrer à l'impression le rapport du Conseil d'Etat sur sa
gestion annuelle, « évitons d'attirer les regards sur nous ; ne
« nous croyons pas une lampe destinée à éclairer l'Europe, de
« peur qu'on ne vienne l'éteindre. Notre sûreté, c'est notre
« modestie ; notre modestie, c'est le silence. Laissons-nous
« petits et ignorés, afin de subsister plus longtemps » (1).

(1) *Exposé succinct des Délibérations*, t. I, p. 223, t. IV, p. 575.

Cette conduite prudente du Gouvernement n'empêcha pas l'étranger, vers la fin de 1823, à cette époque du triomphe de la réaction ultramontaine en Europe, d'intervenir dans nos affaires intérieures, pour nous contraindre, comme on le verra par la suite de ce travail, non-seulement à modifier notre législation sur le mariage, pour la mettre, d'une manière imprévue, en harmonie avec les stipulations d'un traité récent, mais encore à supprimer de fait la liberté de la presse, qu'avait consacrée la Constitution de 1814. Cependant, malgré ces entraves, que les circonstances extérieures apportèrent au développement normal de nos institutions politiques et de notre liberté intérieure, le principe de la publicité ne devait pas tarder à recevoir une consécration importante. Le Conseil Représentatif décida, en 1828, la publication d'un *Mémorial* de ses délibérations. La rédaction en fut d'abord confiée à l'un des plus brillants élèves sortis de notre faculté de droit, David-Étienne Gide, qui devait bientôt s'illustrer au barreau genevois, et plus tard, dans la chaire de Bellot. «Où se trouve, » disait Rossi, dans le rapport qu'il fut appelé à présenter à cette occasion, « où se trouve l'esprit, la véritable clef de notre « législation? *Autant en emporte le vent.* C'est un vieil adage, « mais toujours vrai, parce qu'il n'est que l'expression d'un « principe de raison : *l'esprit vivifie, la lettre tue.* Mais qu'est « l'esprit de la loi, si ce n'est l'ensemble des motifs qui ont « déterminé le législateur à la sanctionner ?

« C'est en vain qu'on se flatterait de parvenir, dans la « formation des lois, à une rédaction exempte de toute obscu- « rité et de toute lacune, et ne pouvant donner lieu à aucun « doute raisonnable; l'homme ne saurait atteindre à tant « de perfection. Il appartient aux tribunaux civils de compléter « l'œuvre du législateur, par une série de précédents judi- « ciaires qui sont en harmonie avec l'esprit, avec les principes

« dirigeants de la loi. Mais il ne faut pas demander aux tri-
« bunaux l'impossible ; et, dans une foule de cas, il est impos-
« sible de saisir exactement l'esprit d'une législation dont on
« ne possède que la lettre muette, sans aucun moyen de saisir
« l'intention du législateur, d'en apprécier les motifs et d'en
« adopter les principes.....

« On a souvent, » ajoutait-il, « manifesté le vœu de plus
« de nationalité dans nos lois. Ce vœu patriotique se rattache,
« plus que cela ne paraît au premier abord, à l'existence d'un
« Mémorial de nos séances. C'est lorsque les magistrats, les
« jurisconsultes, les citoyens pourront se bien pénétrer des
« motifs locaux, particuliers, genevois, de notre législation,
« que le cachet de la nationalité s'imprimera plus fortement
« dans notre jurisprudence et dans nos lois futures. C'est alors
« qu'on ne sera plus tenté, faute d'un flambeau national, de
« s'aider, pour l'intelligence de nos propres lois, du secours
« d'une législation et d'une jurisprudence étrangères (1). »

Ces arguments étaient, sans doute, par eux-mêmes, d'une
grande force ; toutefois, le triomphe de la publicité paraît avoir
été amené par la longue et forte élaboration dont elle fut
l'objet dans le domaine des lois civiles. Dès 1824, en effet, la
Commission des Edits, composée des professeurs Bellot et
Rossi, et du syndic Girod, avait été chargée de poursuivre son
œuvre de révision, en commençant, avant tout, par la réforme
du régime hypothécaire (2). Le Conseil d'Etat avait cru parvenir ainsi plus sûrement à la révision désirée. Il espérait que
la petitesse du territoire permettrait, à cet égard, des améliorations essentielles, et que le moment de les introduire était
favorable. Nous aurons à revenir sur le travail de la commission, parce qu'il fait époque dans l'histoire de notre législation

(1) *Mémorial*, t. I, p. 1.
(2) *Exposé succinct*, t. IV, p. 474.

civile Qu'il nous suffise, pour le moment, de rappeler que le
grand projet de loi sur les *Droits réels* s'était attaché à réaliser,
en cette matière, le principe de la publicité, de la manière la
plus absolue ; que le Conseil d'État y avait donné l'attache de
son initiative ; qu'enfin une commission nombreuse du Conseil
représentatif y avait consacré, pendant deux hivers, quarante-
trois séances publiques.

La faveur qui accueillit ce magnifique travail, jointe aux
appréhensions qu'on avait relativement à sa mise à exécution,
concoururent à rendre inévitable la publicité des débats législatifs. On sentit plus que jamais le besoin d'éclairer la population sur les graves intérêts qui étaient en jeu dans le projet
de loi. Nous aurons l'occasion de revenir sur les causes qui
empêchèrent ce projet d'aboutir. Pour le moment, nous tenons
seulement à faire observer que les difficultés pratiques que
souleva sa mise à exécution eurent pour effet de consolider le
Code civil, et de mettre fin pour longtemps à toute velléité
de révision générale. L'intérêt des légistes était d'ailleurs
de conserver une législation qui leur permettait de profiter
des travaux juridiques d'un grand pays voisin. C'est ainsi
que, par la force même des choses, le provisoire tendit à
devenir de plus en plus l'état définitif. D'ailleurs, l'exemple
du canton de Vaud, qui avait mis quinze ans à refondre
le Code civil pour l'adapter à ses usages (1), était de
nature à faire réfléchir les partisans d'une législation nationale sur les difficultés de l'entreprise. On savait maintenant,
par expérience (le projet sur les *Droits réels* était là pour le
prouver), qu'il était difficile de s'arrêter une fois qu'on entrait
dans la carrière des innovations (2).

(1) Ch. Monnard, *Histoire de la Confédération suisse*, tome XVIII,
page 436.

(2) J.-J. Amat, *Un épisode de l'Histoire de Genève*, page 187.

Les Conseils n'avaient pas eu lieu non plus de se féliciter de
la révision de la législation sur le mariage. Le Code civil
triompha ainsi, avec le temps, des susceptibilités nationales ;
on finit par l'accepter avec d'autant moins de scrupule qu'il
avait été rédigé à une époque où la France était encore républicaine ; et l'on sait que la seule édition de ce Code, admise
à Genève, comme officielle, est celle de l'an XII (1).

Enfin, nous ne croyons pas exagérer en affirmant que le Code
civil jouit même d'une sorte de privilége qui rendit souvent
difficiles les améliorations qui furent parfois tentées. On s'ex-
pliquera facilement ce fait, si l'on songe que la législation
genevoise proprement dite, disséminée dans un grand nombre
de volumes du *Recueil des Lois,* fut moins connue et moins
facilement étudiée que le Code civil lui-même, qui a pour lui
l'immense avantage de présenter en un seul contexte, et de
mettre à la portée de tous un système complet et admirablement coordonné de législation.

(1) Rapport fait au Grand Conseil par M. John Goudet, au nom d'une
Commission composée exclusivement de jurisconsultes. *Mémorial de 1849,*
p. 637.

PREMIÈRE PARTIE

—

LES PERSONNES

§ XI

JOUISSANCE DES DROITS CIVILS. — LE CITOYEN. —
L'ÉTRANGER. — LE STATUT PERSONNEL ET LE PRIN-
CIPE DE LA TERRITORIALITÉ. — EXCEPTIONS. —
ABOLITION DE LA MORT CIVILE.

La notion des droits civils comprend, d'une manière générale, tous les actes juridiques que nous pouvons accomplir et
les droits que nous pouvons exercer, en dehors de l'ordre politique, soit comme hommes, soit comme citoyens. Parmi ces
droits, les uns sont l'expression même de notre activité personnelle et la condition indispensable de notre développement.
Exercer une industrie, acquérir et posséder des biens, les
transmettre à d'autres par voie de vente, d'échange, de donation, de testament ou de succession légitime; contracter un
mariage, être investi de l'autorité paternelle ou tutélaire,
poursuivre en justice la reconnaissance et l'exécution de ses
droits; tels sont ceux qui se présentent tout d'abord à notre
esprit, quoique ce ne soient pas les seuls droits de cet ordre
que nous puissions énumérer.

En d'autres termes, les droits civils essentiels sont ceux qui
règlent les rapports de famille, l'acquisition, la disposition et

l'usage de la propriété; ils forment donc, en vertu du droit naturel, le patrimoine de tous les hommes; et la loi civile, en les consacrant, ne fait qu'en régler l'exercice en vue du bien public, des bonnes mœurs et de la protection des incapables.

Cependant, cette première notion des droits civils est incomplète, puisqu'elle ne comprend pas ceux qui sont l'apanage exclusif de la qualité de citoyen. C'est ainsi que, chez nous, l'étranger ne pourrait exercer les fonctions de juge, de notaire, d'avocat, de greffier, d'huissier, de témoin dans un testament ou dans tout autre acte authentique (sauf ceux de l'état civil), puisque toutes ces fonctions supposent nécessairement une délégation de la puissance publique.

Le citoyen jouit donc seul de la plénitude des droits civils, tandis que l'étranger n'exerce que ceux qui lui sont reconnus par la loi ou par les traités, sans compter ceux qui sont tellement essentiels à la nature humaine, qu'on ne saurait en priver aucun habitant du pays.

Occupons-nous d'abord de la jouissance des droits civils attachés à la qualité de citoyen genevois.

Le Code civil (art. 7 et 8) pose, en cette matière, deux principes dont l'application a donné lieu, chez nous, sous l'empire de la Constitution de 1814, à des interprétations diverses. Il dispose d'abord que l'exercice des droits civils est indépendant de la qualité de citoyen, laquelle ne s'acquiert et ne se conserve que conformément à la loi constitutionnelle ; puis il ajoute que tout *Français* jouit des droits civils.

Il admet donc qu'on peut être Français sans revêtir la qualité de citoyen.

La question de savoir si cette distinction nous était applicable fut, à plusieurs reprises, posée et débattue sous cette Constitution, laquelle, dans aucune de ses dispositions, ne parlait de la qualité de citoyen. Elle ne s'était occupée que des Genevois, ayant, sous certaines conditions, le droit d'élire et d'être élus aux magistratures et aux différentes fonctions publiques. Elle reconnaissait comme tels tous les individus ayant, par droit de naissance, antérieurement au 15 avril 1798, le droit de cité ou de commune, ou d'habitation perpétuelle ; ceux issus d'un père ou d'un aïeul ayant ce droit ; ceux, enfin, qui l'auraient acquis par concession ou par achat.

D'autre part, la loi du 6 janvier 1815, confirmée sur ce point par celle de 1816, en ne déclarant maintenues sur notre territoire que les lois civiles, commerciales et criminelles, en vigueur au moment de la restauration de la République, et auxquelles il n'aurait pas été ultérieurement dérogé, avait, par cela même, exclu toutes celles ayant un caractère politique, et qui, à ce titre, étaient désormais incompatibles avec nos institutions nationales. Or, au nombre de ces lois, se trouvaient nécessairement comprises les dispositions du Code civil revêtant un caractère constitutionnel, et notamment celles relatives à l'acquisition et à la perte de la qualité de citoyen ou de Français.

Toutefois, les meilleurs esprits étaient perplexes devant l'application du principe posé par la loi de 1815, parce que notre législation était muette ou insuffisante.

La question fut introduite, en 1822, dans le Conseil Représentatif, à l'occasion de la femme genevoise qui avait épousé un étranger. On se demandait si, devenue veuve, elle pouvait réclamer la qualité de Genevoise, par l'application de l'art. 19 du Code civil. Il paraît que la Chambre des Étrangers avait résolu la question, à plusieurs reprises, dans le sens négatif. On demandait que cette question importante fût résolue en faveur de la femme. Les jurisconsultes Bellot, Lafontaine et S. Cougnard n'hésitaient pas à soutenir que la disposition du Code civil, sur ce point spécial, devait être appliquée ; mais, en même temps, ils reconnaissaient qu'une loi était nécessaire pour faire cesser l'opposition existante entre nos lois civiles et nos lois politiques. Ils demandaient, pour cela, que la qualité de citoyen genevois fût clairement définie. Les paroles suivantes, que prononçait Bellot, à cette occasion, feront mieux comprendre la difficulté où l'on se trouvait :

« Il est indispensable, disait-il, de faire cesser l'opposition « qui existe à cet égard entre les dispositions de nos lois civiles « et celles de nos lois politiques. Les droits civils sont réglés « par le Code que nous avons provisoirement maintenu. La « jouissance en est garantie à toutes les personnes que ce Code « embrasse ; elle le serait donc à tous les individus nés sur le « sol de notre canton, qui réclameraient la qualité de Genevois « dans l'année de leur majorité. Quant à la jouissance des « droits politiques, elle est renfermée, par l'Edit constitu- « tionnel, dans des limites beaucoup plus restreintes. De là. il « résulte qu'il y aurait sur notre territoire deux classes d'in- « dividus, l'une jouissant des droits civils et politiques, l'autre « ne jouissant que des droits civils seuls.

« Car, qu'on ne s'y trompe pas, la Constitution ne s'est oc- « cupée réellement que des droits politiques, que de la qualité « de citoyen, en évitant, toutefois, d'employer cette honorable « qualification de citoyen, en la rayant de notre charte, pour « y substituer la circonlocution d'ayant droit d'élire et d'être « élu. Il est tellement vrai que la Constitution est étrangère « aux droits civils, que, quoiqu'elle ait fixé à vingt-cinq ans « la majorité, cette majorité n'a été entendue que de la majo- « rité politique, et que la majorité civile a continué d'être régie « par le Code civil, sans qu'on ait pensé que la Constitution y « eût dérogé. Ainsi, ajoutait Bellot, sans s'en douter, sans « le vouloir, contre l'esprit et le texte même de quelques dis- « positions de la Constitution, nous en revenons à nos an-

« ciennes castes d'habitants, de natifs; nous avons des individus
« attachés à notre sol, sans aucune autre patrie, que nous
« ne pourrions renvoyer nulle part, jouissant des droits civils,
« mais privés des droits politiques. Peu importe la qualification
« qu'on leur donne; qu'on les traite d'étrangers ou de Ge-
« nevois, ils n'en ont pas moins des droits que les simples
« étrangers n'ont point, s'ils ne jouissent pas de la plénitude
« de ceux que la loi assure aux Genevois (1). »

Cette manière de voir était partagée par M. Rigaud, alors
substitut du procureur général; il estimait que les dispositions
du Code civil, en cette matière, ne pouvaient être maintenues
avec la Constitution, et que tous les Genevois, sans distinction,
devaient jouir des droits politiques.

Cette interprétation était la seule acceptable; elle était,
d'ailleurs, la conséquence forcée de cette disposition de la
Constitution de 1814 : « Tous les Genevois sont égaux devant
« la loi. » En 1836, la même question ayant été soulevée
par M. Fazy-Pasteur, M. l'ancien syndic Rigaud et M. Girod
n'hésitaient pas à déclarer que les distinctions que fait le Code
civil entre la jouissance des droits civils et l'exercice des
droits politiques, ne pouvaient concorder avec notre état
politique, lequel ne reconnaissait que des citoyens (2).

Les deux Constitutions de 1842 et de 1847, en reproduisant
le principe d'égalité, consacrèrent cette interprétation, qui
était devenue, on le voit, traditionnelle, dans le silence de la
législation positive. Ainsi furent reconnus comme citoyens
tous les Genevois considérés comme tels par les lois politiques
antérieures; les enfants nés d'un père genevois; la femme ou
la veuve d'un citoyen genevois; les enfants naturels d'une

(1) *Exposé succinct des Délibérations*, t. III, p. 114.
(2) *Mémorial du C. R.*, 1836, pag. 13 et suiv.

mère genevoise; enfin les Suisses d'autres cantons et les étrangers qui auraient obtenu la naturalisation. Toutes deux également disposèrent que la femme genevoise qui a épousé un étranger suit la condition de son mari, mais qu'à la dissolution du mariage, elle peut reprendre la qualité de citoyenne genevoise, si elle réside dans le canton, ou si, après y être rentrée, elle déclare qu'elle veut s'y fixer (1).

Tels sont donc ceux qui, en leur qualité de citoyens, indépendamment de l'exercice des droits politiques, jouissent, chez nous, de la plénitude des droits civils.

Mais les citoyens genevois ne sont pas seuls à jouir de cette prérogative : les confédérés y sont également admis, à quelque confession religieuse qu'ils appartiennent, sans en excepter les israélites; notre loi du 23 mai 1857, due à l'initiative de M. Jules Vuy, ayant déjà effacé, à leur égard, de notre législation, tout empêchement de parvenir au droit de cité (2).

Les droits des citoyens suisses ont été réglés par les Constitutions fédérales de 1848 et de 1874.

Le Suisse établi jouit, au lieu de son domicile, de tous les droits des citoyens du canton.

En ce qui concerne les rapports de droit civil, les personnes établies en Suisse sont soumises, dans la règle, à la juridiction et à la législation du lieu de leur domicile. La loi fédérale doit statuer sur l'application de ce principe, comme aussi sur les preuves de capacité que les cantons peuvent exiger pour

---

(1) *Const. de 1842*, titre I, 3; titre II, 12 et 14. — *Const. de 1847*, titre I, 2; titre IV, 18 et 20.

(2) Sont abrogées toutes les dispositions de la loi du 14 novembre 1816, qui faisaient du culte israélite, professé par un individu, un motif d'exclusion du droit de cité.

l'exercice des professions libérales (1). Elle doit également statuer sur tout ce qui se rapporte à la capacité civile, comme sur les autres parties de la législation civile, que la constitution a placées dans la compétence de la Confédération (2).

Au reste, la loi genevoise du 16 juin 1866 réalisa chez nous un grand progrès, en faisant disparaître l'ancienne distinction du permis de séjour et du permis de domicile, soit d'établissement. Le rapport que présenta à ce sujet M. Charles Friderich ne laisse aucun doute à cet égard. Cette loi, applicable aussi aux étrangers, avait eu pour but, en particulier, de faciliter l'établissement des citoyens Suisses d'autres cantons; elle eut, du même coup, pour conséquence de simplifier les questions de compétence qui se rattachent au domicile.

Quant à l'exercice des droits politiques proprement dits, la durée du séjour des citoyens Suisses, d'abord fixée à deux ans, fut ensuite réduite à un an pour les votations cantonales (3).

Notre loi genevoise du 4 avril 1849, sur l'acquisition des fonds immeubles par les étrangers au canton, avait déjà établi à cet égard l'égalité la plus complète entre les Genevois et les Suisses d'autres cantons.

Genève n'a jamais adhéré aux trois concordats des 6 juillet 1821 et 15 juillet 1822, lesquels réservaient à la législation et à la juridiction du canton d'origine les questions des divorce, de séparations temporaires, celles relatives à l'ouverture des successions *ab intestat* ou testamentaires, des tutelles, et au régime des biens entre époux.

Nous sommes restés jusqu'ici fidèles au principe de droit public, parfaitement justifiable et pratique, que l'autorité

(1) *Constitution fédérale de 1874,* art 33 et 46.
(2) *Ibidem.* art. 64.
(3) Lois des 20 février 1850 et 4 février 1865.

civile et de police de l'Etat s'étend de plein droit à toutes les personnes qui habitent le territoire et à toutes les choses qui s'y trouvent ; dès-lors, ce sont les lois civiles genevoises qui ont régi, sur notre territoire, la capacité civile, l'âge de majorité, la tutelle, la succession, etc., du Suisse ayant son domicile dans le canton.

Ce principe a, si nous ne nous trompons, toujours été suivi par le Conseil fédéral dans les décisions nombreuses qu'il a rendues pour mettre fin aux conflits de compétence et aux conflits de législation sur lesquels il a été appelé à statuer ; et le Conseil national lui a donné raison. « Le principe du statut territorial « ne peut soulever aucune difficulté dans son application pra- « tique, parce qu'il restreint l'action des lois aux limites du « territoire de l'Etat. Le principe du statut personnel cherche, « au contraire, à étendre l'action des lois au-delà du territoire, « et ne peut, dès lors, en l'absence de conventions, rece- « voir d'application, du moment où son application impli que- « rait un empiètement sur les droits de souveraineté d'un « autre Etat. » Ainsi s'exprimait la Commission du Conseil national, dans une affaire où, le Conseil des Etats ayant admis le principe contraire, le Conseil national maintint sa décision, conformément à celle du Conseil fédéral lui-même (1). Nous avons vu que ce principe fut adopté par la nouvelle Constitution de 1874.

C'est donc d'après le principe de la territorialité, selon nous, que doivent se régler, dans le canton de Genève, les questions relatives aux matières que nous venons de rappeler, à l'exception, toutefois, du divorce ; mais, en retour, les autorités du canton d'origine conservent le droit d'appliquer leur législation aux biens situés sur leur territoire, en vertu de

(1) Ullmer, *Droit public suisse de 1848-1860*, t. II, p. 190.

leur droit de souveraineté garanti expressément par la Constitution fédérale (1).

Au reste, les lois fédérales ne tarderont pas à statuer, sur tous ces points, des dispositions précises et uniformes.

À l'égard de l'étranger, le principe de la territorialité n'a pas été admis chez nous d'une manière aussi absolue, soit que des traités formels s'y opposassent, comme c'est le cas pour la France, soit que des motifs divers aient parfois fait admettre en pratique le principe contraire du statut personnel.

En thèse générale, cependant, nous croyons que l'étranger domicilié dans le canton, et qui y jouit, en vertu de l'article 15 du Code civil, à défaut de traités, de tous les droits civils qui ne sont pas exclusivement attachés à la qualité de citoyen, se trouve, par cela même, soumis aux mêmes conditions de capacité que le citoyen lui-même. Rien, dans nos lois, n'autorise à en décider autrement; et le Code civil qui nous régit, s'il dispose que les lois concernant l'état et la capacité des personnes suivent le Genevois, même résidant en pays étranger, n'est point allé cependant jusqu'à admettre le même principe à l'égard de l'étranger.

Des motifs impérieux militent ici en faveur de l'application des lois genevoises. En premier lieu, l'étranger qui habite notre territoire, qui y contracte des obligations, qui y jouit des droits civils communs, à l'égal du citoyen du pays, se soumet, par cela même, à la législation sous laquelle il contracte; l'égalité, sous ce rapport, est d'autant plus nécessaire que le citoyen qui traite avec lui n'a, le plus souvent, aucun moyen de connaître d'une manière certaine les lois qui règlent,

(1) Ullmer, *Droit public suisse de 1848-1860*, t. I, p. 106, 108, 111; t. II, p. 88, 187. 280, 438, 439.

dans le pays de l'étranger, sa capacité personnelle, et il serait injuste de le rendre responsable de l'ignorance où il se trouve des lois étrangères : « à l'impossible, nul n'est tenu. »

Il serait d'ailleurs contraire à notre souveraineté, comme Etat, d'admettre l'effet des lois étrangères sur notre territoire. En second lieu, les juges genevois ne sont tenus d'appliquer que les lois genevoises ou fédérales, et, si la formule de leur serment leur fait un devoir de ne faire, dans leurs jugements, aucune différence entre le citoyen et l'étranger, ce devoir ne peut être accompli qu'autant qu'ils tiennent la balance égale entr'eux ; or, sur ce point, l'inégalité serait flagrante, s'ils faisaient dépendre la validité des engagements, contractés dans le canton, de la capacité établie par les lois étrangères.

La pratique du notariat et la jurisprudence en ont quelquefois, dans certains cas, décidé autrement ; mais ce fait ne détruit nullement le principe dominant que nous venons d'exposer, puisque ce principe est la conséquence nécessaire de la souveraineté et du fait que les lois d'un Etat s'arrêtent aux limites de son territoire. Il peut se faire, en effet, que pour certains engagements l'exécution en doive être poursuivie dans le pays d'origine; il faut donc, dans les cas de cette nature, que les conditions de capacité soient conformes à la législation étrangère, comme à notre propre législation. C'est une simple mesure de prudence, mais nullement la reconnaissance d'un principe de droit.

Il doit être fait, cependant, une exception pour le divorce, Il y a ici, en effet, un motif tout particulier ; le divorce touche à l'état civil des personnes ; il est donc convenable qu'il y ait, à cet égard, unité de juridiction, puisque c'est le seul moyen de prévenir le danger de décisions contradictoires qui, en jetant de l'incertitude dans les relations de famille, porteraient le trouble dans la société. D'autre part, nos tribunaux seraient dans l'impossibilité de faire exécuter, en dehors de notre territoire, le divorce qu'ils auraient prononcé ; d'où il résulterait que leur jugement n'aurait aucun effet à l'étranger, et que, par conséquent, le mariage continuerait à y produire tous ses effets. C'est donc, dans ce cas, le domicile d'origine du mari qui, dans la règle, détermine uniquement la compétence (1).

Cependant, il en serait autrement, si l'étranger, depuis son mariage, avait obtenu la naturalisation genevoise. Le motif de cette différence se trouve dans la position nouvelle faite à la femme par la naturalisation de son mari ; aux termes de notre constitution, elle devient nécessairement genevoise ; elle acquiert par cela même le droit de demander le divorce, conformément à nos lois ; il faut donc que le mari ait la même faculté, au nom du principe d'égalité devant la loi, d'autant plus que c'est la loi seule qui change la position primitive des époux. Cette solution est d'autant plus fondée qu'abstraction faite du changement de nationalité, les époux auraient eu incontestablement ce droit, si la loi, qui prohibait le divorce à l'époque du mariage, avait été changée dans le pays où il a été célébré (2).

Quant à la séparation de corps et de biens, comme elle n'altère en rien l'état civil des époux, et que l'exécution en est possible, les tribunaux n'auraient pas les mêmes motifs pour repousser la demande qui serait faite par des étrangers, à qui ils doivent justice et protection, tant qu'ils sont domiciliés sur le territoire.

Un autre point à résoudre est celui touchant la détermination du régime auquel les époux sont soumis quant aux biens. Cette question est d'autant plus importante que le mariage,

(1) Jug. du Trib. civ. de Genève, du 26 déc. 1845, aff. Sandoz.
(2) Arrêt de la Cour de Justice de Genève, 24 février 1860, aff. Lévy.

une fois contracté, les époux ne sont plus libres de modifier
ce régime à leur gré. La jurisprudence genevoise paraît s'être
fixée en ce sens, que l'association conjugale est soumise, pendant toute sa durée, à la loi en vigueur dans le lieu où les
époux, en s'unissant par le mariage, se sont proposés d'établir
leur domicile définitif, et ce indépendamment du lieu où le
mariage a été célébré ; mais, quand cette intention ne résultait pas clairement des circonstances, les juges genevois ont,
dans le doute, cru devoir tenir compte, à la fois, du domicile
d'origine du mari et du lieu où le mariage a été contracté ; en
sorte que, lorsque le mari étranger devait être, à raison de
certaines circonstances de fait, considéré comme n'ayant dans
notre canton qu'une simple résidence, sous permis de séjour,
et que le mariage avait été célébré dans son propre pays, où il
avait conservé son domicile légal, nos tribunaux ont décidé
que c'était la loi étrangère qui déterminait le régime des
époux, quant aux biens, pendant toute la durée de leur
union.

Les tribunaux genevois ont été souvent appelés à faire l'application de cette règle, au mariage des sujets sardes qui, pendant longtemps, furent obligés de le célébrer en Savoie, par
suite d'une mesure semblable adoptée par le gouvernement
de ce pays, à l'égard des Genevois protestants établis sur son
territoire (1).

Cette jurisprudence, consistant à appliquer dans notre pays
la loi sarde ou toute autre loi étrangère, est évidemment criti-
quable ; la solution la plus juridique, la plus constitutionnelle
et la plus simple, à la fois, aurait été, au contraire, d'appli-

(1) Jugement du 21 novembre 1840, aff. Sirac ; — 13 octobre 1838 ;
aff. Lachenal ; — 6 mars 1835, aff. Chavaz ; — 6 mai 1836, aff. Gerdil ,
— 6 février 1858, aff. Piguet.

quer la loi du code civil sur le régime de communauté, à
défaut de contrat, au moins quant aux biens mobiliers et
immobiliers situés sur notre territoire.

La doctrine de l'intention présumée des époux doit évidemment céder le pas au principe de droit public de la souveraineté des lois de l'État sur les choses et les personnes soumises
à la juridiction des tribunaux.

Ajoutons que la femme étrangère, qui s'obligerait pour son
mari, dans le canton de Genève, serait soumise à l'autorisation spéciale voulue par la loi du 30 janvier 1819, du moment
que son obligation devrait y être exécutée ; cette loi, en effet,
est d'ordre public (1).

Pour le partage des successions légitimes, ce sont les lois
genevoises qui, dans la règle, doivent être appliquées, quant
aux biens meubles et immeubles qui y sont situés. Le Code
civil pose, à cet égard, trois règles qui doivent servir à décider
les contestations que ce partage peut faire naître, quand
l'étranger, mort sur notre territoire, n'y possédait qu'une partie de ses biens, et quand les lois de son pays d'origine sont
différentes des nôtres, relativement à la transmission de l'héritage et à la détermination de la réserve légale. Il dispose
que le lieu où s'ouvre la succession est celui du domicile ; que
les immeubles, même ceux possédés par l'étranger, sont soumis à la loi du lieu de leur situation ; qu'enfin, il doit y avoir
réciprocité de la part de la législation étrangère, pour que
l'étranger soit admis au partage sur le même pied que les héritiers genevois (2).

Ces trois règles contiennent en germe la solution des diverses questions de compétence qui peuvent se présenter ;

(1) Jugement du 21 février 1863, aff. Robert.
(2) Code civil, art. 110, 3, 726.

mais, il va de soi que les héritiers majeurs et ayant l'exercice
de leurs droits, auraient toujours la faculté de partager la
succession de l'étranger, ouverte sur le canton, et notamment
les immeubles qui en dépendent, dans des proportions différentes de celles fixées par le Code civil ; en tant, du moins,
qu'un tel partage ne contiendrait rien de contraire aux lois
d'ordre public qui régissent chez nous la propriété.

Ajoutons que, pour les successions testamentaires, le Code
civil admet le même principe de réciprocité que pour les successions (1).

Quant à l'exercice proprement dit des droits civils communs,
l'étranger ne rencontre, en général, d'autre limite que celle
d'une autorisation préalable du Conseil d'État, s'il veut ensei-
gner (2), exercer une industrie (3) ou acquérir un immeuble,
sauf qu'il ait été dispensé de cette autorisation par les traités.

Notre loi du 4 avril 1849, sur l'acquisition des immeubles
par les étrangers, les dispense de l'autorisation, s'ils justifient,
en passant l'acte, d'une entière réciprocité. Ce principe n'existait pas dans la loi du 12 janvier 1818, que celle de 1849
a abrogée ; mais, par contre, l'une et l'autre n'admettent aucun
gouvernement étranger à l'acquisition d'immeubles sur notre
territoire, vu son peu d'étendue, et le danger qu'une pareille
acquisition pourrait faire courir à notre souveraineté. Cette
interdiction fut étendue par la loi de 1849, aux corporations
qui n'auraient pas été spécialement autorisées à cet effet.
L'arrêté législatif du 29 juin 1872, en autorisant certaines
corporations religieuses à demeurer établies de fait dans le
canton, a expressément disposé que cette autorisation n'em-
porterait point la capacité de personnes morales, en sorte

(1) Code civil, art. 912.
(2) Const. de 1847, art. 11. — Loi du 19 octobre 1872, art. 6.
(3) Loi du 18 juin 1870, art. 322.

qu'elles sont inhabiles à acquérir collectivement des biens sur notre territoire.

Il a été fait, par la loi du 12 juin 1869, une dérogation toute spéciale à la loi de 1849, en faveur de l'État de Fribourg, relativement à l'acquisition du chemin de fer de Genève à la frontière vaudoise; mais cette autorisation lui a été donnée, non comme État souverain, mais à titre privé, et sous la condition que l'administration aurait son domicile à Genève, qu'elle serait soumise à la législation et à la juridiction genevoises, en matière civile et administrative, et que les droits réels, soit d'usufruit, que l'État de Fribourg possède sur le chemin de fer ne pourraient être hypothéqués qu'en vertu d'une loi genevoise (1).

Les traités conclus à différentes époques par la Confédération suisse ont le plus souvent consacré le principe du droit public de la territorialité.

En général, on peut dire que ces traités ont eu pour effet : 1° de placer l'étranger et le citoyen sur le pied d'égalité dans la jouissance des droits civils communs, et qui ne sont pas exclusivement attachés par la législation à la qualité de citoyen ; 2° et de soumettre l'étranger aux lois et à la juridiction du pays où il est établi, sur le même pied que le citoyen, pour l'exercice de ces droits (2). Seul, le traité avec la France admet des principes différents, surtout pour les successions et les tutelles qu'il soumet aux lois et à la juridiction du pays d'origine ; mais nous ne croyons pas que cette innovation apportée par ce traité dans notre droit public soit une chose

---

(1) Voir la loi du 22 septembre 1869, qui a autorisé une hypothèque de cette nature.

(2) Etats-Unis, traité de 1855 ; —Grande-Bretagne, traité de 1856 ; — Brésil, traités de 1862 et 1867 ; — Italie, traités de 1863 et 1869.

heureuse; nous croyons, au contraire, que les traités conclus avec les États-Unis, avec la Grande-Bretagne et avec l'Italie sont beaucoup plus pratiques, plus favorables à la liberté et moins attentatoires à la souveraineté de chaque État.

Il nous reste à parler, pour compléter la matière de la jouissance des droits civils, de l'abolition que nous avons faite, il y a quelques années, des dispositions sur la mort civile qui faisaient tache dans le système de notre législation. Le Code de 1804, en consacrant la mort civile, avait créé une catégorie d'individus absolument dépourvus de toute espèce de droits civils. Par une fiction barbare et cruelle, ce code réputait mort tout individu condamné à certaines peines afflictives perpétuelles, même pour crimes politiques, même par contumace, et chose plus incroyable encore, après la grâce prononcée. Le condamné voyait écrit dans le code, comme sur la porte de l'enfer de Dante, le terrible oracle qui lui enlevait toute espérance. Il voyait son mariage dissous, les biens qu'il possédait au moment de la condamnation dévolus à ses héritiers légitimes, et ceux qu'il pouvait acquérir encore par la suite échoir par droit de déshérence à l'État. La constitution de 1814 et les constitutions genevoises postérieures, en abolissant la confiscation, avaient laissé subsister la mort civile, bien qu'elle jurât avec nos institutions et nos mœurs. Cependant, il paraît, qu'en fait, elle ne fut jamais appliquée à Genève, depuis la Restauration. L'introduction du régime pénitentiaire en avait même supposé implicitement l'abandon ; néanmoins, elle aurait pu encore être appliquée à certaines condamnations prononcées par contumace. C'est donc avec raison que M. Jules Vuy en a fait prononcer l'abolition. La loi du 13 décembre 1856, due à son initiative, l'a remplacée par

l'interdiction légale, déjà attachée à certaines peines non perpétuelles, par les art. 28, 29 et 31 du Code pénal de 1810, et
qui s'éteint avec la peine elle-même (1).

§ XII

LE MARIAGE CIVIL. — BÉNÉDICTION NUPTIALE IMPOSÉE EN 1816. — RETOUR AU CODE PAR LA LOI DE 1821. — LÉGISLATION EXCEPTIONNELLE DE 1824. — LE MARIAGE CIVIL ÉTENDU A TOUT LE CANTON, EN 1861.

Le désir de cimenter l'étroite union qu'on voulait voir
existe entre l'Etat et les Eglises chrétiennes reconnues, à
l'exemple de ce qui avait eu lieu avec l'Eglise protestante, sous
l'ancienne République, amena de bonne heure les Conseils à
modifier la législation du Code civil sur le mariage. Le mariage
était bien, en effet, le point de contact le plus important et le
plus délicat à la fois entre les deux domaines religieux et politique, et l'on a vu comment le Code s'était affranchi, en cette
matière, de toute immixtion du clergé. La question se compli-
quait, il est vrai, pour nous, des stipulations de deux traités
récents, notamment de celui de Turin, du 16 mars 1816, ratifié
par le Conseil représentatif, le 27 avril de la même année. Une
des dispositions du traité de Turin maintenait expressément
les *lois et usages* en vigueur au 25 mars 1815, relativement à

(1) Le Grand Conseil discute actuellement, en troisième débat, un nouveau Code pénal. Selon toute probabilité, ce Code ne tardera pas à être
promulgué.

la religion catholique dans les communes d'origine sarde, cédées au canton de Genève, sauf qu'il en fût autrement réglé par l'autorité du Saint-Siége.

On chercha donc, tout en maintenant les dispositions du Code civil, relativement à la célébration du mariage, à le revêtir désormais de la double sanction légale et religieuse ; et, à cet effet, la loi du 20 mai 1816, non-seulement rétablit les publications dans l'église paroissiale, mais disposa encore que le mariage ne serait valide qu'autant qu'il aurait été suivi de la bénédiction nuptiale. Le mariage déployait alors ses effets civils à dater de l'acte dressé par l'officier de l'état civil ; le Conseil d'État pouvait cependant, quand il le jugeait convenable, dispenser les époux soit des publications à l'église, soit de la bénédiction, et ordonner que son arrêté en tiendrait lieu.

Malgré cette exception, faite en vue de faciliter les mariages mixtes, déjà nombreux chez nous à cette époque, le clergé catholique n'avait élevé aucune réclamation ; son but, il est vrai, était atteint ; le principe était consacré, sa compétence reconnue, son autorité suffisamment sauvegardée ; et il était d'autant moins disposé à se plaindre que, par une tolérance de fait, quoique contraire aux lois en vigueur, la tenue des registres de l'état civil lui avait été laissée dans les communes cédées par le traité de Turin. Le Conseil d'Etat mit fin à cet abus par son arrêté du 28 décembre 1821.

Cependant l'opinion publique n'avait pas été satisfaite des changements et des complications qu'avait apportés la nouvelle loi, et, de leur côté, les Conseils eux-mêmes n'étaient pas sans crainte sur les difficultés qui en pouvaient résulter pour l'avenir ; et ces difficultés étaient d'autant plus sérieuses que le clergé catholique étendait sa compétence jusqu'à célébrer, moyennant les dispenses de l'Eglise, les mariages entre

beaux-frères et belles-sœurs, alors prohibés par le Code civil
dans le reste du territoire. Ils résolurent donc d'abroger la loi
de 1816.

La loi du 26 décembre 1821, en consacrant le retour pur et
simple au Code civil, se borna à charger l'officier de l'état civil
de rappeler aux époux, lors de la célébration du mariage, le
devoir que la religion leur impose, de le faire sanctifier par
la bénédiction nuptiale. A cet effet, ce magistrat devait leur
délivrer, sans frais, pour être présenté au minist. e du culte,
un certificat de mariage rappelant l'avertissement qu'ils
avaient reçu. Pour assurer l'exécution de la loi, le Conseil
d'Etat était autorisé à ordonner, par mesure administrative,
la retenue d'une partie du temporel de tout ecclésiastique qui
aurait donné la bénédiction nuptiale sans s'être fait représenter
le certificat de mariage ou la permission du Conseil d'Etat,
pour les mariages contractés hors du canton.

En proposant cette loi, le Conseil d'Etat, par l'organe de
son rapporteur, l'ancien syndic Schmidtmeyer, s'était attaché
à établir que le mariage est, avant tout, un contrat qui tire sa
force et sa validité de la loi civile seule, et que lorsque les
époux réclamaient la bénédiction de l'Eglise, l'Eglise ne pouvait la donner tant que la loi ne les avait pas encore unis.

La discussion qui s'éleva à ce sujet dans le Conseil Représentatif fut longue et pleine d'intérêt. Étienne Dumont fit
ressortir la convenance qu'il y avait à laisser les époux libres
d'agir, en cette matière, suivant leur conscience ; il insista
particulièrement sur le danger de les conduire à l'autel par la
crainte de l'amende ou de la prison, moyens coercitifs que
proposait le Conseil d'Etat ; « car, » ajoutait l'illustre orateur,
« les devoirs religieux remplis par contrainte perdraient leur
« essence en perdant leur libe   » Il rappela que, pendant
les quinze années de la domination française, il n'y avait eu à

Genève qu'un seul exemple de mariage accompli sans la céré-
monie religieuse, et encore avait-il eu lieu dans des circonstances exceptionnelles ; preuve évidente, à ses yeux, que la
contrainte est superflue là où il existe, dans les croyances et
les mœurs publiques, des motifs naturels, surabondants, pour
remplir le devoir dont on veut garantir l'exécution. Le professeur Bellot, au nom de la commission du Conseil Représentatif,
rapporta dans le même sens ; il publia, un peu plus tard, dans
les *Annales de Législation et de Jurisprudence*, une importante
*Dissertation historique sur le mariage considéré sous le rap-
port du pouvoir auquel il appartient d'en régler les formes et
les conditions* (T. LII, p. 120). Son cœur de citoyen et sa haute
raison de jurisconsulte protestaient à la fois contre toute en-
trave qu'on aurait voulu introduire ou maintenir, par des considérations politiques ou confessionnelles contre la liberté de
conscience et l'égalité des citoyens entre eux : « On divise
notre canton, écrivait-il à la même époque, dans son *Rapport
sur les Fêtes légales*, quant à l'application des lois civiles, en
deux peuples distincts, chez lesquels les effets de ces lois cessent d'être les mêmes. Nous perdons, sur les points dont il
s'agit, tout l'avantage d'une législation uniforme, avantage
que nous avons mis un si grand soin à maintenir dans nos
lois et nos institutions, et qui semblait du moins devoir être
le partage de notre petitesse (1).

En cela, il faut le dire, il se trouvait d'accord, avec les dé-
putés catholiques eux-mêmes, lesquels ne furent pas les derniers à vouloir préserver nos institutions de toute influence
sacerdotale, notamment dans la matière du mariage et du divorce ; preuve évidente que les principes du Code civil avaient
déjà à cette époque jeté de profondes racines dans les popula-

(1) *Résumé succinct des délibérations*, t. I, p. 207.

tions de notre canton, et que, loin d'être un dissolvant, ce code
fut, au contraire, un lien de plus entre elles, un terrain commun et neutre sur lequel on pouvait facilement s'entendre, un
puissant moyen d'assimilation, qui heureusement ne fut pas
négligé et qui devait contrebalancer avec avantage les différences consacrées et imposées par les traités. C'est ainsi que
M. Lafontaine s'écriait, à l'occasion d'une dérogation proposée en faveur des habitants du territoire réuni, aux lois qui
permettent le divorce, proposition à laquelle il ne fut pas,
pour le moment, donné suite : « S'il fallait coordonner les lois
civiles avec tels ou tels principes de la loi ecclésiastique, où
en serait-on ? Les catholiques du nouveau territoire ne réclament point de changement au code civil ; le divorce est
une loi dont ils peuvent user ou ne pas user, selon leur conscience ; et il leur importe tout autant qu'à tous les autres citoyens du canton, que les institutions civiles soient à l'abri de
toute influence du clergé (1). »

Mais le clergé catholique ne partageait pas cet avis ; il vit,
au contraire, dans le retour pur et simple au code civil, un
empiétement sur les droits de l'Eglise ; la Cour de Rome, qui
avait récemment obtenu en France l'abolition du divorce, ne
tarda pas à réclamer auprès du Directoire fédéral, et la Diète,
nantie de la question, et sous le coup de la crainte de voir sur-
gir un conflit avec les puissances garantes de sa neutralité,
intima au canton de Genève l'ordre de mettre sa législation
en harmonie avec les traités.

Telle fut l'origine de cette loi exceptionnelle du 24 janvier
1824, dont le préambule, éloquent dans sa brièveté, disait
assez que les Conseils cédaient à une pression extérieure considérable, comme ils durent céder encore peu après sur la

_____

(1) *Résumé des délibérations*, t. I, p. 120.

liberté de la presse. Le professeur Rossi présenta sur cette question du mariage, au Conseil Représentatif, un rapport dont la lecture dura trois heures et « où les plus vastes connaissances, disent les contemporains, étaient jointes au talent d'une haute et noble éloquence. » Etrange fortune de cet Italien illustre « dont l'intelligence était supérieure à tout autre en puissance et en hardiesse, » et qui, six ans à peine après s'être fixé à Genève, tenait alors, pour ainsi dire, entre ses mains, le sort de sa patrie d'adoption !

La loi d'exception, qu'il fit passer, laissa subsister, comme législation normale, celle de 1821 ; mais les mariages de catholiques dans les communes cédées par le traité de Turin, ne furent désormais reconnus valides qu'autant qu'ils avaient été célébrés devant le ministre du culte compétent. Le Conseil d'Etat fut chargé de maintenir, en matière matrimoniale, dans ces mêmes communes, les lois et usages relativement à la religion catholique, qu'il aurait vérifié y être en vigueur en 1815, et de concilier, par voie de règlement, autant qu'il se pourrait, ces *lois et usages,* avec les dispositions des lois civiles du canton. L'article final de la loi de 1824 enjoignait de plus au Conseil d'Etat de rendre compte au Conseil Représentatif des règlements qu'il aurait faits sur cette matière délicate, des résultats que la loi aurait produits, et des mesures qu'il aurait préparées pour introduire plus d'uniformité dans la législation matrimoniale et pour étendre au reste du canton l'obligation de la bénédiction nuptiale, en la conciliant avec les droits de la souveraineté et la garantie des conditions de la loi civile.

L'arrêté d'exécution du 16 février 1824 statua donc que le mariage serait célébré dans ces communes par les ministres du culte catholique, après, toutefois, que les époux auraient produit à l'officier de l'état civil, les pièces exigées pour le mariage, par les lois et concordats en vigueur, formalité qui de-

vait être constatée officiellement, et sans laquelle la célébration du mariage à l'église ne pouvait avoir lieu. Le même arrêté constata que les dispositions du Code civil, en matière de
divorce, n'étaient pas applicables aux catholiques dans le territoire cédé. Et cette législation exceptionnelle, qui consacrait
en cette matière une inégalité complète entre les citoyens, se
perpétua jusqu'à la loi du 12 octobre 1861, époque à laquelle,
sur la proposition de M. Peillonnex, aîné, on put de nouveau
revenir aux principes du Code civil, en abrogeant la loi de
1824, et en étendant à tout le canton les dispositions de la loi
de 1821.

Cette importante réforme, qui consacrait définitivement
l'égalité des citoyens, au point de vue du droit civil, avait, il
faut le rappeler ici, déjà été l'objet en 1855 d'un examen très-
approfondi de la part de la commission du Grand Conseil
chargée d'examiner la proposition de M. Pons, relative à l'article 12 du traité de Turin. M. Pons, rapporteur de cette commission, développa ensuite dans l'ouvrage plus complet qu'il
publia en 1856 les motifs pour lesquels le peuple genevois,
par l'exercice naturel de sa souveraineté, devait, d'un commun accord, proclamer, sans retard, son plein droit à l'indépendance et à l'égalité.

Ce vœu patriotique, déjà réalisé en ce qui concerne le mariage et le divorce, par la loi de 1861, le fut enfin définitivement par un vote solennel du Conseil général. Par la loi
constitutionnelle du 27 septembre 1868, sur la création d'un
Hospice Général, « le peuple genevois déclara renoncer à toute
distinction de territoire et à toute inégalité de droit qui pourraient résulter, soit de traités, soit d'une différence d'origine
entre les citoyens du canton. »

§ XIII.

LES MARIAGES ENTRE BEAUX-FRÈRES ET BELLES-SŒURS.

La question de savoir s'il est permis à un homme de prendre en mariage la sœur de sa femme décédée, et réciproquement, paraît avoir été assez vivement débattue à Genève, dans les premières années de la Réformation, au moment où s'élaboraient les ordonnances ecclésiastiques de la République.

Calvin, dans deux consultations qui nous ont été conservées (1), se prononça énergiquement pour la négative, et son opinion prévalut d'autant plus facilement qu'elle paraissait en harmonie avec l'esprit du christianisme. Elle avait d'ailleurs en sa faveur l'autorité du Droit romain. Aussi, les ordonnances ecclésiastiques disposèrent-elles : « Que nul ne prenne la relaissée de son frère, et que nulle femme ne puisse prendre celui qui aura esté mari de sa sœur. »

Un empêchement semblable s'étendait à la femme du neveu ou de l'arrière-neveu. A plus forte raison le mariage fut-il prohibé entre cousins germains. Toutefois, l'ordonnance, se fondant sur ce que le mariage entre ces derniers « n'était point défendu, ni par la loi de Dieu, ni par le Droit civil des romains, » avait disposé qu'il en serait ainsi, « jusqu'à ce qu'avec le temps il en fût autrement avisé. » Cette réserve impliquait des doutes, et, en effet, l'empêchement qui frappait les mariages entre cousins germains fut définitivement levé par l'Édit civil (tit. XIV., 5) « comme n'étant point défendu par la loi divine. »

(1) Œuvres de Calvin, dans le *Corpus Reformatorum*, tome X, 1re partie. *Questions matrimoniales*, p. 233.

Quant au mariage entre beaux-frères et belles-sœurs, la prohibition absolue subsista jusqu'en 1798 : un projet d'Édit contraire fut rejeté en 1795 par le Conseil général.

Après la réunion, la loi française de 1792 qui avait levé la prohibition, nous fut applicable, jusqu'à l'époque de la promulgation du code civil où elle fut rétablie.

A plusieurs reprises, depuis notre restauration, des tentatives furent faites dans le Conseil Représentatif pour apporter, sur ce point, un changement au code civil (1); mais le Conseil d'État se refusa toujours à y donner la main. Il tenait manifestement à conserver la tradition de l'ancien droit genevois. Il se fondait sur la nécessité de ne pas donner une sorte de prime à certains désordres domestiques.

Les adversaires de la prohibition absolue firent en vain valoir les motifs de convenance qui devaient, dans certains cas, porter à faciliter de semblables mariages, comme l'avantage des enfants, la nécessité de faciliter les unions heureuses, ou d'empêcher le partage d'exploitations prospères.

Observons cependant qu'ils supposaient toujours, du moins implicitement, que de tels mariages pourraient être permis quand l'un des époux seulement aurait des enfants d'un lit précédent. On conçoit, en effet, difficilement un mariage entre beau-frère et belle-sœur ayant l'un et l'autre des enfants ; car ces derniers cumuleraient, avec ceux qui en naîtraient, la double qualité de frères et de cousins germains.

Cependant, un certain nombre de mariages entre beaux-frères et belles-sœurs existaient déjà dans le canton; les uns avaient été contractés par des Genevois dans les États qui les

---

(1) Des propositions furent faites dans ce sens, en 1820, par M. Choisy ; en 1830, par M. Mallet-Butini, en 1833, par M. Céard, et en 1839, par M. Bridel.

autorisaient, comme à Neuchâtel et en Prusse ; d'autres avaient eu lieu dans les communes genevoises réunies par le traité de Turin, en vertu de dispenses spéciales que les époux avaient obtenues, moyennant finance, de l'autorité ecclésiastique catholique ; quelques-uns enfin avaient eu lieu sans que l'officier de l'état civil se fût aperçu de l'affinité qui unissait déjà les époux.

Dans tous ces cas, jamais, paraît-il, le ministère public, ni aucun parent, n'avaient voulu assumer la responsabilité d'en poursuivre la nullité et de contester la légitimité des enfants. Ainsi, la prohibition portée par le code civil se trouvait de fait déjà en partie éludée et il en résultait entre les citoyens une inégalité manifeste.

Ajoutons que plusieurs législations étrangères et notamment une loi française de 1832 avaient mis ces mariages au bénéfice d'une autorisation spéciale accordée, dans des cas graves, par le gouvernement. Toutefois, il faut le dire, la question ne se présentait pas, pour ces derniers États, dans des conditions identiques, car le divorce permis dans les uns, était défendu chez les autres ; et nous avons fait remarquer que, grâce au traité de Turin, nous avions, à cet égard, sur notre petit territoire, une double législation.

Ce fut dans ces conditions qu'un de nos plus habiles jurisconsultes, J.-J. Castoldi, proposa, en 1849, l'adoption d'un changement au Code civil, analogue à celui qui avait déjà été adopté en France. Il se fondait surtout sur la nécessité de régulariser, par une nouvelle célébration, certains mariages contractés dans la période précédente, et de permettre ainsi la légitimation des enfants qui en étaient issus. Il faisait, d'ailleurs, valoir le motif que de pareils mariages n'étaient contraires ni à la loi naturelle, ni aux mœurs, ni à la morale.

Il aurait pu ajouter que les auteurs qui ont écrit sur le droit naturel ne les avaient pas ouvertement condamnés (1).

Telle fut l'origine de la loi du 10 mars 1849; elle modifia le Code civil en ce sens que le gouvernement pourrait, pour des causes graves, lever les prohibitions portées par l'article 162 aux mariages entre beaux-frères et belles-sœurs, comme il pouvait déjà le faire pour le mariage entre l'oncle et la nièce, la tante et le neveu.

Le maintien de la prohibition trouva pourtant encore un éloquent défenseur en la personne de M. l'ancien syndic Auguste Cramer; mais il n'avait pas tardé à s'apercevoir que le Grand Conseil ne partageait pas son opinion ni ses craintes.

La question, d'ailleurs, fut l'objet d'un examen approfondi au sein de la commission du Grand Conseil, composée exclusivement de jurisconsultes, savoir de MM. Castoldi, Jules Vuy, Salomon Cougnard, Pierre Raisin et John Goudet. Dans le rapport très-complet et remarquable qu'elle présenta à l'appui de la proposition, nous trouvons développés avec beaucoup de talent et de force les motifs qui la devaient faire adopter. On s'attacha, en particulier, à démontrer que le danger de favoriser des liaisons coupables dans les familles était plus apparent que réel, car, faisait-on observer judicieusement, les passions ne raisonnent ni ne calculent, et ce serait mal connaître le cœur humain de croire que la prohibition ait eu la puissance d'éteindre une flamme nourrie par une passion violente. Et quant à la crainte qu'on avait exprimée que la loi ne fût considérée comme une autorisation presque complète, la Commission, par l'organe de son rapporteur M. Goudet, s'exprimait ainsi :

« La position du gouvernement nous paraît très-simple, s'il

(1) Burlamaqui, *Eléments de droit naturel*, 3ᵉ partie, chap. XIII. — H. Ahrens, *Cours de Droit naturel*, t. II, p. 281.

sait puiser la force là où elle réside véritablement dans notre pays, c'est-à-dire dans l'opinion publique.

« Si dans chaque demande de cette espèce qui lui sera adressée, il consulte l'opinion publique, il y trouvera un guide à la fois sûr et puissant qui lui permettra d'agir avec une indépendance complète.

« En effet, si l'opinion publique ne réprouve pas un mariage qu'un beau-frère et une belle-sœur désirent contracter, pourquoi le gouvernement refuserait-il la dispense ?

« Si, au contraire, une demande semblable était adressée à la suite de quelque grand scandale, comment le gouvernement oserait-il braver l'opinion publique au point de sanctionner ce qu'elle réprouve ?

« Il lui faudrait, dans ce cas, plus de force pour accorder la dispense que pour la refuser.

« Cette crainte nous paraît donc vaine, et la nécessité de demander et d'obtenir une dispense pour la célébration de ces mariages nous paraît, au contraire, une sauvegarde de l'honnêteté publique plus efficace peut-être que la prohibition absolue (1). »

Ajoutons que, pour conserver toute sa valeur devant l'opinion, la dispense doit être accordée gratuitement, car les choses du domaine moral doivent rester pures de toute idée de fiscalité.

(1) Rapport de la Commission, présenté par M. John Goudet, *Mémorial*, 1849, p. 637.

§ XIV

L'AUTORISATION DE LA FEMME QUI S'OBLIGE POUR SON
MARI. — LES TUTELLES. — LA PROTECTION DES
ALIÉNÉS.

Le Code civil n'avait pas laissé les femmes mariées et les
incapables, sans protection ; mais tandis que, dans certains
cas, les mesures qu'il consacre à leur égard, péchaient par un
excès de formalisme, à d'autres égards elles étaient insuffi-
santes. C'est à ce double point de vue que je considérerai les
lois genevoises.

La première en date est celle du 30 janvier 1819, sur l'autorisation nécessaire à la femme qui s'oblige pour son mari.

Cette loi fut une satisfaction donnée à l'opinion qui, à cette
époque, réclamait, le retour aux principes de notre ancienne
législation, et il faut reconnaître que, dans ces limites, ce
retour était réalisable. Le Code civil n'avait assujetti la femme,
pour les divers engagements qu'elle est appelée à contracter,
qu'à une seule autorisation, celle de son mari, même lorsqu'elle s'obligeait dans l'intérêt de celui-ci. « L'introduction à
« Genève de cette législation si contraire à nos mœurs et à nos
« habitudes, dit M. Bellot, rapporteur de la loi, eut les suites
« les plus fâcheuses. C'était l'époque où une usure effrénée
« désolait notre ville et le département dont elle faisait partie.
« Les agents, les compères de cette usure trouvèrent dans les
« engagements des femmes mariées une nouvelle mine à
« exploiter. Ils parvinrent par là, en peu de temps, à con-
« sommer la ruine de nombre de familles. Quelque grand qu'ait
« été le mal, il aurait été bien plus étendu sans le tribunal de

« commerce. Les juges de ce tribunal, tous Genevois, tous
« élevés dans les maximes de nos Edits, ne purent point se
« familiariser avec une législation si opposée, et dont les
« suites funestes étaient certaines à leurs yeux ; ils ne purent
« jamais concevoir un système aussi immoral que celui qui
« admettait la validité d'une autorisation donnée dans son
« propre intérêt, et qu'un mari pût ce que toutes les lois inter-
« disaient aux tuteurs, aux curateurs, aux mandataires, aux
« juges. Ils considérèrent le silence du Code, sur le cas parti-
« culier des engagements de la femme en faveur du mari,
« comme une lacune qui devait être suppléée par les lois anté-
« rieures ou par les dispositions de la nouvelle loi pour les
« cas analogues. Ce tribunal interpréta invariablement la loi
« dans ce sens, et écarta tous les engagements des femmes
« contractés dans l'intérêt de leurs maris, sous leur autori-
« sation.....

« Tel était l'état des choses au moment de la restauration
« de la République. Dix ans s'étaient écoulés depuis que le
« tribunal de commerce avait ainsi fixé sa jurisprudence, sans
« que, dans un aussi long intervalle, aucun de ses jugements
« eût été porté à la connaissance des tribunaux supérieurs.
« Le tribunal de commerce a continué, depuis 1814, à faire
« usage de la même jurisprudence. Mais un de ses jugements,
« déféré à la Cour suprême, y a été réformé par arrêt du
« 50 mars 1818 (1). »

Ce fut alors qu'on songea à donner législativement à la
femme mariée une garantie analogue à celle que les Edits
civils lui avaient assurée, jusqu'au moment de la promulgation du Code. Ces Edits, bien différents du Droit romain, sur
ce point de la législation, n'avaient point consacré l'incapacité
absolue des personnes du sexe, de s'engager pour des tiers.

(1) Bellot. — *Lois de procédure civile*, etc., p. 682.

L'importance considérable de la richessse mobilière, dans une ville essentiellement commerçante, avait fait admettre pour les femmes en général, la liberté de s'engager, et cette liberté n'avait été limitée que pour les engagements qu'elles étaient appelées à souscrire dans l'intérêt de leurs maris; dans ce cas, l'autorisation des deux plus proches parents, alliés ou voisins, était requise, pour la validité. C'est ce principe qui reprit vie dans la loi de 1819, avec cette différence, toutefois, que le magistrat interviendrait dans la nomination des conseillers. C'est ainsi que le procureur général fut appelé à nommer et à assermenter les deux conseillers, parents ou non, pour autoriser la femme, dans chaque cas spécial. On ne fit exception que pour les engagements que la femme, si elle est marchande publique, est appelée à souscrire pour les affaires de son négoce, lors même que ces engagements profitent au mari, comme ils l'obligent lui-même, quand il y a communauté entre eux.

Cette loi, considérée en elle-même et dans ses motifs, réalisa sans doute un grand bien, en ce qu'elle fut, dans certains cas, pour la femme, une garantie contre toute pression qui aurait pu être exercée sur elle, en même temps qu'elle était un moyen de lui faire connaître les affaires de son mari ; mais on ne peut méconnaître d'autre part qu'elle n'ait eu pour effet d'immiscer les personnes choisies pour conseillers dans des tractations que la famille pouvait avoir intérêt à tenir secrètes. Cet inconvénient se fit surtout sentir quand l'usage se fut peu à peu établi de faire intervenir la femme dans tous les actes hypothécaires concernant son mari, pour obtenir d'elle, au profit du créancier, la cession de priorité de son hypothèque légale non assujettie à l'inscription. La loi du 12 septembre 1868, qui soumit à la formalité de l'inscription les hypothèques légales des femmes mariées, des mineurs et des interdits, fit cesser l'abus et rentrer l'application de la loi de 1819 dans ses limites naturelles.

Les tutelles, tout en restant régies par le Code civil, ont été chez nous l'objet de trois lois successives, dont la dernière, de beaucoup la plus novatrice, a apporté au système du Code d'importantes modifications. Ici encore, nous pouvons constater un retour à l'esprit de l'ancienne législation genevoise. La Chambre des tutelles, rétablie par la constitution de 1814, et définitivement organisée par la loi du 5 avril 1824, exerça la surveillance supérieure sur toutes les tutelles du Canton, jusqu'en 1848, époque où sa disparition devint une nécessité constitutionnelle, et où son remplacement par les juges de paix fut un retour pur et simple à la lettre du Code civil. La loi du 18 août 1848, calquée, dans ses principales dipositions, sur la précédente, s'était attachée surtout à assurer l'organisation immédiate de la tutelle des enfants mineurs devenus orphelins de père ou de mère; elle voulut aussi faciliter la confection de l'inventaire, et chercha à en diminuer les frais; elle prit enfin certaines mesures pour contraindre les tuteurs à rendre leurs comptes chaque année, et pour faciliter le compte définitif. On me permettra de renvoyer à cet égard au *Mémoire sur l'organisation des Tutelles* que j'ai publié, en 1869, dans le Bulletin de la Société d'utilité publique et à la lettre importante que M. le procureur général William Turrettini voulut bien m'adresser à cette occasion et m'autoriser à reproduire à la suite de ce travail. Le *Mémoire* et la *Lettre* insistaient surtout sur la convenance de donner aux conseils de famille et aux juges de paix qui les président, une compétence et une responsabilité plus étendues. Une proposition faite dans ce sens par M. Jules Vuy, fut favorablement accueillie par le Grand Conseil; elle devint la loi du 12 février 1870, *sur les nouvelles attributions des con-*

seils de famille, dont le principe avait déjà été consacré, sur un point spécial, par une loi récente (1).

Nous verrons dans un autre paragraphe comment cette loi a réalisé un véritable tribunal de famille et comment elle fut complétée en 1872 dans l'intérêt des créanciers d'une succession à laquelle des incapables sont intéressés.

Il reste à parler de notre législation particulière concernant les aliénés.

Le Code civil, et nos lois sur les tutelles, ne s'étaient occupés de la personne atteinte d'aliénation mentale qu'au point de vue de son interdiction totale, laquelle a pour effet de la placer, comme le mineur lui-même, sous l'autorité immédiate d'un tuteur et d'un conseil de famille ; en sorte qu'elle demeurait sans protection légale, tant que son interdiction n'avait pas été prononcée.

Notre loi genevoise du 5 février 1838 eut pour but de combler cette lacune ; sa promulgation coïncida avec la création d'un important établissement public, l'asile des Vernaies. Jusqu'alors, l'insensé avait pu être conduit et retenu, à la demande d'un parent, dans un établissement particulier, sans autorisation préalable ; l'autorité supérieure de police n'intervenant que pour l'entrée du malade dans un établissement public ; en outre, il n'existait, dans l'un et l'autre cas, aucune administration légale des biens de l'aliéné.

En l'année 1829, quelques réclamations à ce sujet ayant eu lieu, le Conseil d'Etat fit un règlement provisoire auquel se conforma le Lieutenant de police ; il existait d'ailleurs une commission désignée par le Conseil d'État pour fournir des secours aux aliénés, comme aux incurables, aux orphelins et aux malades qui ne pouvaient être secourus par leurs com-

(1) Loi sur les chemins privés, du 6 juin 1868, art. 5.

munes. Aux termes d'une convention conclue le 14 mai 1834, avec la direction de l'Hôpital, le Conseil d'Etat devait faire un règlement pour déterminer le mode d'admission et la sortie des malades ; mais il jugea ensuite que la forme législative était préférable, en raison des intérêts majeurs que l'exécution pouvait froisser et des attributions importantes qu'il s'agissait de conférer aux pouvoirs administratifs et judiciaires (1).

La loi qu'il s'agissait d'élaborer touchait, en effet, d'une part, à la liberté individuelle garantie à tous, de l'autre, à l'état et à la capacité des personnes. Comment l'individu prétendu aliéné serait-il examiné, arrêté et détenu ? Dans quels cas, sa détention cesserait-elle, et dans quels autres pourrait-elle être maintenue ? Quels en seraient les effets civils ? Telles étaient les questions à résoudre.

Sur le premier point, on s'arrêta assez vite à l'idée que c'était évidemment à la police administrative supérieure seule qu'il appartenait de statuer par des mesures provisoires. Il importait, en effet, d'épargner au malade les émotions qu'auraient pu faire naître les formes judiciaires et d'éviter les lenteurs inhérentes à la procédure ; il n'en pouvait être autrement, si l'on considère que l'isolement du malade ne peut être qu'une mesure préventive ou la première condition d'un traitement efficace ; mais on n'en comprenait pas moins la gravité, du moment qu'il devait avoir pour effet immédiat de priver, contre son gré, un individu de sa liberté, et de lui ôter, en fait, l'exercice de ses droits et de ses facultés. La question était d'autant plus délicate, que toute erreur en cette matière pouvait être de nature à jeter un trouble profond dans les idées de la personne la plus saine, et que l'expérience a prouvé que l'égoïsme ou les manœuvres de parents peu scru-

(1) Voir le Rapport de M. De Roches Lombard, *Mémorial des séances du Conseil Représ.*, 1837, p. 92.

puleux sur les moyens de s'assurer un héritage, pourraient dans certains cas, chercher à provoquer une séquestration, pour s'en assurer les fruits. Notre loi s'en remit, à cet égard, à la prudence du magistrat supérieur chargé de la police ; elle exigea toutefois qu'avant de délivrer un ordre d'arrestation, il vît lui-même la personne prétendue aliénée, ou tout au moins qu'il déléguât dans ce but un auditeur ou un maire, à moins que la mesure ne fût déjà appuyée de l'avis d'un médecin. Elle statua, en outre, que l'ordre de détention ne pourrait excéder six mois, quitte à le renouveler avant ce terme pour un nouveau terme de deux ans. Le Collége des Syndics, actuellement le Conseil d'État, ou son Président qui exerce constitutionnellement le pouvoir provisionnel, fut chargé de recevoir les réclamations, contre toute détention effectuée ou prolongée d'une manière illégale ; et, comme sanction à ces mesures protectrices de la liberté individuelle, les propriétaires ou directeurs d'établissements publics ou privés, furent rendus responsables, civilement comme en matière pénale, en cas d'abus.

En second lieu, il fallait pourvoir à la conservation et à l'administration des biens de l'aliéné, pendant son isolement. On chargea de ce soin un administrateur provisoire et l'on en confia la désignation au tribunal civil, sur la demande des parents, du conjoint ou même du procureur général. La loi prévit également le cas où l'aliéné, pendant son isolement, devrait être représenté spécialement par un notaire, dans les inventaires, partages et liquidations où il pourrait être intéressé ; enfin, elle disposa qu'après la mort d'un individu dont l'interdiction n'aurait été ni prononcée, ni provoquée, les actes par lui faits pendant qu'il était placé dans un établissement d'aliénés, pourraient être attaqués pour cause de démence, nonobstant la disposition de l'article 504 du Code civil.

§ XV.

ASSOCIATIONS, CORPORATIONS, FONDATIONS.

La matière des associations en général s'est trouvée pendant longtemps, chez nous, sans principes bien déterminés ; aussi a-t-elle donné lieu, à différentes reprises, à d'importants débats législatifs ; seules, les sociétés civiles et commerciales proprement dites, avaient dans la législation de droit commun des principes arrêtés.

Cet état de choses se liait, en partie, au changement profond qui s'était opéré par la chute de l'ancienne République.

La Commission extraordinaire de citoyens, instituée par le Conseil général, sous la pression du péril, dans le but d'aviser aux moyens de sauver les biens de l'État, que sa réunion imminente à la France lui aurait, sans cela, infailliblement enlevés, les avait déclarés biens communaux et avait décidé qu'ils demeureraient la propriété indivisible des Genevois et de leurs descendants (1). Ces biens furent remis à deux institutions distinctes de création nouvelle, suivant la destination qu'ils reçurent alors. La *Société de Bienfaisance* fut chargée des biens de l'*Hôpital général*, spécialement affectés à l'assistance des Genevois indigents; la *Société Économique* eut dans son patrimoine tous les autres biens de la République, avec la charge d'acquitter les dettes que les malheurs de l'époque lui avaient fait contracter, et d'affecter le surplus à l'instruction et au Culte réformé, confiés désormais, pendant toute la durée du régime français, à sa surveillance et à sa direction. Ces

(1) *Arrêtés de la Commission extraordinaire,* du 16 avril et du 4 mai 1798.

deux institutions, la première de onze membres, la seconde de quinze, se recrutant elles-mêmes, continuèrent véritablement la République, secondées, il est vrai, sous ce rapport, d'une manière considérable, par un autre corps d'un caractère purement ecclésiastique, la *Vénérable Compagnie des Pasteurs*. Et cet état de choses, pendant toute la durée de la domination française, fut conservé intact, grâce à la prudence et au dévouement à toute épreuve de ceux à la garde desquels il était confié.

La constitution genevoise de 1814 l'avait religieusement conservé, sauf en ce qui concerne la direction de l'instruction publique, qui fut, dès lors, confiée au Conseil d'Etat, et l'administration du culte, qui fut remise au Consistoire; il ne cessa que lorsque la constitution de 1847 eût remis, en vue d'une affectation analogue, les biens gérés par la *Société Économique* à deux institutions nouvelles, la Caisse hypothécaire et la Banque de Genève, dont les opérations, sinon le capital et les revenus, devaient s'étendre à tout le Canton.

Les biens que la *Société Économique* avait reçus à son origine se composaient, en particulier, de biens fonds que l'orage révolutionnaire de 1794 avaient enlevés aux communautés soit corporations de la campagne (1); la *Société Économique* les avait vendus à des prix modiques à l'époque de la réunion. Les Genevois des campagnes se formèrent en *Sociétés collectives* pour la possession et l'exploitation de ces immeubles. Aux termes du titre de concession, ou aux termes de leurs propres règlements, une partie de leurs revenus devait être affectée à certains services publics, une autre devait être répartie entre les intéressés. Il s'établit, avec le temps, des

_____

(1) Edit du 17 avril 1794. — *Mémorial du Grand Conseil*, 1866. p. 1724.

coutumes dont les principes ne cadraient pas toujours précisément avec les règles du droit civil; c'est ainsi que parfois les femmes étaient exclues, du moins en fait, de la propriété de ces biens, même par succession, et que les hommes eux-mêmes perdaient tout droit au partage des revenus, aussi longtemps qu'ils n'avaient pas de domicile dans la commune. Les complications sans nombre qui naquirent à la longue de ces sociétés collectives dont chacune constituait une sorte de bourgeoisie dans la commune, finirent par en amener partout la liquidation, à la suite de longues discussions et parfois de procès compliqués (1).

Une autre espèce d'associations constituait une entorse aux disposition du Code civil prohibant les substitutions. Les Bourses de famille, connues sous l'ancienne République, reprirent naissance à la Restauration, quelques-unes même avec la clause d'inaliénabilité des immeubles. Elles avaient pour but et pour effet de faire passer les biens qui en dépendaient sur la tête des associés survivants exclusivement; elles devinrent ainsi la source de grandes fortunes. Mais elles prirent fin devant l'opposition qu'elles suscitèrent au sein du Conseil représentatif. (*Exposé succinct*, t. III, p. 96.)

Depuis l'époque de la Restauration, les fabriques d'Eglises, chargées, dans les paroisses catholiques, d'administrer leurs fonds spéciaux destinés au soulagement des pauvres et à l'entretien du culte, étaient demeurées régies par la coutume antérieure. La constitution de 1842 s'était bornée à disposer

(1) On peut voir dans les *Motifs de la loi sur la procédure civile*, de feu Bellot, 2e édit., p. 225, un arrêt de la Cour de justice du 3 octobre 1836, décidant que les revenus des biens dont les ressortissants de l'ancienne commune de Sionnet étaient restés en possession, seraient partagés en autant de lots qu'il y avait de têtes d'ayant-droit au 16 avril 1798, date de la réunion.

7

que chaque église aurait sa fabrique; celle de 1847 avait ajouté : « La loi règle ce qui se rapporte à cet objet. » A deux reprises, dès lors, le Grand Conseil écarta des projets de loi présentés par M. Amberny. On craignait qu'une loi purement civile sur les fabriques, à laquelle d'ailleurs le clergé catholique s'opposait, ne vint troubler la paix confessionnelle; on craignait aussi de donner à ce clergé de nouveaux moyens d'étendre ses attributions et peut-être d'en sortir (1). La loi organique sur le culte catholique, du 27 août 1875, créa enfin les Conseils de paroisse électifs et laïques, dont l'administration fut soumise au contrôle d'un Conseil supérieur.

En ce qui touche les corporations et les congrégations religieuses, envisagées au point de vue de leur capacité civile, il fut de tout temps admis chez nous qu'elles ne revêtaient la forme et les droits de personnes morales, capables de posséder, de contracter, de recevoir, par testament ou donation, qu'autant qu'elles étaient légalement reconnues (2). Jusqu'à l'année 1847, l'autorisation du Conseil d'Etat fut seule requise, pour leur donner une existence légale. La Constitution de 1842, en consacrant la nécessité de cette autorisation, avait eu soin de la rendre toujours révocable. Mais la Constitution de 1847 alla plus loin; tout en garantissant la liberté des cultes et leur droit à une égale protection de la part de l'Etat, elle voulut qu'aucune corporation soit congrégation ne pût s'établir dans le canton, sans y avoir été autorisée par le Grand Conseil, après que ce corps aurait entendu le préavis du Conseil d'Etat. Elle maintint, d'ailleurs, le principe consacré précédemment sur la révocabilité de l'autorisation. La loi du 4 avril 1849, faisant l'application du principe de la Constitution au cas particulier

(1) *Mémor. du G. C.* 1852, p. 297, 1046.
(2) Voir la loi du 1er février 1841, sur le cadastre, art. 62.

de l'acquisition des fonds immeubles, interdit expressément
aux corporations non-autorisées d'en posséder sur notre territoire. Enfin, l'arrêté législatif du 29 juin 1872, voté en
exécution de la loi du 3 février, détermina quelles sont les
corporations religieuses dont l'existence de fait serait seule
reconnue et autorisée.

La Constitution de 1847 assujettit, en outre, à l'autorisation
du Grand Conseil toutes les fondations agissant en nom collectif, et revêtant le caractère d'utilité publique ou de bienfaisance générale ; elle statua que l'autorisation ne pourrait être
donnée à perpétuité ; que le temps de sa durée serait toujours
indiqué, et qu'elle pourrait toujours être retirée avant terme,
si les fondations venaient à s'écarter de leurs statuts ou de
l'objet de leur institution. La loi générale sur les fondations
du 22 août 1849 vint enfin préciser, définir, limiter avec
soin le nouveau principe constitutionnel ; elle assujettit les
fondations à certaines règles auxquelles elles devraient se
conformer dans leurs statuts ; elle fixa leur durée à trente
ans au plus ; indiqua les différents modes qui pourraient être
usités dans la nomination de leurs administrations, auxquelles
elle interdit de se renouveler désormais elles-mêmes ; elle assujettit la gestion de leurs capitaux à la surveillance du Conseil d'État, ou de corps institués par la Constitution ; elle exigea l'autorisation du Conseil d'État pour les placements qu'elles
voudraient faire hors du canton ; enfin, et comme sanction à
ses dispositions, le législateur déclara nuls et non avenus tous
les actes qui seraient passés en nom collectif par les fondations
non-autorisées.

Mais il importait de définir clairement ce qu'on devrait entendre par l'expression de fondation.

La loi précitée restreignit donc la qualification de fondation
« aux établissements, institutions, corporations, ayant un

caractère d'utilité ou de bienfaisance générale, existant soit par leurs opérations, soit en vertu de donations, de legs ou de collectes employés dans un but déterminé, et dont l'administration particulière, agissant en nom collectif, ne se composerait pas d'un des corps administratifs reconnus par la Constitution ou institués par les lois qui en résultent (1). »

Le Législateur genevois ne s'est point contenté toutefois de déterminer par la définition que nous venons de rappeler les caractères positifs de la fondation. Voulant lever d'avance toute équivoque, et empêcher que de véritables fondations ne s'établissent contrairement à la loi, sous le couvert d'autres associations, afin d'échapper, par là, soit à l'autorisation du Grand Conseil, soit à la surveillance du Conseil d'Etat, il a tenu à définir la fondation par ses caractères négatifs. C'est ainsi, en particulier, qu'il a statué que ne sauraient être considérées comme de véritables fondations : 1° celles dont l'administration est confiée à des citoyens désignés par les fondateurs, et qui opèrent comme détenteurs de fonds à eux remis, sous leur nom et leur responsabilité personnelle ; 2° les associations libres de personnes se réunissant pour s'occuper en commun d'objets religieux, politiques, philosophiques, scientifiques, littéraires et artistiques, qui contribuent aux frais de leurs réunions par des cotisations et qui sont administrées par des personnes élues par elles à temps ; 3° les sociétés libres de tir et autres exercices, ainsi que les réunions connues sous le nom de cercles. Il a voulu, au contraire, qu'elles restent soumises aux lois ordinaires qui régissent les sociétés civiles et commerciales pour tous les actes qui font l'objet habituel de ces dernières sociétés. (Loi du 22 août 1849, art. 2, 6, 7 et 8.)

Cependant, il est important de le remarquer, la mention de

_____

(1) Loi du 22 août 1849, art. 1er.

ces associations a eu aussi un but positif: la loi leur a reconnu implicitement la qualité de personnes morales, capables d'ester en justice, pour les choses strictement nécessaires à leur existence, et en tant qu'elles se renferment dans les limites étroites qui leur sont assignées. Autrement, la loi qui consacre leur existence serait dépourvue de toute sanction.

La loi de 1819 sur la procédure civile avait déjà reconnu ce caractère de personnes morales aux réunions connues chez nous sous le nom de *cercles*, qui, depuis longtemps et sous toutes les formes, jouent un rôle important dans notre vie nationale. La loi de 1849 alla plus loin, puisqu'elle admit l'existence légale des sociétés de tir et des autres associations énumérées plus haut. Cette interprétation résulte au surplus expressément d'un arrêt récent (17 août 1874) rendu par la Cour de justice civile, sur les conclusions conformes et fortement motivées de M. William Turrettini, procureur-général, et l'on peut dire qu'elle est en parfait accord avec les nécessités de la vie républicaine et démocratique.

La loi sur les fondations était devenue une nécessité de l'époque de reconstitution politique où elle fut rendue ; car les fondations existantes, qui toutes disposaient de capitaux et de revenus importants, auraient pu facilement combiner leur action comme autant de forteresses distinctes, mais solidaires, et opposer de la sorte à coup sûr une résistance sourde mais active au développement des institutions politiques issues de la Révolution de 1846.

Et, à vrai dire, la loi sur les fondations ne passa pas sans avoir rencontré, même après sa promulgation, et au moment de sa mise à exécution, une sérieuse résistance ; et la lutte parlementaire qu'elle suscita dans le Grand Conseil prouve assez qu'elle touchait à des intérêts considérables. Il fallut que l'expérience vint démontrer que les formes plus larges auxquelles elle assujettissait des associations jusqu'alors fermées, n'étaient nullement incompatibles avec le véritable but de leur création et avec la marche générale des institutions du pays, et que loin de tarir chez nous les sources du dévouement et de la bienfaisance, elles contribueraient à les alimenter et à en créer de nouvelles.

Ainsi se trouva réalisée, bien que dans d'autres conditions, la loi que le professeur Prévost, déjà en 1822, proposait au Conseil représentatif, en vue de déterminer le degré de liberté qui devait être laissé en cette matière aux particuliers, tout en sauvegardant les droits inaliénables de l'Etat.

« Les établissements fondés par les particuliers, disait à cette époque le professeur Prévost, sont de nature très-variées. On peut les diviser en établissements de bienfaisance, établissements religieux, établissements d'éducation, établissements d'industrie et autres. Lorsque les particuliers fondent de tels établissements, ils le font de leur vivant, ou par des dispositions de dernière volonté. Les volontés testamentaires semblent particulièrement respectables et sont entourées d'une espèce d'auréole de sainteté. Mais, quant aux fondations, je ne sais si ce ne sont point celles du lit de mort qui doivent être soumises au plus rigoureux examen.....

« Je propose donc cette loi ; et je comprends dans ma proposition les établissements nouveaux que l'on pourrait fonder à l'avenir, aussi bien que les établissements anciens ; ce qui est fait et ce qui est encore à faire. Je demande que la loi assure les droits des particuliers à cet égard, mais qu'elle assure aussi ceux du public. Je demande que l'influence de l'autorité publique soit réservée, et j'entends par là celle de l'administration d'un côté, et de l'autre celle de la législation.

« L'imperfection de l'établissement social, qui réduit une

partie considérable de la population à vivre d'une manière précaire, dans la dépendance des hommes et des événements, a forcé les âmes compatissantes à fonder, en faveur de cette classe souffrante, des établissements charitables, des hôpitaux, des aumônes perpétuelles sous diverses formes. D'autre part, des opinions liées à la religion, mais trop souvent mêlées d'erreur et de fanatisme, ont déterminé des fondations tendant à maintenir certaines parties des cultes nationaux, ou à introduire dans la société des institutions nouvelles, des ordres monastiques, des fonctions ecclésiastiques largement dotées. On a aussi fondé des colléges qui, suivant l'esprit du temps où ils ont été institués, se sont trouvés, le plus souvent, associés aux fondations religieuses. Enfin, nous voyons de nos jours fonder, en faveur des ouvriers, des fabriques et du commerce, des établissements de divers genres.

« Plusieurs de ces établissements paraissent requérir quelques sanctions légales. Une première raison de faire intervenir le législateur dans les fondations faites par les particuliers est tirée de la différente durée des Etats et des individus dont ils se composent. Ces derniers, en fondant un établissement permanent, ne peuvent prévoir s'il sera, dans l'avenir, en rapport avec les besoins d'une génération qui leur est étrangère. Une seconde raison est tirée de l'ignorance où peut être un particulier des vrais intérêts de la société, intérêts dont la société même doit être juge. Une troisième, de l'opposition qui peut exister entre l'intérêt privé et l'intérêt public. Une quatrième, du simple caprice ou de la bizarrerie de caractère qui peut avoir ici quelque influence et déterminer certaines fondations.

« Ces raisons, indiquées par la nature de l'homme et de la société civile, sont pleinement confirmées par l'expérience. Longtemps, les colléges fondés par Charlemagne ont contrarié les progrès de l'esprit humain. Les nations qui ont eu sur ces progrès la plus grande influence, ont éprouvé longtemps, éprouvent peut-être encore, la difficulté de telles entraves : plusieurs institutions des xvme et xvime siècles ont peine à suivre la marche des lumières. En considérant l'état des pauvres et l'accroissement de misère qu'ont produit des établissements destinés au soulagement de l'indigence, on est conduit à désirer que les fondations des particuliers, comme celles du public, soient soumises à des révisions périodiques ; car le progrès des lumières demeurerait sans effet si l'on n'ouvrait aux nations, à mesure qu'elles s'éclairent, l'occasion de réparer leurs fautes et de profiter des leçons de l'expérience. A la suite de ces exemples, tirés des établissements d'éducation et de bienfaisance, si nous jetons les yeux sur les fondations liées à la religion, nous trouverons que les mêmes réflexions y sont applicables. Les opinions de tout genre sont soumises à l'influence des lumières ; et tels établissements qui, dans un siècle ténébreux, ont paru dignes d'éloge, peuvent, dans un autre, paraître dignes de blâme. Je suppose qu'un de nos concitoyens, sous l'influence de ses propres opinions ou de celles qui, dans son lit de mort, pourraient lui être suggérées, crût faire une œuvre méritoire en fondant un établissement de la forme des institutions monastiques ; qu'il liât à cet établissement, rendu perpétuel, un système d'éducation qu'il appellerait religieuse ; qu'il tendît ainsi à faire retomber la génération naissante sous le joug des plus avilissantes superstitions ; le souverain devrait-il le permettre ? La prévoyance législative trouve également son emploi dans des établissements d'une toute autre nature. Dans le but de secourir des ouvriers souffrants et laborieux, des hommes bienfaisants cherchent à favoriser l'industrie par de nouveaux établissements. Quelque louables que soient leurs vues, quelque reconnaissance que nous devions en ressentir, il faut, avant de réaliser de tels projets, reconnaître qu'ils sont vraiment utiles, que l'intérêt de la société s'y trouve attaché. Et qui en jugera, si ce n'est le corps qui la représente, soit qu'il fasse lui-même les recherches nécessaires pour porter ce jugement, soit qu'il confie ce soin au corps administratif ? Il y a quelque limite à la liberté des entreprises, et même à celle des fondations faites dans des vues de bien public. Il faut donc que le législateur s'en occupe, et qu'il apprenne aux citoyens jusqu'où peut s'étendre leur bienfaisance, leur zèle, les règlements d'éducation qu'ils prescrivent, les services qu'ils peuvent rendre à l'industrie. Car, dans l'emploi du travail comme dans l'emploi des forces sociales, dans l'ordre économique comme dans l'ordre politique, la liberté n'a pas de plus dangereux ennemi que la licence..... (1). »

La proposition du professeur Prévost avait été vivement appuyée par Etienne Dumont, les professeurs Rossi et Bellot. « Combien de maux n'aurait-on pas évités en Europe, disait Dumont, si la loi eût réglé d'avance les conditions auxquelles on devait soumettre les fondations de toute espèce, surtout celles de bienfaisance et celles qui ont la religion pour objet. M. Turgot a été le premier philosophe qui en ait appelé, sur ce point, au grand principe de l'intérêt social. Je parle de l'article *Fondation* dans *l'Encyclopédie* : c'est là où il fit sentir, combien il y avait de danger de donner à des particuliers ou fanatiques, ou extravagants, ou conduits par des vues d'orgueil et de vanité, le droit de faire des fondations à leur gré, soit pour les écoles, soit pour les monastères, soit pour les hôpitaux, et de les assujettir à toutes les règles que leur imagination pourrait leur suggérer : en sorte que, par une incon-

(1) *Exposé succinct des délibérations*, t. III, p. 85.

séquence extraordinaire, la loi permettait aux particuliers de
faire des lois irrévocables, de créer des établissements à des
conditions perpétuelles, sans considérer que des fondations qui
pouvaient être bonnes et sages au moment où elles furent
faites, pouvaient devenir très-nuisibles, lorsque, par le changement des besoins, des mœurs, des gouvernements, elles se
trouvaient en contradiction avec l'esprit général. Tout change
insensiblement, les sciences, les arts, les habitudes, les cultes,
les systèmes d'enseignement, et vous voulez laisser à des individus le droit d'enchaîner l'avenir, de prolonger leur autorité
après leur mort, et de soustraire leur établissement à la volonté
du législateur !... »

Rossi, de son côté, était convaincu que le gouvernement de
Genève ne pourrait guère tarder à s'occuper d'un sujet si
important et si grave; mais il reconnaissait qu'en raison même
de son étendue, la loi proposée présentait des obstacles peut-
être insurmontables. « Il faut, à mon avis, dit-il, distinguer
premièrement les institutions existantes des institutions pas-
sées. Je ne dis pas que les premières soient absolument indé-
pendantes du pouvoir souverain. Quelles que soient l'origine
et l'ancienneté d'un établissement, si, par la marche des événements, il est devenu incompatible avec le salut ou le bonheur
de l'État, il est évident que l'autorité suprême doit venir au
secours du corps social. La faculté de nuire à la chose publique
n'est jamais un droit acquis.

« Toutefois, il y a des ménagements à prendre dès qu'il
s'agit de quelque chose qui a pour elle la sanction de l'usage
et du temps. Je ne parle pas seulement des droits pécuniaires
acquis aux individus, droits qu'il ne faut jamais attaquer, et
pour lesquels il faut donner un équivalent lorsqu'il est impossible de les respecter dans leur forme actuelle. J'entends par
là même, de l'action morale d'un établissement quelconque,

par exemple, d'un établissement d'éducation. S'agit-il de pourvoir à l'avenir? Le législateur doit accueillir toutes les idées de perfectionnement que le progrès des lumières a développées et que l'expérience a justifiées. Est-il près d'agir sur un établissement existant? Il lui faut plus de retenue. Peut-être trouvera-t-il plus utile de se borner, dans les commencements, à retrancher ou à modifier ce qu'il y aurait de trop vicieux, de trop contraire à l'ensemble actuel du système social. Le temps est un excellent auxiliaire, non-seulement pour priver, mais aussi pour détruire : en attendant, on doit retrancher de ce qui existe, tout ce qu'il y aurait de décidément malfaisant, tandis que, pour ce qui est à créer, on peut aspirer à une utilité positive (1). »

Passant aux principes sur lesquels devrait être basée la législation sur les fondations, le professeur Rossi indiquait, comme indispensables, le consentement de la législation, la surveillance de l'Etat, et la révision périodique. Il esquissait ainsi, à grands traits, les bases mêmes de la législation actuelle sur les fondations, telle que nous venons de la rappeler, et dont la discussion de 1822 peut être considérée comme la justification et le commentaire anticipé.

(1) *Exposé succinct, etc.*, t. III, p. 92.

§ XVI

SUITE DES ASSOCIATIONS : LES SOCIÉTÉS CIVILES ET COMMERCIALES.

S'appliquant uniquement aux établissements, institutions ou corporations dont les capitaux appartiennent non à des personnes déterminées, mais à une idée, à une œuvre, à un but d'utilité ou de bienfaisance générale; la loi sur les fondations avait réservé expressément, nous l'avons dit, la législation ordinaire concernant les associations ou sociétés civiles et commerciales, dont le caractère distinctif est, au contraire, d'être constituées en vue d'un bénéfice partageable, comme leurs capitaux eux-mêmes, entre les associés qui en sont les seuls propriétaires.

Le développement des opérations financières et sur immeubles qui se produisait alors à Genève, et qui devait tendre à s'augmenter d'année en année par l'accroissement rapide de la population, donna naissance à deux lois nouvelles, en date du 27 août 1849. Celle *sur les appropriations d'immeubles* par les sociétés civiles et commerciales, eut pour but de permettre aux sociétés elles-mêmes de devenir propriétaires en leur propre nom, sans avoir à payer de droit de mutation sur les immeubles dont l'apport leur avait été fait; mais cette loi était trop onéreuse au fisc pour être longtemps maintenue : aussi fut-elle abrogée par celle du 29 octobre 1864. D'un autre côté, comme les associations étrangères d'assurances, contre l'incendie et sur la vie, faisant des opérations dans le canton, devenaient toujours plus nombreuses, une loi du 27 août 1849, obligea toutes les sociétés anonymes, fondations ou corpora-

tions étrangères, à se soumettre aux autorisations voulues par
nos lois; elle statua, en outre, que les assurances étrangères,
sur la vie, par tontines, ne seraient autorisées qu'à la condition formelle que les fonds concernant les Genevois seraient
placés dans le pays.

Nos lois n'avaient encore rien changé au Code de commerce
français, sur la nécessité de l'autorisation du gouvernement
pour la création des sociétés anonymes; la constitution
s'était bornée à disposer que ces autorisations continueraient
à être données suivant les dispositions des lois à cet égard;
mais en 1862, l'intervention du Conseil d'Etat dans la formation
des sociétés anonymes, fut vivement contestée dans l'Assemblée constituante; le projet de constitution l'avait même supprimée complétement, mais on sait que ce projet échoua
devant le vote négatif du Conseil Général. Les jurisconsultes
qui siégeaient dans l'Assemblée s'étaient d'ailleurs divisés
sur la question de savoir si l'autorisation gouvernementale
s'appliquait aux sociétés anonymes d'un caractère purement
civil (1); mais cette question ne pouvait guère faire de doute,
dès que la forme anonyme était la seule qui, sous la législation
du Code Civil et du Code de Commerce, pût donner à une
société une existence de corps moral, et lui permettre de
s'obliger en cette qualité collectivement, par un comité
d'administration, indépendamment des pouvoirs et de la responsabilité personnelle des associés (*Code civil*, 1862 à 1864);
et cette opinion était si fondée que la pratique l'avait continuellement sanctionnée.

Quoiqu'il en soit, la tendance à supprimer l'autorisation du
Conseil d'Etat et à la remplacer par des garanties qu'on jugeait
plus efficaces, s'affirma toujours davantage. La loi du 2 novem-

(1) *Mémorial de l'Assemblée constituante*, de 1862, p. 522.

bre 1864, sur les *sociétés anonymes libres*, fut un premier
essai dans ce sens. On espérait que cette loi aurait pour effet
de rendre les sociétés anonymes constituées sous l'ancienne
forme, toujours moins nombreuses ; mais on ne tarda pas à
reconnaître que la nouvelle loi qui soumettait les sociétés anonymes libres à des statuts uniformes et rigides, ne répondait
pas à l'attente qu'on en avait conçue ; ce fut un essai malheu-
reux qui ne pouvait servir que de transition à une législation
mieux appropriée à la diversité des conceptions destinées à
grouper les hommes et les capitaux. Sous ce rapport, un
grand progrès fut réalisé par les lois du 29 août 1868 et du
15 janvier 1869, dues l'une et l'autre à l'initiative de
M. Alexandre Martin.

Le Grand Conseil, en les votant, consacra d'abord le principe fondamental que la loi ne régit les sociétés civiles et
commerciales qu'à défaut de conventions particulières. En
conséquence, il posa le principe que toutes conventions entre
associés seraient valables pourvu qu'elles ne fussent contraires ni à l'ordre public ni aux bonnes mœurs ; mais en même
temps il voulut avec raison qu'elles ne fussent opposables
au tiers, qu'après avoir été rendues publiques et il organisa
cette publicité de manière à la rendre efficace. Il admit en
second lieu les sociétés civiles à se constituer en personnes
morales et à ester en justice comme telles, en la personne de
leurs gérants et administrateurs, sous les conditions qu'elles
revêtiraient l'une des formes applicables aux sociétés commerciales, et qu'elles seraient créées soit en nom collectif, soit en
commandite avec parts d'intérêts ou actions, soit sous la forme
anonyme ; ces différentes espèces de sociétés, civiles ou commerciales, pouvant d'ailleurs être constituées à *capital variable*,
de telle manière que leur capital pût être augmenté par des
versements successifs ou l'admission d'associés nouveaux, ou

diminué par la retraite d'associés anciens ou la reprise totale ou partielle d'apports déjà effectués. Le législateur consacra ainsi la pratique genevoise antérieure, en la généralisant.

Observons que les lois nouvelles se bornèrent à exiger le dépôt d'une copie des statuts au greffe du Tribunal de commerce et leur publication par extrait dans la partie officielle de la *Feuille d'Avis*.

Enfin, la nouvelle législation voulant trouver, dans la Constitution même des sociétés par actions, des garanties efficaces contre les abus et prémunir contre les dangers d'une mauvaise gestion les actionnaires et le public en général, adopta comme règle uniforme que ces sociétés ne pourraient être définitivement constituées qu'après que la souscription de la moitié du capital social et le versement du quart auraient été régulièrement constatés par acte notarié et que l'Assemblée générale, dans les sociétés anonymes, aurait constaté l'accomplissement des formalités et nommé les premiers administrateurs, toujours révocables à sa volonté.

Pour les sociétés en commandite par action, on institua un Conseil de surveillance nommé par l'Assemblée générale des actionnaires; enfin, on définit exactement la part de responsabilité des membres de ce Conseil, ainsi que des gérants et des administrateurs, et on les assujettit à rendre compte à des assemblées annuelles.

Peut-être le législateur aurait-il pu simplifier ces formes protectrices, dans les cas où des associations, n'ayant pas directement en vue le négoce, mais une œuvre commune, ou ne disposant que de capitaux très-restreints, auraient désiré se constituer sous la forme anonyme; peut-être aussi eût-il mieux fait de reproduire dans les lois nouvelles, non la législation du Code civil sur les sociétés, qu'il a laissée intacte, mais les quelques dispositions du Code de commerce qu'il maintenait encore en cette matière ; son œuvre, assurément, eût gagné en clarté, et la clarté, dans une législation, est une des conditions essentielles de sa bonté.

En terminant ce chapitre, je ne puis passer sous silence l'abolition de l'arbitrage forcé, en cas de contestations entre associés. La loi du 15 juin 1864, due à l'initiative de M. l'avocat Charles Friderich, en abrogeant l'article 51 du Code de Commerce, laissa aux associés toute liberté de soumettre leurs contestations à la juridiction ordinaire, à moins qu'ils n'eussent eux-mêmes choisi d'avance la voie de l'arbitrage.

DEUXIÈME PARTIE

—

LE DOMAINE PUBLIC

§ XVI

LE DOMAINE PUBLIC SOUS L'ANCIEN DROIT GENEVOIS.
— LE FIEF DE LA RÉPUBLIQUE. — LES ABERGE-
MENTS SUR LE RHONE. — EFFET DES SUBHASTA-
TIONS.

La distinction des biens compris dans l'expression générale de domaine public n'a pas toujours été aussi nettement établie qu'elle l'est aujourd'hui ; et, cependant, quand on étudie de près notre ancienne législation, on voit cette distinction découler, à la fois, du principe de la souveraineté comme de la nature même de ces biens ou de leur destination, laquelle place les uns hors du commerce des hommes et les rend communs à tous, tandis que les autres sont considérés comme des propriétés que l'Etat possède au même titre que les particuliers.

Ainsi, l'ancienne législation genevoise, comme les lois actuelles, plaçait déjà le lac, le Rhône et l'Arve dans la catégorie des choses publiques ; et les propriétaires des fonds riverains ne pouvaient, sans une permission écrite et spéciale du Conseil, faire sur les bords, ou dans le cours de ces eaux, aucun établissement, plantation, ou construction quelconque.

Dans la même catégorie des biens affectés à l'usage de tous étaient également compris les édifices, fortifications, places, rues, promenades, ponts, quais, grands chemins, cimetières, fontaines, et généralement tous les établissements faits et entretenus par le public. (Code genevois de 1791, liv. I, titre III.) Le Petit Conseil, le procureur général et la commission des choses publiques étaient spécialement chargés de veiller à la conservation de cette partie du domaine de l'Etat. (*Ibid.* liv. VII, titre X.)

Quant aux biens que la République possédait, à titre particulier, ils comprenaient essentiellement, outre les terres et autres biens vacants, les fiefs acquis par elle à différentes époques, et qu'elle n'avait pas inféodés ni abergés à des particuliers ; et, quant à ceux mêmes qu'elle avait aliénés, le domaine direct lui en était demeuré, avec tous les droits de cens, services, dîmes, les droits de retrait, d'échute et autres, réservés dans le titre, lequel était naturellement soumis, quant à son interprétation et à ses effets, au droit féodal commun.

Cependant, en thèse générale, on peut affirmer que tous les biens que possédait la République et qu'elle avait dans sa dépendance immédiate, formaient le domaine de l'Etat. Le fisc personnifiait celui-ci dans la poursuite de ses droits sur les biens des deux domaines. (Edits civils de 1568, 1707, 1713, 1735 ; Edit de pacification de 1768 ; Code genevois de 1791.) L'Etat, au point de vue de son domaine en général, était aussi appelé la *Seigneurie*, et plus tard le *Fief de la Seigneurie ;* mais ces dernières dénominations devaient comprendre plus spécialement les possessions domaniales de franc-alleu de la République, de même que les droits Seigneuriaux de fiefs mouvants d'elle. Dans les anciens édits, les biens mis hors du commerce étaient parfois désignés sous la dénomination de *Commun* (édit. politiq. de 1568) et plus tard de *Public.*

Les biens dépendant de la Seigneurie ou du fief de la République constituaient une partie importante des revenus de l'Etat. La propriété même du sol, envisagée comme institution civile, était d'ailleurs régie, nous l'avons déjà vu, par le droit féodal, pour l'Etat comme pour les particuliers. Le droit civil commun n'intervenait donc que pour régler la transmission des propriétés, par voie d'aliénation, de succession, de donation ou de mariage, les droits de servitude, d'usufruit, d'hypothèque, enfin l'acquisition ou la perte de la propriété par la prescription ou l'usucapion du Droit romain.

L'Etat, nous l'avons aussi déjà dit précédemment, non content de défendre, sous peine de confiscation, l'établissement ou l'entretien de nouveaux fiefs, et de prohiber, sous la même peine, la retenue d'aucune cense sur maison ou fonds de franc-alleu (sauf l'assentiment du Conseil général, depuis l'édit de pacif. de 1782, titre II, art. 1er, § 9; Code genevois de 1791, liv. I, titre I, art. 2, § 7), avait, par une politique constante, cherché à concentrer en ses mains, par voie d'achat, les droits de fiefs, acquis par lui des citoyens ou des étrangers, comme aussi à acquérir ces droits, sur les fonds qui jusque-là avaient été de franc-alleu ou de fief ignoré.

Par cette opération, la République, en payant un lod, c'est-à-dire le douze pour cent, dans les derniers temps (édit de 1782, art. 37; Code genevois de 1791, liv. VI, titre I, art. 36), acquérait le droit de lod sur les ventes ultérieures et le domaine direct sur l'héritage mouvant de lui; ordinairement il stipulait une cense d'un denier par pose, payable au Trésor, pour la reconnaissance féodale.

L'importance croissante des fiefs de l'Etat, avait donné naissance à la Chambre des fiefs, laquelle était chargée de veiller à ce qu'ils fussent reconnus par les propriétaires qui en étaient mouvants. Le commissaire général était censé no-

taire pour la passation de tous les actes d'abergement, d'assu-
jettissement à fief, d'affranchissement, et en général de tous
les actes relatifs aux matières féodales, dans lesquels l'Etat
était partie contractante (Code genevois, liv. 7, tit. 7.) Les
notaires eux-mêmes étaient, par l'Edit civil, obligés de sommer les parties contractantes de déclarer de quelles charges
et envers quels seigneurs étaient chargés les fonds mentionnés
dans les contrats.

D'un autre côté, les aliénations de terrains vacants ou non,
faites par l'Etat, généralement connues sous le nom d'*abergements,* avaient toujours lieu sous réserve du fief de la seigneurie et moyennant le paiement d'une cense annuelle. L'abergement était une emphytéose perpétuelle en vertu de laquelle
le domaine utile d'un immeuble avait été originairement transmis par l'Etat qui s'en était réservé le domaine direct; et, à
ce titre, il rentrait dans le système des fiefs : domaine direct,
seigneurie, fief, emphytéose perpétuelle, abergement, toutes
ces expressions étaient donc synonymes (1).

Les abergements de peu de valeur et ceux en vue d'alignements, pouvaient être consentis, sur le domaine public, à titre
perpétuel par le Petit Conseil ; quant à ceux de plus grande
importance, la concession en était réservée aux Deux Cents et
plus tard au Grand Conseil. (Edit de 1782, titre 6, art. 35 ;
Code genev. de 1791, liv. I, tit. 3, art. 5.)

Quant aux concessions accordées par le Petit Conseil, pour
l'établissement d'usines ou de moulins dans les eaux du
Rhône ou de l'Arve, elles étaient censées subsister autant que
les ouvrages eux-mêmes, et constituaient un titre d'une durée
indéterminée, mais non définitif et perpétuel ; en sorte que si

---

(1) *Traité sommaire des Fiefs,* Manuscrit de la Bibliothèque publique.
J. T. n° 20. Voir aussi Merlin, Répert, au mot *Abergeage.*

l'Etat ne pouvait exiger la destruction des ouvrages sans indemnité, ce qui eût été contraire à l'équité, il pouvait, du moins, en empêcher la réparation ou le rétablissement, en cas de dégradation ou de destruction par vétusté ou incendie, quelque longue qu'ait été d'ailleurs la concession primitive et la possession. Le Procureur général, le Petit Conseil et la commission des choses publiques, apportèrent toujours à la surveillance de ces cours d'eau un soin et une vigilance extrêmes ; et, sans trop gêner les particuliers, sans entraver l'industrie, ils réussirent à la longue à faire disparaître un certain nombre d'établissements qui avaient envahi, sur certains points, le cours du fleuve (1).

Nous devons signaler ici une question qui se présenta souvent au sujet des anciennes subhastations.

La subhastation était la procédure suivie en cas de vente forcée des immeubles du débiteur. Elle avait pour effet de consolider la propriété en mains de l'adjudicataire et de purger les droits réels, dont elle était grevée ; seuls les droits de servitude, les droits seigneuriaux, de fief et de censive n'étaient pas éteints par elle. La sécurité qui en résultait pour les acquéreurs était si grande, malgré ces restrictions, que l'usage prévalut peu à peu d'étendre la subhastation aux ventes volontaires. On y recourait même, sans qu'il y eût vente, par une fiction en vertu de laquelle le propriétaire, voulant prouver que son fonds était libre d'hypothèque, se le faisait adjuger à lui-même.

L'effet de la subhastation s'étendait-il aux choses du domaine public qui, placées hors du commerce, n'étaient pas susceptibles de prescription ? L'Edit (titre XXIII, art. 12),

---

(1) *Registre des choses publiques,* 30 octobre 1795, p. 193 et 194.
— *Registre des Fiefs et abergements,* 31 octobre 1784, n° 44.

excluait même le fisc, s'il ne s'était pas opposé, à demander droit, propriété, actions ou priviléges sur les fonds levés et expédiés. Or, le fisc c'était l'État lui-même, et la disposition de l'Édit ne distinguait pas entre les biens compris dans son domaine. D'autre part, la distinction entre les biens que l'État possède à titre particulier et ceux qui, par leur nature, ne sont pas dans le commerce, s'imposait avec d'autant plus de force, que l'effet de la subhastation ne pouvait être assimilé qu'à une courte prescription.

Si on pouvait, à la rigueur, admettre que le défaut d'opposition de la part de l'État pût suffire pour l'empêcher de réclamer après la subhastation la suppression de choses saillantes sur la voie publique ou sur le fleuve, on ne pouvait par contre, aller jusqu'à prétendre que le fleuve lui-même pût être acquis au profit de l'acheteur, lors même qu'il aurait été compris, par erreur, dans la désignation des biens subhastés.

Au surplus, la citation suivante que nous empruntons à un recueil d'anciens arrêts, rédigé par le syndic Jean Cramer (1), est de nature à faire mieux connaître comment la question dont il s'agit devait être résolue.

« Le 28 mai 1756, dans la cause du sieur Roman, de « Dame Banquet et de la veuve Boisdechesne, contre la *Sei-* « *gneurie*, le Procureur général soutint .

« 1° Que pour purger la propriété contre le fisc, il faut « avoir signifié nommément la lévation (saisie) au Procureur « général, et qu'à défaut d'avoir rempli cette formalité, l'ac- « quéreur doit être réduit au toisé porté par les abergements « et les reconnaissances de la maison vendue, qui sont un « titre commun et subsistant entre lui et la Seigneurie. Qu'en

---

(1) Ce recueil est la propriété de M. le professeur Charles Le Fort.

« effet, l'Edit XXV, 12, n'exclut le fisc de demander droit de
« propriété que toutes les solennités de lévation, subhasta-
« tion et expédition, aient été observées; or, la première de
« ces solennités préfigées par l'Edit, c'est que la lévation
« des biens immeubles vendus soit signifiée au propriétaire,
« si l'huissier peut le rencontrer ou, à défaut, au possesseur.
« 2° Et, comme il s'agissait d'anticipation sur le Rhône, il
« distingua entre les choses que le fisc possède comme parti-
« culier, et celles qui lui appartiennent à titre de souverai-
« neté : *Regalia minora*. Au nombre de celles-ci, il mit le
« droit de l'Etat sur le fleuve et sur les rivages, qui ne peu-
« vent être acquis par la prescription, selon le Droit romain
« L. 9 ff. XLI. 3); et que la subhastation non précédée d'une
« lévation signifiée spécialement (*ad hoc*) au Procureur géné-
« ral, n'éteignait pas le *droit de la Seigneurie*. » Le procès fut
terminé par une transaction, mais nous croyons que le Procureur général exprimait la vraie interprétation de l'Edit,
laquelle est d'ailleurs conforme au droit qui devait être consacré par la suite.

§ XVII

LES EAUX DU DOMAINE PUBLIC. — LES CONCESSIONS A BIEN PLAIRE SUR LE LAC, LE RHONE ET L'ARVE

Le Code civil de 1804, au titre de la *Distinction des biens*,
(art. 538 à 542), consacra, en cette matière, avec quelques
modifications, les principes de la loi française de 1790. Au
nombre des biens, qui doivent être considérés comme des dépendances du domaine public, il rangea les chemins, routes et
rues à la charge de l'État, les fleuves et rivières navigables

ou flottables, et généralement toutes les portions du territoire qui ne sont pas susceptibles de propriété privée.

Le même Code, au titre de la *Prescription* (art. 2226 et 2227), soumit l'Etat, les établissements publics et les communes, aux mêmes prescriptions que les particuliers ; mais, en même temps, il déclara imprescriptible le domaine des choses qui ne sont point dans le commerce.

La loi genevoise du 25 mars 1816, tout en confirmant implicitement la législation précédente, en ce qui concerne le domaine public et ses dépendances, eut pour but de préciser, mieux que par le passé, les droits de l'Etat sur le terrain public, les routes, chemins et rivières. C'est ainsi qu'elle assujettit à l'autorisation préalable et spéciale, les constructions et plantations qui seraient faites sur leurs bords, et qu'elle défendit de faire, tant sur le terrain public que sur les bords du lac, sur les bords ou dans le cours du Rhône ou des rivières, aucune nouvelle digue, jetée, excavation, prise de matériaux, plantation, dépôt, construction, ni autre nouvel établissement quelconque, sans une permission spéciale de l'administration cantonale ; la loi laissant au Conseil d'Etat le soin de déterminer, par ses arrêtés, quelles sont les eaux courantes du canton qui devaient être considérées comme rivières (1).

Cette disposition fut reproduite avec quelques simples changements de rédaction, par la loi du 25 février 1874 qui a remplacé celle de 1816.

Pour les constructions déjà existantes au moment de sa promulgation, la loi de 1816 reconnut à l'Etat le droit de les détruire ou faire enlever, sauf dans deux cas exceptionnels et

(1) Voir ces arrêtés dans notre Recueil des *Lois civiles et commerciales du canton de Genève,* page 73.

distincts : celui où la construction aurait été autorisée par la loi en vigueur à l'époque de son établissement, et celui où elle serait fondée sur un juste titre ou sur la prescription légale ; toute contestation de propriété étant, d'ailleurs, réservée aux tribunaux.

La nouvelle loi du 25 février 1874 reproduisit textuellement cette disposition. Ainsi, d'après ces deux lois, c'est aux tribunaux seuls qu'il appartient de décider, en cas de contestation, si le juste titre existe ou non ; ou si, à défaut de titre, la prescription légale avait pu être acquise au 9 avril 1816. Or, nous avons déjà dit que, pour les biens du domaine public proprement dit, la prescription n'avait pu courir contre l'Etat.

Ces deux lois ont d'ailleurs dérogé à l'article 644 du Code civil, lequel consacre le droit des riverains des eaux courantes autres que celles déclarées dépendances du domaine public, de s'en servir à leur passage pour l'irrigation de leurs propriétés. Ajoutons que les tribunaux auxquels l'article 645 confère le droit de statuer sur les contestations qui peuvent s'élever entre les propriétaires riverains, à charge de respecter les règlements particuliers sur le cours et l'usage des eaux, sont nécessairement limités par les décisions que l'autorité administrative prend dans sa compétence, en vertu des deux lois précitées.

Relativement aux cours d'eau classés par le Conseil d'Etat au nombre des rivières, si la disposition de la loi de 1816 que nous venons de rappeler admit, pour le passé, la possibilité de la prescription, pour les ouvrages déjà existants sur leurs bords ou dans leur lit, quand la loi précédente la rendait possible, elle la prohiba implicitement pour l'avenir, du moment qu'elle laissa à l'administration la faculté de ne pas autoriser la reconstruction des ouvrages effectués depuis la promulgation de la loi, et même d'exiger, en tout temps, la suppression de ceux qu'elle aurait autorisés à bien plaire.

L'art. 2 de la loi du 25 février 1874, en disposant que « les routes cantonales et communales ainsi que les eaux cantonales sont considérées comme des dépendances du domaine public et sont au nombre des choses auxquelles la prescription n'est pas applicable » n'a fait, selon nous, que consacrer textuellement, mais plus clairement, ce qui résultait déjà de la loi de 1816. Ce point de vue toutefois ne résulte explicitement ni du rapport du Conseil d'Etat, ni de celui que M. Célestin Martin présenta au nom de la commission du Grand Conseil, ni enfin de la discussion au sein de ce corps. Mais ce silence même prouve que, sur ce point, le législateur n'a pas cru innover, et qu'il attribuait déjà à la loi antérieure une signification et une portée identiques. Quoi qu'il en soit, la loi de 1874, en statuant que les autorisations visées par les art. 20 et 23 sont données par le Département des travaux publics, pour les eaux cantonales, a nécessairement compris dans cette catégorie toutes les rivières.

Lors de l'établissement du nouveau cadastre, la loi du 1er février 1841 ainsi que les règlements qui l'ont développée, avaient évité de trancher les questions de propriété qui peuvent s'élever relativement aux rivières ; une instruction du Département des travaux publics du 11 décembre 1845 prescrivit même au directeur du cadastre et au délégué cantonal, « d'informer, s'il y avait lieu, les particuliers que cette instruction ne portait aucun préjudice aux droits que les propriétaires riverains pouvaient avoir sur tout ou partie du lit des rivières non navigables ni flottables; mais en même temps, le Conseil d'Etat, par un arrêté spécial, statuait que les rivières seraient toujours séparatives de parcelles, ainsi que les eaux courantes non classées comme telles qu'il y assimilerait dans ce but ; et les limites des propriétés furent, en effet, toujours placées en dehors du lit de ces cours d'eau.

Ajoutons que tous les établissements existants sur les eaux du domaine public ont été portés sur les plans, comme existant à titre précaire, en conformité d'une disposition expresse du règlement général sur le cadastre, du 14 octobre 1844. (Art. 123, § 25.)

Le système de la loi de 1816 demeura intact jusqu'en l'année 1854. Jusqu'alors le Département des Travaux publics, sous l'autorité du Conseil d'Etat, avait été compétent pour autoriser toute espèce d'établissement sur les eaux cantonales, indistinctement. Cependant, les concessions d'ouvrages sur les eaux du Lac, du Rhône et de l'Arve avaient donné lieu, à défaut de règles précises et de publicité, à des réclamations, notamment en ce qui avait trait aux conditions imposées. La loi du 27 septembre 1854 eut pour but de régulariser les concessions ayant un objet industriel. Elle a été dès lors remplacée par la loi plus complète du 5 octobre 1872. Une courte analyse mettra en relief leurs principes communs et leurs différences.

L'une et l'autre donnèrent au Grand Conseil le droit exclusif d'autoriser, sur ces eaux, des établissements ayant un caractère industriel. Ces autorisations ne purent plus être accordées qu'à titre précaire ; nous verrons tout à l'heure comment la loi prévit qu'elles pourraient être retirées. Une redevance put être imposée si ces établissements étaient de nature à occasionner quelque dépense à l'Etat ou à la Commune ; les concessionnaires demeurant d'ailleurs responsables des dommages que leurs constructions pourraient apporter soit à l'Etat, soit aux particuliers. La publicité de la demande de concession fut rendue obligatoire, pendant un mois, afin de permettre aux intéressés de faire connaître au Conseil d'Etat leurs réclamations en temps utile.

La première de ces lois n'avait exigé que l'affichage de la requête ; celle de 1872 en exigea de plus l'insertion dans la *Feuille d'Avis*. La première n'imposait cette publicité que pour les établissements industriels proprement dits ; la plus récente l'étendit aux autorisations à bien plaire concernant tous autres travaux que le Conseil d'Etat continuerait à autoriser sur les eaux précitées, en vertu de la loi de 1816. La loi de 1854 n'avait pas prévu le cas de reconstructions et réparations ; celle de 1872 combla cette lacune en chargeant le Conseil d'Etat de les autoriser et de surveiller les travaux. Quant à la suppression des établissements industriels, autorisés par le Grand Conseil, à titre précaire, les deux lois déclarèrent ce corps seul compétent pour la prononcer ; celle de 1872 statua d'une manière générale que les constructions à titre précaire ne pourraient être supprimées ou modifiées que par une décision du corps qui les aurait autorisées, d'après la distinction plus haut rappelée.

Faisons observer enfin que l'expression impropre de « propriétés à titre précaire, » employée par la première loi, fut remplacée par celle plus exacte de « concessions à bien plaire ; » et que toutes personnes, lors même qu'elles ne posséderaient pas de propriété riveraine, furent admises auprès du Grand Conseil à demander l'autorisation de créer des établissements industriels à titre précaire, sur les eaux du lac, du Rhône et de l'Arve.

TROISIÈME PARTIE

—

LA PROPRIÉTÉ PRIVÉE DANS SES RAPPORTS AVEC L'ÉTAT OU LE PUBLIC

§ XVIII

LE DROIT DE PROPRIÉTÉ ; COMMENT LE CODE CIVIL LE CONSACRE ET LE LIMITE

La propriété, en thèse générale, doit être, dans les mains de l'homme, aussi inviolable que sa liberté ; toutefois, l'exercice de ce droit est limité par les nécessités mêmes du milieu où il s'exerce. Car l'homme ne vit pas isolé, et la société dans laquelle se manifeste son activité, est un fait humain qui le domine toujours, en même temps qu'il le protége. On comprend, dès lors, que la société, tout en garantissant à chaque individu sa propriété, puisse mettre, à l'exercice absolu de ce droit, certaines limites ou certaines restrictions dans l'intérêt général.

Le Code civil, dans sa définition du droit de propriété, a clairement exprimé ce double point de vue : « La propriété, dispose l'article 544, est le droit de jouir et disposer des choses de la manière la plus absolue, pourvu qu'on n'en fasse pas un usage prohibé par les lois ou par les règlements. » — Mais des restrictions ne sauraient suffire ; la société ne peut être entravée dans son développement matériel par la volonté d'un seul; elle a des voies de communication à créer, des travaux à opérer dans l'intérêt général; il fallait donc, tout en lui reconnaissant en principe le droit de se faire céder une propriété particulière, régulariser ce droit exceptionnel, de manière que le principe de la propriété fût suffisamment sauvegardé. C'est pourquoi le Code ajoute immédiatement, art. 545, sous la forme d'une garantie, que « nul ne peut être contraint de céder sa propriété, si ce n'est pour cause d'utilité publique, et moyennant une juste et préalable indemnité. »

Il sera, sans doute, intéressant d'étudier comment celles de nos lois, qui ont développé et appliqué ces principes, ont résolu le difficile problème que fait naître le besoin de concilier l'inviolabilité de la propriété individuelle qu'elles proclament avec les exigences du bien général.

§ XIX

LES CONSTRUCTIONS DANGEREUSES

Renfermée depuis des siècles dans son enceinte de fortifications, mais gênée par cela même dans son développement, la ville de Genève avait vu ses maisons exhaussées souvent au-delà des bornes de la prudence. Les étages s'étaient ajoutés aux étages, faute de place. De grands dômes subsistaient encore et offraient de graves dangers en cas d'incendie.

Les années qui suivirent immédiatement la Restauration les virent, il est vrai, déjà en partie disparaître; mais on vit aussi s'élever de nombreuses constructions nouvelles dans lesquelles les exigences de la sûreté publique n'étaient pas toujours suivies. Les prescriptions des anciens règlements, sur le mode de bâtir, étaient tombées en désuétude. Un incendie, où plusieurs personnes perdirent la vie, décida le Conseil d'Etat à élaborer un projet de loi pour remédier aux constructions dangereuses. La matière était pour nous toute nouvelle. La loi de 1816 avait, il est vrai, donné au Conseil d'Etat le droit de les faire supprimer ; mais cette arme, selon l'expression de M. Rossi, était trop lourde pour le gouvernement d'un peuple libre.

Il n'osait pas s'en servir, faute de règles législatives traçant la manière de s'en servir. Il s'agissait donc de trouver une formule plus large du principe déjà admis et de l'entourer, dans son application, de formes tutélaires et connues d'avance. Le projet de loi que le Conseil d'Etat soumit à ce sujet au Conseil représentatif, souleva de vifs débats et donna lieu à de grandes inquiétudes. « Personne, écrivait à ce sujet, M. Macaire, dans le rapport qu'il présenta dix ans plus tard pour le maintien de la loi, personne ne voulait refuser à l'autorité les moyens de contraindre, s'il le fallait, l'intérêt privé à se subordonner à l'intérêt général, en matière de constructions dangereuses, ni encore de prévenir, lorsque la chose était praticable, la possibilité même d'un danger. Mais, ce qui motivait les doutes, ce qui divisait les meilleurs esprits, c'était le choix des dispositions les plus propres à concilier les exigences de la sûreté publique, avec le respect et les égards mêmes dont on doit entourer l'une des bases fondamentales de la société moderne, le droit de propriété. » (*Mém. du C. R. 1838*, p. 44.)

Les mesures jugées nécessaires pouvaient-elles être prises législativement, ou convenait-il de s'en rapporter à l'administration, en lui donnant le pouvoir de statuer sur chaque cas particulier, sans loi préalable? On s'aperçut bien vite que ce dernier parti était le seul praticable et qu'on ne pouvait son-

ger à faire une loi complète, prévoyant tous les cas, sans
s'exposer à ne pas atteindre le but.

« Il y a, disait le rapporteur de la loi, le professeur Rossi,
« il y a des matières, il faut le reconnaître, qui ne se laissent
« pas saisir par la législation proprement dite. C'est lorsque
« les faits particuliers sont si multipliés, si profondément
« divers et tellement variables, d'un jour à l'autre, selon les
« localités, par le changement des circonstances, par le pro-
« grès des choses humaines, qu'il est à peu près impossible
« d'en saisir les caractères généraux et communs, d'en tirer
« les principes dirigeants et susceptibles d'application...

« En appliquant ces principes à la police des constructions,
« il nous a paru que c'était là une de ces matières dont la
« législation proprement dite ne pouvait pas se saisir avec
« quelque espoir de succès ; que c'était là un pouvoir à délé-
« guer à l'administration ; qu'il y aurait profit pour la chose
« publique à le confier à un corps moins nombreux que ce
« Conseil souverain, à un corps plus à portée de s'éclairer sur
« ces matières, et sujet à une responsabilité plus directe. Nous
« avons pensé que la législature devrait ne poser qu'un prin-
« cipe général et chercher pour les citoyens d'autres garanties
« que celles d'une législation positive, préexistante. »

Le Conseil représentatif partageant les vues de sa commission, obligea donc les propriétaires et constructeurs à se soumettre aux mesures de précaution qui leur seraient prescrites
pour prévenir les constructions dangereuses ou nuisibles au
public, par défaut de solidité, par chance d'incendie ou cause
d'insalubrité ; il statua en conséquence que tout propriétaire
d'une construction ancienne ou nouvelle, achevée eu non,
rentrant dans l'un de ces cas, pourrait être astreint à suspendre les travaux, à ne pas user de la construction et même à
la démolir. Le Conseil d'Etat fut autorisé à faire les règle-

ments qu'il jugerait convenables et la Chambre des Travaux publics fut chargée de veiller à leur exécution, comme aussi de rendre, dans les cas non prévus, les ordonnances spéciales qu'elle jugerait nécessaires.

Cette loi avait soulevé une autre question extrêmement importante : les réclamations auxquelles les mesures de l'administration pourraient donner lieu, seraient-elles portées devant le Conseil d'État ou seraient-elles déférées aux tribunaux ?

La solution de cette question dépendait de la nature même des attributions de chacun de ces pouvoirs. Du moment que la loi reconnaissait au Conseil d'État le droit de statuer, dans chaque cas particulier, sur les mesures à prendre, à défaut d'une législation préexistante et détaillée, qu'on jugeait impossible à établir, on reconnaissait par cela même au Conseil d'État une compétence exclusive, on lui donnait le droit de prendre, comme s'exprimait M. Rossi dans son rapport, « une décision tirée de son libre jugement et qui n'aurait été précédée d'aucun principe positif, en un mot, une décision primitive, initiale, de la même nature que celles qui forment le sujet d'une loi proprement dite. »

« Il nous a paru, ajoutait M. Rossi, que la véritable attribution de nos tribunaux consistait à rapprocher un fait particulier d'une loi préexistante, et à déclarer le droit qui en résulte.

« Il nous a paru que, par cela même que la matière échappait à la législation proprement dite, au droit positif, établi d'avance sous forme de dispositions générales, elle sortait du domaine de nos tribunaux.

« Il nous a paru que ce serait porter atteinte à l'organisation intime du pouvoir judiciaire, tel qu'il existe chez nous, si on appelait les juges hors de la sphère du droit positif, pour

9

statuer sur des faits particuliers et qui exigent une appréciation politique, dépendante des circonstances, et propre, dans chaque cas spécial, à concilier l'intérêt particulier avec l'intérêt public.

« Il est essentiel de remarquer qu'il y aura, le cas échéant, un double pouvoir discrétionnaire à exercer.

« Il faudra d'abord statuer sur un cas particulier sans loi préexistante. Ce sera donc une décision indépendante de toute règle positive qui n'aura d'autre autorité que celle de la raison, d'autre fondement que les principes généraux d'équité.

« Il faudra, en second lieu, prendre un parti, prononcer une décision en présence non de deux intérêts pécuniaires, civils, particuliers, mais d'un intérêt particulier en lutte avec l'intérêt général, avec la sûreté publique que le gouvernement proprement dit est spécialement chargé de protéger et dont il est responsable.

« Sans doute, ce sont toujours les lois de la justice universelle qu'on doit appliquer...... Mais quel est exactement le point où l'intérêt particulier doit céder aux exigences légitimes de la sûreté générale?

« En matière de constructions dangereuses, il nous a paru que ce point ne peut pas être indiqué d'avance par une loi proprement dite. Il ne peut l'être que par des décisions particulières.

« Mais, par cela même, ces décisions renferment toujours une question d'ordre public sur laquelle il faut prendre l'initiative, puisque la législation véritable n'a pas établi de règle générale.

« Ainsi, non-seulement il faut trouver, par son propre et libre jugement, la décision rationnelle, légitime du cas particulier, mais il faut la trouver en une matière d'ordre public, à l'aide d'une appréciation politique de l'intérêt particulier et de l'intérêt général, en faisant, en un mot, le même travail pour le cas spécial, en suivant les mêmes errements que la législature proprement dite, lorsqu'elle applique son libre jugement aux questions d'ordre public.

« En d'autres termes, il faudra non-seulement prendre une décision sans loi préexistante, mais gouverner. Tels sont les deux pouvoirs discrétionnaires qu'il sera nécessaire d'exercer.

« Or, tout en reconnaissant que les tribunaux sont investis du premier pouvoir pour les questions de droit civil que la loi n'a pas prévues, serait-il convenable de les investir du second?

« Les tribunaux constituent un pouvoir indépendant et irresponsable. A moins qu'il ne se rende coupable d'un délit légal, le juge ne doit compte de ses décisions qu'à Dieu et à sa conscience. C'est pour mieux assurer son indépendance et son irresponsabilité ici-bas, qu'il est inamovible.

« Il est, au contraire, de l'essence du gouvernement proprement dit, d'exercer cette partie de la puissance qui consiste dans l'application de la raison individuelle aux matières d'ordre public, dans une décision primitive sur tout sujet politique. Que cette décision primitive soit une véritable loi, ou qu'elle soit un simple arrêté, cela ne change rien à sa nature de décision primitive et politique. On peut contester la convenance d'admettre d'autres décisions primitives que les lois proprement dites ; mais on ne saurait, sans renverser tous les principes du droit public, soutenir que de pareilles décisions sont du ressort des tribunaux, qu'il leur appartient d'exercer un semblable pouvoir.

« Cette puissance politique n'appartient qu'au gouvernement.

« Nous, Conseil souverain, nous l'exerçons ici par la législation proprement dite, par le vote des impôts, même par certaines élections.

« Le Conseil d'Etat l'exerce dans les matières que notre Constitution, et quelquefois une délégation législative, lui ont réservées.

« C'est l'acte de *vouloir*, acte qui est autre que ceux d'*exécuter* et de *juger*, que le gouvernement fait, lorsque, sous une forme ou sous une autre, il prononce une décision première sur une affaire quelconque. Il dicte la loi.

« Le juge, au contraire, reçoit la loi toute faite.

« Bonne ou mauvaise, qu'il l'approuve ou non, qui que ce soit qui en profite ou qui en souffre, le tribunal doit l'appliquer.

« Peser l'intérêt particulier, peser l'intérêt général, les balancer, les concilier, n'est pas de son ressort. Il gouvernerait.

« Si, à la rigueur, on peut trouver quelques dispositions législatives qui laissent aux juges une certaine latitude politique, ce sont des exceptions qu'il serait funeste d'étendre.

« C'est une grande calamité publique, qu'un gouvernement qui empiète sur le domaine de la justice ; mais des tribunaux qui gouvernent ne sont pas un moindre fléau pour l'Etat (1). »

J'ai tenu à transcrire ce beau fragment du Rapport de Rossi, parce qu'il indique, avec autant de profondeur que de netteté, le point de vue auquel s'est placé le législateur, lorsqu'il a voulu sauvegarder les droits du public dans le cas de constructions réputées dangereuses, et qu'il a été appelé par cela même à établir, dans ce but, certaines restrictions à l'exercice du droit de propriété. Et l'illustre professeur se souvenait des principes qu'il avait exposés et soutenus en compagnie de Dumont, de Bellot et d'autres membres influents du Conseil

---

(1) Le professeur Rossi. *Rapport de la Commission du Conseil Représentatif,* p. 12 à 15.

Réprésentatif, lorsque, quelques années plus tard, dans la chaire du Collége de France, il s'écriait un jour : « S'il était permis de parler de soi-même, je pourrais dire que je suis le premier professeur catholique qui ait enseigné dans la République de Genève, depuis Calvin (1). »

La loi de 1829 avait fixé à 10 ans le terme au bout duquel elle devait être révisée ; mais le Conseil Représentatif, sur la proposition du Conseil d'Etat, décida (loi du 14 mai 1838) de la maintenir purement et simplement. M. le conseiller Macaire, dans le rapport qu'il présenta à ce sujet au Conseil, constatait que la loi avait, en général, atteint le but que le législateur s'était proposé, et que, loin d'être pénible à la population, elle était fréquemment invoquée par elle comme un moyen de protection (2).

Dans le tour de préconsultation qui précéda l'élaboration du projet de Constitution de 1862 (3), M. Goudet, s'appuyant sur le principe de la séparation des pouvoirs, fondement de la démocratie, avait proposé à la Constituante que les arrêtés de l'autorité administrative, frappés d'opposition, ne pussent être mis à exécution sans que les tribunaux ordinaires aient été appelés à statuer. Il se fondait, en particulier, sur le fait que quelques-unes des formes protectrices de la loi de 1829 n'étaient plus entières, par suite des changements apportés à la composition du Conseil d'Etat par la Constitution de 1847. Le projet de Constitution de 1862 avait fait droit à cette réclamation, en ce sens qu'il prévoyait une loi sur les voies de recours contre les arrêtés du Conseil d'Etat et de ses Départements, touchant des intérêts privés. Le projet de Constitution ayant

(1) Rossi, *Cours de droit constitutionnel*, t. II.
(2) *Mém. C. R.*, 1838, p. 44.
(3) *Mémorial*, p. 257.

été rejeté par le Conseil Général, la loi qu'il prévoyait n'a pas été faite ; les attributions du Conseil d'Etat, en matière de constructions dangereuses, sont donc restées intactes, sa compétence est demeurée entière (1).

§ XX

VENTE FORCÉE POUR CAUSE D'UTILITÉ PUBLIQUE

Comme je l'ai déjà fait remarquer au début de ce chapitre, le droit individuel de propriété ne peut se concevoir d'une manière tellement absolue, que l'Etat, qui le garantit et le protége, ne puisse, au nom des intérêts généraux de l'ensemble, en exiger le sacrifice, moyennant une pleine indemnité, et cette pleine indemnité est elle-même la consécration du droit de propriété. Le Code civil avait admis ce droit d'expropriation, plus ancien que lui, parce qu'il est dans la nature des choses et dans les nécessités sociales. Aussi, toutes nos Constitutions, depuis 1814, l'ont-elles successivement consacré (2).

Mais, ni ces Constitutions ni le Code civil, n'avaient prévu les formes sous lesquelles ce droit pourrait être exercé. Une proposition de M. Le Fort, en 1824, tendant à ce que les formalités à suivre pour provoquer et parvenir à la vente forcée fussent déterminées par une loi, n'avait amené aucun résultat (3).

(1) Un projet de loi, élaboré par le Conseil d'État, pour modifier la loi de 1829, est actuellement soumis à l'examen du Grand Conseil.

(2) *Const. de 1814*, titre II, art. 7, § VII. — *Const. de 1842*, art. 6 ; *Const. de 1847*, art. 6.

(3) *Exposé succinct*, t. IV, p. 565.

La première loi genevoise qui s'occupa de cet objet fut rendue le 14 février 1834; pendant les trente années qui suivirent sa promulgation, elle n'avait reçu une application que dans des cas relativement rares. Cependant le moment vint où elle devait être insuffisante. Le développement considérable que prit la ville de Genève, par suite de la démolition des fortifications, la création de grands et beaux quartiers qui forment autour de l'ancienne ville comme une splendide couronne, ne tardèrent pas, par le simple effet du contraste, à faire naître, dans la population, des besoins légitimes de voir s'ouvrir de nouvelles artères, dans ces quartiers où les maisons adossées les unes aux autres sur de grands espaces ne donnent accès qu'à de rares rayons de soleil; l'application matérielle de notre vieille devise nationale: « Après les ténèbres la lumière, *Post tenebras lux* » devenait une nécessité. Il faut le dire aussi: la munificence de M. le baron Grenus ayant permis à la ville d'ouvrir de vastes artères dans le quartier de St-Gervais, l'insuffisance de la loi de 1834, fut manifeste; elle ne donnait, en effet, le droit d'exproprier que la partie des immeubles dont l'Etat ou les communes avaient besoin pour les améliorations projetées, sans leur permettre ni d'acquérir l'immeuble en son entier, ni de tenir compte, dans la fixation de l'indemnité, de la plus value résultant pour les propriétaires de l'ouverture de nouvelles places et de nouvelles rues. Enfin, la loi de 1834 ne prévoyait pas non plus le cas où l'Etat ou une commune jugerait utile de mettre une société au bénéfice de la loi, en vue d'une expropriation dont l'effet devait être une amélioration évidente pour le public. Ces lacunes de la législation furent comblées d'abord par la loi du 21 janvier 1865, puis par celle du 11 septembre 1867, laquelle remplaça et abrogea les deux précédentes.

Il ne rentre pas dans l'objet de ce travail d'analyser ces lois ni d'en rappeler ici toutes les dispositions. Je me bornerai à rappeler qu'aucune expropriation ne peut avoir lieu qu'autant que le Conseil d'Etat en constate la nécessité, et que, sur son préavis, le Grand Conseil la décrète par une loi. On en revint, en ce qui concerne l'indemnité, au principe du Code civil lequel exige que cette indemnité soit juste et qu'elle soit payée préalablement à toute prise de possession.

La loi de 1834, conforme à la Constitution de 1814, ne parlait que d'une « pleine indemnité. »

La nouvelle loi sur les routes, du 25 février 1874, a simplifié les formes de la procédure en expropriation pour cause d'utilité publique des terrains nécessaires à l'élargissement des routes cantonales ou communales qui n'avaient pas, au moment de sa promulgation, la largeur fixée par cette loi. Mais cette procédure est exceptionnelle et transitoire, en ce sens qu'elle ne pourra plus être suivie après un délai de cinq ans, à moins qu'une loi nouvelle ne vienne la proroger. Après ce délai, ou même avant son expiration si l'emprise doit porter sur un bâtiment, les formes ordinaires tracées par la loi de 1867 seront les seules observées.

§ XXI

LE DROIT DE CHASSE ET LA PROPRIÉTÉ PRIVÉE.

Le droit de chasse, distinct et indépendant du droit de propriété sur le sol, peut être considéré, du moins en une certaine mesure, comme une limitation accidentelle et temporaire de ce droit. Notre législation, à cet égard, a subi, à diverses reprises, de notables modifications. Si nous remontons à l'ancienne République, nous voyons le droit de chasse exister pour tous les citoyens et bourgeois indistinctement, sans être soumis envers l'Etat au paiement d'aucune finance. Toutefois, le Conseil fut souvent appelé à le limiter, soit pour fixer la saison où la chasse était permise, soit en vue de la sûreté des personnes et de la protection des récoltes. Les citoyens paraissent avoir attaché toujours le plus grand prix à l'exercice de ce droit naturel et national sur toutes les terres dépendant de la souveraineté de la République; on les voit même le revendiquer sur celles que les Conseils avaient pu concéder à titre de fief et de juridiction, et sur lesquelles ils avaient expressément concédé le droit de chasse, en se réservant seulement le droit de souveraineté (1). Jean-Jacques Rousseau faisait certainement allusion à une coutume existante de son temps chez nous, dans ces pages charmantes où il plaçait en imagination, sur le penchant de quelque agréable colline bien ombragée, une maison blanche avec des contrevents verts, une maison pour la couverture de laquelle il aurait choisi la tuile, parce qu'on ne couvre pas autrement les maisons dans son pays, et que cela lui rappellerait l'heureux temps de sa jeunesse ; et où, énumérant, dans un style inimitable, les plaisirs qu'il y voudrait goûter, il ajoute :

« J'établirai mon séjour champêtre dans un pays où la chasse soit libre à tout le monde et où j'en puisse avoir l'amusement sans embarras. Le gibier sera plus rare ; mais il y aura plus d'adresse à le chercher et de plaisir à l'atteindre. Je me souviendrai des battements de cœur qu'éprouvait mon père au

(1) Factum pour sieurs André Caillat, Jean-Antoine Dunant et consorts, citoyens et bourgeois, recourans de la sentence de N. S. du Petit Conseil, du 7 Juin 1703, entre Noble et Spectable Michel de Turrettin, et Demoiselles Marie, Elizabeth et Madelaine de Turrettin, défendeurs en recours.

vol de la première perdrix, et des transports de joie avec lesquels il trouvait le lièvre qu'il avait cherché tout le jour. Oui, je soutiens que, seul avec son chien, chargé de son fusil, de son carnier, de son fourniment, de sa petite proie, il revenait le soir, rendu de fatigue et déchiré des ronces, plus content de sa journée que tous vos chasseurs de ruelle qui, sur un bon cheval, suivis de vingt fusils chargés, ne font qu'en changer, tirer et tuer autour d'eux, sans art, sans gloire et presque sans exercice (1). »

L'abolition de la féodalité, qui eut pour effet de faire disparaître, en particulier, tous les droits exclusifs de chasse sur le terrain d'autrui, et de rendre à la propriété, comme à l'agriculture, sa pleine liberté, donna lieu, en France, à la loi du 30 avril 1790, qui prohiba à quelque époque que ce soit la chasse sur le terrain d'autrui, sans le consentement du propriétaire. Cette législation nous fut applicable pendant toute la durée de la domination française. La première loi rendue chez nous sur cet objet, depuis la Restauration, celle du 19 avril 1817, fut un retour évident à l'ancien droit national ; la prohibition absolue disparut ; le droit de chasse fut consacré ; tout individu, porteur d'un permis délivré par l'État, fut admis à chasser, pourvu que ce ne fût pas hors de saison ni sur les terrains attenants au domicile d'autrui, ou chargés de récoltes, et pourvu qu'il se retirât au premier avertissement du propriétaire.

La loi du 10 mars 1830, qui abrogea la précédente, en consacra le principe en ces termes : « Nul ne peut chasser sur le fonds d'autrui contre la volonté du propriétaire ; en conséquence, tout chasseur devra se retirer au premier avertissement, soit du propriétaire, soit de toute autre personne venant

---

(1) *Émile*, t. II, p. 630, gr. édit. Didot.

de sa part. » On sentait le besoin de régulariser le droit d'opposition du propriétaire, mais la présomption n'en demeurait
pas moins encore favorable au chasseur. « Le projet, disait à
ce propos M. Favre-Bertrand, a moins pour objet d'accorder
un droit nouveau, que de régulariser une habitude qui se per-
pétuerait malgré toutes les défenses. C'est une loi de conciliation, une transaction entre l'intérêt des propriétaires et les
besoins de la population (1); » et M. le professeur Rossi ajoutait, dans le même sens : « On dirait, à voir l'accueil que les
propriétaires ont fait à la loi, qu'elle leur ôte quelque chose.
Mais, s'il en est ainsi, il n'y a qu'à rester sous le droit
commun, et nous verrons s'ils seront plus satisfaits de leur
condition. Qu'ils fouillent dans les dispositions du droit commun, et qu'ils nous montrent une seule disposition en vertu de
laquelle on puisse traduire devant un tribunal correctionnel
celui qui pénètre sur la propriété d'autrui sans y faire de
dégât.... Cette nécessité, ajoutait Rossi, de plier les lois aux
besoins d'un peuple et de les approprier aux mœurs, se manifeste partout. Si une loi ne tient pas compte des circonstances,
les dispositions restent, mais leur exécution manque. Il faut
respecter la propriété, mais il faut se rappeler que la vie de
l'homme en société ressemble un peu à un voyage dans une
voiture publique. Il faut s'arranger, chemin faisant, pour faire
route le plus doucement possible.

« J'ai laissé ici la question de propriété du gibier. Il est clair
que le gibier appartient au propriétaire du fonds, lorsqu'il est
dans sa gibecière ou dans sa cuisine, mais jusque-là il est sûr
qu'il n'appartient à personne. Le principe que le gibier appartient à la terre, est un principe féodal qui remonte à un état
de choses et à un ordre d'idées qui ont disparu pour nous.

(1) *Mémor.* de 1829-1830, p. 519.

Aujourd'hui, le gibier n'appartient à personne, et si je ne puis tuer celui qui se trouve sur le fonds du voisin, ce n'est pas que celui-ci en soit propriétaire, c'est uniquement que je ne puis pénétrer sur son terrain, malgré lui (1). »

Le Conseil Représentatif, lors de la votation sur le principe, s'était trouvé partagé en deux parties égales ; le principe n'avait passé que grâce à la voix prépondérante de la présidence ; aussi, les propriétaires purent-ils espérer de prendre à bref délai une revanche. De nouvelles plaintes s'étant élevées sur des abus de chasse, le Conseil d'Etat présenta en mai 1837 un projet de révision.

« Le Conseil d'Etat, disait son rapporteur, M. Pictet de Sergy, le Conseil d'Etat n'a pas cru devoir modifier le principe fondamental, soit par respect pour la forme, parce qu'il a estimé que, jusqu'à une conviction contraire bien arrêtée, la votation du Conseil représentatif devait lui servir de point de départ, soit par égard pour le fond, parce qu'il répugnait à mettre à une jouissance que l'on dit être nationale une barrière regardée par quelques personnes comme de nature à la rendre impossible. C'est au Conseil Représentatif à peser avec soin les avantages ou les inconvénients des deux systèmes : celui de la loi actuelle, principe de tolérance qui gêne jusqu'à un certain point les propriétaires pour laisser une chasse possible, et celui de la loi française, principe absolu de propriété, qui exigerait une permission spéciale de chaque propriétaire, et, en fait, interdirait presque complètement la chasse dans notre canton (2). »

Cette manière impartiale de présenter la question à un nouvel examen, laissait le champ libre à la discussion. Elle fut

(1) *Mémorial du Cons. Repr.* 1829-1830, p. 545-547.
(2) *Mémorial du C. R.* de 1837, p. 41.

animée et remarquable. Au nombre des partisans de la prohibition figurait M. Fazy-Pasteur, qui invoquait le principe absolu du droit de propriété, et M. Achard, substitut, qui, dans le rapport qu'il présenta au nom de la majorité de la commission, soutenait que le droit de chasse, depuis la destruction de la féodalité, était redevenu ce qu'il était sous l'empire de la législation romaine, ce qu'il est par sa nature même, un attribut essentiel et inséparable de la propriété (1).

M. le syndic Cramer, au contraire, soutenait que la prohibition, possible avec de grands domaines, était inadmissible à Genève, à cause de l'extrême division de la propriété; il croyait, d'ailleurs, que le principe admis par l'assemblée constituante française était le produit d'une réaction contre les abus nombreux qui avaient eu lieu sous le régime précédent, lorsque la chasse était le privilége exclusif des classes élevées de la société (2).

Le professeur Antoine-Elisée Cherbuliez soutint également avec une grande force le principe de la loi de 1830. Il posait, croyons-nous, la question sur son véritable terrain, lorsqu'il disait : « Le gibier n'est à personne, pas plus au propriétaire qu'au chasseur; il est au premier occupant; c'est de cette base qu'il faut partir pour discuter la question de droit....... Le législateur pourrait accorder au propriétaire le privilége exclusif d'user de son fonds et de tout ce qui s'y trouve; mais alors il ajouterait au droit de propriété un privilége qui n'est pas inhérent à ce droit, celui de disposer seul du gibier qui se trouve sur son fonds et qui n'appartient à personne (3). »

En adoptant la loi du 29 décembre 1837, le Conseil Repré-

(1) *Mémorial de 1837*, p. 534.
(2) *Ibid.* p. 50.
(3) *Ibid.*, p. 603.

sentatif fit un pas de plus dans la voie de la prohibition, mais
il ne la consacra pas d'une manière absolue; cette loi défendit
la chasse sur le terrain d'autrui, en quelque temps que ce soit,
sans le consentement du propriétaire; mais en même temps
qu'elle laissait à celui-ci le soin de poursuivre à bref délai
l'infraction pure et simple à cette défense, et qu'elle réservait
au Ministère public la poursuite des contraventions, elle pré-
sumait le consentement du propriétaire dans les bois et dans
les marais.

Une tentative pour revenir au principe de la loi de 1830 eut
lieu en 1852 (1). Un projet de loi, présenté dans ce sens, avait
été adopté en troisième débat, mais il fut rejeté à la votation
finale, par le motif que les amendements introduits en troisième débat auraient rendu la loi nouvelle plus défavorable à
la chasse que la loi de 1837, laquelle fut ainsi maintenue.

Diverses modifications faites à cette loi, par celles du 11 janvier 1841, du 22 décembre 1858 et du 9 janvier 1867, ne
changèrent rien au principe lui-même; mais la dernière loi,
de beaucoup la plus importante, en augmentant la pénalité, a
fait faire un grand pas vers la prohibition absolue.

§ XXII

LES MINES

Le Conseil Représentatif fut appelé à s'occuper de cet objet
dans le courant de l'année 1858. On venait de découvrir l'existence de couches de bitume dans les communes de Satigny et

(1) *Mémorial du Grand Conseil*. 1851-1852, p. 96.

de Dardagny, et deux demandes de concessions étaient parve-
nues au Conseil d'Etat; mais ce corps n'avait pas cru devoir
prendre de décision dans l'état de la législation. La loi française du 21 avril 1810, sur laquelle ces demandes étaient fondées, était-elle encore applicable à Genève, en l'absence de
toute autre disposition législative sur la matière; et à supposer
que les lois de 1815 et de 1816 l'eussent maintenue, pouvait-
elle être facilement exécutée? Telles furent les deux questions
que se posa d'abord le gouvernement et qui firent l'objet d'un
intéressant rapport, que présenta, en son nom, M. le syndic
Girod.

Sur la première question, le doute ne pouvait longtemps
exister, car, comme le faisait très-bien remarquer cet éminent
jurisconsulte, tout ce qui rentre dans le droit de propriété,
l'altère, l'étend ou le modifie, constitue essentiellement le droit
civil proprement dit. Or, la loi française de 1810 apportait de
très-graves exceptions au principe même de la propriété, tel
que l'avait défini le Code civil. L'article 552 de ce Code, en
effet, après avoir reconnu au propriétaire du sol le droit de
disposer non-seulement du dessus, mais encore du dessous,
ajoute « qu'il peut faire au-dessous toutes les constructions et
fouilles qu'il jugera à propos, et tirer de ces fouilles tous les
produits qu'elles pourront fournir, sauf les modifications
résultant des lois et règlements relatifs aux mines. »

Mais la mise à exécution de la loi de 1810, dans notre canton, présentait, d'autre part, des difficultés assez sérieuses pour
que le conseil d'Etat prît l'initiative d'un projet de loi moins
compliqué, mieux approprié à nos formes administratives et à
nos circonstances locales. Une fois nanti de ce projet, le
Conseil Représentatif devait nécessairement examiner, tout
d'abord, avec attention, jusqu'où s'étendait la juridiction de
l'Etat sur les mines.

Cette question, toute nouvelle à Genève, fut traitée avec beaucoup de clarté et de talent, par M. Edouard Mallet, dans le rapport qu'il présenta au nom de la commission à laquelle le Conseil Représentatif avait renvoyé l'examen du projet de loi. Voici comment cet habile jurisconsulte exposait l'état de la question :

« La commission devait d'abord se fixer sur un principe préliminaire. A qui appartiennent les mines? Qui aura le droit de fouiller et d'extraire les substances minérales renfermées dans le sein de la terre? Les diverses législations se partagent à ce sujet en trois systèmes.

« Le premier, le plus naturel et le plus ancien, considère les masses minérales souterraines comme une partie intégrante du sol qui les recouvre, comme en étant la continuation ou l'accessoire; elles doivent donc appartenir au propriétaire de la surface. Tel est le système primitif du droit romain qui, il est vrai, fut altéré plus tard par le droit donné aux tiers d'extraire les minéraux du sol d'autrui, moyennant redevance d'un dixième du produit.

« Le second, fruit de la toute-puissance seigneuriale du moyen-âge, fait des mines une propriété séparée de celle de la surface, et, comme les biens vacants et sans maître appartiennent à l'Etat, considère ces biens fictivement détachés du sol privé qui les recouvre, comme une propriété domaniale, un droit régalien. Ce système, en vigueur presque dans toute l'Europe, ne s'appliquait dans certains pays qu'aux métaux les plus précieux; dans d'autres, il s'étendait à toutes les mines, sans exception.

« Enfin, le troisième système a été inventé par le législateur français de 1810. Sans vouloir revenir au système de domanialité des mines, et tout en reconnaissant, au contraire, qu'elles appartiennent essentiellement au propriétaire de la surface, l'intérêt public lui a cependant fait connaître qu'il ne fallait pas accorder à ce propriétaire le droit d'user et d'abuser, destructif de tout moyen d'exploitation utile, droit opposé à l'intérêt de la société, qui est de multiplier les objets de consommation, de production, de richesse. Il a désiré que les mines fussent l'objet du soin assidu de celui qui les occupe, qu'il multipliât les moyens d'extraction ; il n'a pas voulu qu'elles restassent divisées en nombreuses parcelles, comme la superficie du territoire qui les recouvre, ce qui gênerait, interromprait, paralyserait même leur exploitation. Dans ce but, il a décidé que la mine, une fois découverte et reconnue, deviendrait une propriété distincte du sol, une création particulière, qui serait concédée par le gouvernement, dans les limites réglées d'avance et suivant des conditions déterminées. La concession sera accordée à celui qui présentera le plus de garanties d'une bonne exploitation ; si le concessionnaire n'est pas le propriétaire de la surface, ni l'inventeur, ceux-ci ont droit tous deux à une indemnité pécuniaire, liquidée dans l'acte de concession.

« Ce système, qui attribue au gouvernement une intervention toute protectrice qu'il exerce, non dans son intérêt, mais dans l'intérêt général, pour que le propriétaire de la mine ne puisse pas, en agissant sans contrôle, sacrifier au produit immédiat l'espoir de l'avenir, l'avantage de la société à ses spéculations personnelles, présente, en sa faveur, quelque chose de très-précieux ; peut-être est-il le plus convenable dans un pays qui possède des mines nombreuses et importantes. Les Pays-Bas et la Belgique, qui l'avaient reçu de la France, l'ont conservé.

Cependant, on ne saurait dissimuler qu'il ne consacre une exception au principe de propriété. Pour nous, pour un pays jusqu'ici considéré comme absolument dépourvu de mines, et qui voit commencer pour la première fois une simple exploitation de bitume, l'utilité publique était-elle assez pressante pour nous faire adopter cette dérogation au droit commun ? La commission ne l'a pas pensé ; elle a trouvé qu'il était plus naturel, dans nos circonstances données, de nous en tenir au principe de propriété, et de ne reconnaître qu'au propriétaire le droit d'extraire les substances minérales renfermées dans son terrain. Il n'était pas nécessaire d'exprimer textuellement ce principe, puisqu'il est déjà contenu dans l'article 552 du Code civil ; il suffisait de n'y pas déroger. » (Mallet, *Rapport de la Commission. Mémorial de 1839*, page 57.)

Cette manière de voir fut partagée par le Conseil Représentatif lui-même, quand il vota la loi du 13 mai 1859. Cette loi contient deux sortes de dispositions : les unes assimilant les exploitations aux constructions dangereuses, et donnant au Conseil d'Etat la possibilité de veiller à la sûreté des personnes et des propriétés limitrophes, et le droit d'autoriser ou de prohiber les exploitations souterraines ; les autres déterminant les conditions auxquelles le propriétaire d'une mine pourrait en continuer l'exploitation sous le fonds voisin, conformément à la réserve contenue en l'article 552 du Code civil.

Ici, le législateur de 1859 n'hésita pas à subordonner l'intérêt individuel à l'intérêt plus général de l'exploitation : il donna d'abord au Conseil d'Etat le droit d'en autoriser la continuation, par galeries, sous le fonds voisin, pourvu qu'il ne fût pas attenant aux bâtiments, et moyennant une garantie suffisante pour le paiement de l'indemnité, qui serait ultérieurement déterminée ; il donna enfin au propriétaire de l'exploitation souterraine, le droit de faire procéder à la vente forcée, pour cause d'utilité publique selon les formes de la loi, soit du fonds même, soit seulement du tréfonds, c'est-à-dire de la partie souterraine, à charge, dans ce dernier cas, de garantir au propriétaire de la surface les dommages que l'exploitation pourrait causer aux constructions et plantations existantes, aux fontaines et sources antérieurement utilisées.

La distinction consacrée par la loi, entre le fonds et le tréfonds, suppose donc nécessairement la superposition de deux immeubles désormais distincts, dont la propriété repose dans des mains différentes ; et, pour qu'il n'existât aucun doute à cet égard, la loi prit soin de disposer que cette cession à perpétuité du terrain propre à y établir une exploitation de l'espèce prévue à l'article 3, lui conférait le caractère d'une propriété immobilière, disponible et transmissible, comme tous les autres immeubles. Cependant, à la surface du sol, demeure attachée, pour la garantie des créanciers privilégiés et hypothécaires, la valeur des indemnités et redevances dues par le tréfonds.

La question peut s'élever de savoir si les formes de l'exploitation pour cause d'utilité publique pourraient encore être appliquées aujourd'hui en matière de mines. Ce qui fait naître le doute, c'est la disposition de la Constitution de 1847, art. 6, qui, après avoir posé le principe de l'inviolabilité de la propriété, ajoute, comme seule exception, que la loi peut exiger, dans l'intérêt de l'Etat ou d'une commune, l'aliénation d'une propriété immobilière, moyennant une juste et préalable indemnité. Ici, l'intérêt immédiat, qu'on le remarque bien, n'est pas celui de l'Etat ni de la commune, puisqu'ils n'exproprient pas pour leur compte, mais celui du propriétaire de l'exploitation, qui veut la continuer sous le fonds du voisin, et à qui seul la loi donne le droit de faire procéder en son nom à la vente forcée. On comprend que, sous la Constitution de 1814, dont la disposition relative aux cas d'expropriation pour cause d'utilité publique était beaucoup moins précise, on ait pu, en 1839, étendre le bénéfice de la loi de 1834 au propriétaire d'une exploitation de mines ; mais la Constitution de 1847 se prête difficilement à une pareille extension. La loi de 1839 paraît donc avoir subi une forte atteinte par le texte constitutionnel qui vient d'être rappelé.

§ XXIII

L'ANCIENNE SERVITUDE MILITAIRE

Si je parle ici de la servitude militaire, qui maintenant n'existe plus, c'est à cause de la nature et de l'importance des questions qui s'étaient élevées à son occasion. Deux lois genevoises, d'abord celle du 20 mars 1829, puis celle du 11 juillet 1834, qui la remplaça en reproduisant ses principales dispositions, avaient prohibé toute espèce de constructions sur les terrains situés dans un rayon de 50 toises, autour des fortifications de la ville de Genève. Cette distance devait être mesurée à partir de la crête du chemin couvert qui circulait au bord de l'enceinte extérieure. En présentant le projet de loi de 1829, le Conseil d'État proposait au Conseil Représentatif de constater lui-même l'existence de cette servitude. Les tribunaux, alors nantis de plusieurs cas sur la demande du Conseil militaire, auraient été appelés à déterminer ensuite quelle en était l'étendue, en conformité des lois précédentes. Le principe que le projet tendait à établir, ne passa pas dans la loi, mais il fut l'occasion d'une discussion très-remarquable, qui répandit sur la question toute la lumière désirable.

La constitution genevoise de 1796, art. 541, avait disposé qu'aucune construction solide ne pourrait être faite dans les environs de la place, à une distance du chemin couvert moindre de quatre cents pieds, soit 50 toises; la même disposition se retrouvait dans le Code genevois de 1791. Mais la loi française du 10 juillet 1791 avait étendu la servitude existante à une zone de cent toises. Il s'agissait donc de savoir quelle était en 1829 la législation en vigueur.

Le professeur Bellot, avec sa lucidité habituelle, se chargea de donner la solution. Tout dépendait, selon lui, et avec raison, de savoir si la loi française sur les fortifications des places de guerre, était une loi politique. Dans ce cas, elle avait cessé d'exister pour nous à la Restauration.

Poser ainsi la question, c'était la résoudre : « J'ai professé, disait M. Bellot, plusieurs fois dans cette assemblée l'opinion que les lois politiques françaises avaient cessé de nous régir, du moment où la République de Genève avait été reconstituée. Ce serait, à mes yeux, admettre une confusion monstrueuse, que de supposer la coexistence simultanée de deux systèmes incompatibles de lois politiques. Si j'ai, à l'égard des lois civiles, adopté une autre opinion, j'exposai dans le temps les motifs de cette différence.

« On ne contestera pas, sans doute, que les lois militaires, auxquelles appartient celles qu'on invoque, ne soient des lois politiques. Dès lors, leur règne a cessé pour nous dès le 31 décembre 1813. Le terrain assujetti à la servitude de la loi du 10 juillet 1791, s'il le fut jamais (l'orateur contestait, en effet, la validité du décret impérial de 1811 comme attentatoire à la loi du 10 juillet 1791), en a été affranchi dès cette époque. Invoquer les lois françaises pour résoudre la question, c'est se placer sur un terrain indéfendable.

« Mais, mon opinion n'est plus la même si, au lieu d'embrasser la zone de cent toises, on se borne à celle de 50 toises; si, au lieu des lois françaises, on invoque les droits acquis à l'ancienne République de Genève. C'est dans cette manière de considérer la question, indiquée plus que développée par le rapport de la commission, que j'entrevois sa véritable solution.

« En 1788, nos remparts existaient, et sans vouloir ici rappeler ou analyser tous les actes qu'offrent nos registres publics, dans l'espace de plus de deux siècles, à l'appui de la servitude, leur nombre et leur liaison sont tels qu'il serait difficile de méconnaître comme un fait constant, l'existence en 1798 de la servitude dans une zone de 50 toises. C'est là, au surplus, un fait qui n'a été contesté par personne dans le cours de la discussion et qui a été reconnu par ceux-là même qui ont soutenu que cette zone est libre actuellement de toute servitude (1). »

Mais il s'élevait ici une autre question. Appartenait-il au pouvoir législatif de déclarer l'existence actuelle de la servitude de 50 toises? Pour répondre à cette question, je cède la parole au professeur Rossi, qui, dans son rapport, l'exposait et la résolvait magistralement en ces termes :

« Il est évident qu'il ne faut pas confondre le droit acquis de servitude, avec le droit politique d'imposer une servitude militaire. Déclarer la nécessité d'avoir autour des fortifications une zone découverte de 50 toises, c'était faire l'appréciation politique d'une exigence sociale, c'était imposer une obligation, une charge, licite en soi, pour la sûreté de l'État. Le gouvernement a seul le droit de faire cette déclaration, le gouvernement, c'est-à-dire, dans ce cas, la législature. Une fois promulguée, quels que soient les droits civils des propriétaires vis-à-vis du trésor public, nulle autorité ne peut les autoriser ni à construire, ni à augmenter les constructions existantes. Demander si une place de guerre doit être entourée d'une

(1) *Mémorial de 1829*, p. 812.

zone de terrain découverte, c'est poser une question qui n'en est pas une. Qui veut la fin, veut les moyens.

« Mais, le même propriétaire qui ne pourra, sous aucun prétexte, pas même par décision de justice, élever une construction sur son terrain, peut dire à l'Etat : J'ai dû me soumettre, dans l'intérêt public, à une charge particulière, à une charge indépendante de mon fait, pour une circonstance qui ne m'est nullement imputable, en un mot, à un sacrifice ; je réclame une indemnité. L'indemnité est-elle due ? Si elle est due, quel en est le montant ? Questions judiciaires que tout cela. L'action politique du gouvernement, la défense de la place, le salut de l'Etat n'en dépendent point ; que l'indemnité soit due ou non, qu'elle soit de vingt ou de trente, c'est une pure question pécuniaire et de droit civil, c'est une question de créancier à débiteur ; le gouvernement n'est pas assigné pour rendre compte de ses faits et gestes comme puissance politique, il est assigné comme administrateur des deniers de l'Etat, comme un simple particulier. L'Etat pourra dire : aucune indemnité ne peut être due, parce qu'en défendant de bâtir en 1829, je ne vous impose point de charge nouvelle, je ne fais qu'exercer un droit de servitude, acquis dès longtemps à l'Etat, un droit dont il est en possession depuis deux siècles, un droit notoire, cent fois reconnu par les législateurs et par les parties intéressées. Vous me demandez de vous payer un dommage que vous ne souffrez pas, puisque vous avez acquis sous le poids, dans l'opinion d'une servitude ; vous exigez que je vous dédommage de la perte d'un droit réel qui était déjà dans le patrimoine de l'ancienne république, qui, par le traité de réunion, a été transmis par elle, avec les fortifications, à la République française, que celle-ci n'a point aliéné, que la République restaurée a retrouvé et repris, comme elle a retrouvé et repris les fossés et les bastions, comme un Etat reprend, en recouvrant son existence politique, toutes ses propriétés, biens et droits, qui n'ont pas été légalement aliénés par ses prédécesseurs. En un mot, l'État peut dire : la servitude existait déjà. Mais où le dira-t-il ? Devant les tribunaux. Quelle question élève-t-il ? Une question de droit civil, puisque, lors même que les tribunaux reconnaîtraient que la servitude n'existait pas, il ne s'ensuivrait point que le propriétaire pût bâtir et paralyser la défense de la place, mais seulement il resterait à examiner, s'il a droit à une indemnité et à combien. En un mot, le droit de servitude existe ou il n'existe pas. S'il existe, les tribunaux le reconnaîtront ; s'il n'existe pas, la loi qui le déclarerait existant serait une injustice, une loi après coup, une loi rétroactive......

« ...... Au surplus, les membres du Conseil d'État se sont empressés de reconnaître la justesse des principes que nous venons d'exposer ; leur but, en présentant le projet de loi primitif, était plutôt de régulariser ou de restreindre l'exercice d'un droit que le gouvernement estime être acquis à l'État, que de constituer vos seigneuries juges d'un procès civil....

« Le Conseil d'État, ajoutait le professeur Rossi, en se plaçant dans le système qui a été développé par son rapporteur, dans le sein de cette assemblée, a pu croire qu'il existe en faveur de l'État une servitude militaire sur une zone plus étendue que 50 toises de 8 pieds, au-delà de la crête du chemin couvert. Quoi qu'on pense de cette opinion en droit, toujours est-il que cette opinion est plausible. Appartenait-il au Conseil d'État de renoncer de sa propre autorité au droit que l'État peut avoir, et de restreindre la servitude à 50 toises ? Cependant, le Conseil d'État était en même temps convaincu, qu'un espace découvert de 50 toises suffisait aux besoins de la défense de la place. Cela étant, comment repousser un projet de loi tendant à faire décider par V. S. qu'en tout état de cause, et

quelle que soit la décision judiciaire sur la question de droit
civil, la servitude militaire ne pourra jamais s'étendre au-delà
de 50 toises ? Cette décision est d'autant plus nécessaire qu'elle
mettra le Conseil d'Etat à même de ne soutenir en justice que
la demande de 50 toises, sans qu'on puisse lui reprocher
d'avoir volontairement renoncé à un droit plus étendu, si ce
droit était fondé. La question se trouvera ainsi simplifiée, et
les citoyens n'auront plus à craindre les effets d'une servitude plus onéreuse......

« Quel est le but de la loi ? En deux mots, c'est de régler
l'exercice d'un droit dont l'Etat ne saurait se passer sans
détruire en quelque sorte ces mêmes fortifications dont il a
consacré l'existence, mais de régler l'exercice de ce droit
dans l'intérêt public, sans rien préjuger contre les droits
individuels, si ces droits avaient, par aventure, quelque
fondement (1). »

Le maintien des fortifications se liait étroitement à l'existence de l'ancien régime politique qu'avait ranimé la Constitution de 1814 ; elles tombèrent avec ce régime même. La
révolution genevoise de 1846, et la Constitution nouvelle de
l'année suivante, qui la consolida définitivement, furent pour
Genève le signal d'un développement matériel considérable,
qui se continue encore, grâce à des causes multiples, économiques et morales.

Cependant, il faut le dire, depuis longtemps l'existence des
fortifications était mise en question. Elles étaient d'un entretien coûteux ; on avait, d'autre part, la certitude qu'elles
étaient désormais impuissantes à sauvegarder notre indépendance. Aussi Etienne Dumont, déjà en 1829, ne craignait-il

(1) Rapport de M. le professeur Rossi, *Mémorial du Conseil Représentatif de 1829*, p. 745.

pas de dire : « Nos fortifications ne sont qu'un simulacre, et tout ce grand appareil n'est qu'une épée de bois dans un fourreau d'or. » Vingt ans après, leur démolition successive était décrétée, par la loi du 15 septembre 1849. Les servitudes militaires cessèrent par cela même d'exister, mais la loi y mit une condition : elle disposa que les constructions qui seraient élevées sur les terrains affranchis seraient soumises à l'autorisation du Conseil d'État, dans l'intérêt d'un plan régulier de construction ; et cette réserve était d'autant plus opportune que l'Administration n'avait pas alors la compétence qu'on lui a donnée depuis pour surveiller l'ouverture de rues nouvelles sur des terrains appartenant à des particuliers.

La suppression des fortifications, toutefois, ne fut pas votée sans rencontrer une vive opposition. Beaucoup de Genevois y tenaient par les souvenirs historiques qui s'y rattachaient, et comme à un moyen précieux de sauvegarder notre nationalité. Ils y tenaient aussi comme à un monument élevé par les ancêtres, et par ce sentiment d'amour pour la patrie, que Charles Bonnet, l'illustre naturaliste, exprima si bien quand il traçait, il y a plus d'un siècle, ce tableau ému : « L'idée « de Genève s'offre à mon esprit. Aussitôt ses tours, ses murs, « ses édifices, sa riche situation, son beau lac, ce fleuve majes- « tueux qui la traverse ; ses campagnes riantes, où l'art embellit « la nature ; la sagesse de ses institutions, la pureté de sa « religion ; les mœurs douces de ses habitants, l'esprit philo- « sophique de plusieurs ; les précieux avantages dont jouissent « ses citoyens ; l'éducation que j'y ai reçue ; les parents et les « amis vertueux et éclairés que j'y possède ; aussitôt, dis-je, « toutes ces idées, et mille autres, se retracent dans mon cer- « veau, les unes à la fois, les autres successivement. Mon « esprit et mon cœur contemplent ce tableau ; ils s'arrêtent « avec complaisance sur la liberté placée au centre. Liberté !

« qu'il est doux de te nommer, quand on te possède! J'éprouve
« un saisissement qui excite au dedans de moi l'amour de
« cette Patrie, pour laquelle je voudrais mourir! » (*Essai
analytique sur les facultés de l'âme*, chap. XVIII, p. 263.)

§ XXIV

LES CHEMINS PRIVÉS.

Une fois les fortifications démolies, les constructions s'éle-
vèrent bientôt de tous côtés, non-seulement sur le terrain
spacieux qu'elles occupaient naguère, mais encore dans la
banlieue immédiate de la ville, de manière à y former de
véritables faubourgs; mais ici nul plan régulier de construction, nulle règle autre que le caprice ou l'intérêt individuel.
L'Administration était désarmée; des rues particulières de
toutes largeurs s'ouvraient au public, sans aucune précaution
pour la sûreté de la circulation, et pour le raccordement avec
les voies publiques. Un tel état de choses ne pouvait être que
transitoire et demandait à être promptement régularisé. Une
loi sur les chemins privés était devenue indispensable; après
bien des études et des tâtonnements, elle fut rendue le
6 juin 1868.

La matière était des plus délicates et des plus difficiles;
elle touchait, d'une manière directe et toute spéciale au
droit de propriété; il s'agissait de trouver une juste conciliation de ce droit, avec l'intérêt général, avec les exigences de la sécurité publique. De plus, les précédents législatifs manquaient; il s'agissait de poser un principe nouveau;

d'apporter une limitation à la liberté absolue du propriétaire, de le soumettre, en définitive, à une nouvelle servitude.

Nous croyons que les principes que le législateur a posés dans la loi de 1868, sont justes et équitables. Il ne pouvait dépendre d'un propriétaire d'ouvrir à la circulation, sur son terrain, un chemin aboutissant à une voie publique, sans se soumettre, par cela même, à certaines mesures de précaution. La loi déclara donc les chemins privés soumis aux lois et aux règlements sur la police de la voirie; elle donna de plus aux communes le droit de les entretenir au besoin d'office et d'y effectuer, aux frais des propriétaires, les travaux indispensables; mais, en retour, elle obligea les communes à en accepter la cession, sous la triple condition cependant qu'ils fussent convenablement établis, pourvus de canaux et d'égouts et qu'ils eussent une largeur d'au moins dix mètres; elle simplifia les formes de cette cession et la débarrassa des entraves protectrices mises par le droit commun à la transmission des immeubles appartenant soit à des femmes mariées, soit aux mineurs ou aux interdits. De plus, elle fixa à dix mètres la largeur des chemins ou rues que les propriétaires ouvriraient à l'avenir, dans la commune de Genève et les communes limitrophes, ainsi que dans celle de Carouge; et, pour les chemins privés déjà existants dans ces communes, elle fit défense d'élever des constructions à moins de cinq mètres de la ligne médiane de ces chemins, sans que le plan de situation et la disposition des constructions aient été approuvés par le conseil municipal. Enfin, elle conféra au Conseil d'Etat la décision sur les mesures administratives que pourraient prendre, à cet égard, les communes ou le département des Travaux publics.

La pratique de cette loi a démontré que le but que s'était proposé le législateur était, en grande partie, atteint et que M. Antoine Carteret, en la proposant et en la soutenant avec persévérance et avec talent, avait rendu au pays un vrai service(1). Aussi fut-elle expressément confirmée par la nouvelle loi sur les routes, du 25 juin 1874.

§ XXV

LES CHEMINS DE FER.

L'établissement sur le territoire de notre canton de voies ferrées, a donné lieu à des servitudes spéciales sur les propriétés limitrophes, comme aussi à certaines obligations de la part des concessionnaires, soit en faveur de l'Etat, soit en faveur des communes ou des propriétaires intéressés.

En ce qui concerne les propriétés contiguës, la loi du 20 février 1858 les a déclarées soumises aux servitudes imposées par les lois et règlements, en ce qui concerne l'alignement, l'écoulement des eaux, la distance à observer pour les plantations et l'élagage des arbres, enfin l'exploitation des mines. En particulier, aucune construction, autre qu'un mur de clôture, ne peut être établie dans une distance de deux mètres du chemin de fer; les constructions existantes à une moindre distance pouvant seulement être entretenues dans l'état où elles se trouvaient au moment de la promulgation de la loi. Les constructions ou dépôts de matières inflammables, ainsi que les excavations sont soumises à de plus grandes distances; mais le Conseil d'Etat, par un arrêté spécial rendu sur enquête, peut toujours réduire les distances prévues par la loi,

(1) Voir le Contre-Rapport de M. Carteret sur les chemins privés, 1867.

lorsque la sûreté publique, la conservation du chemin et la disposition des lieux le permettent ; il ne peut d'ailleurs ordonner la suppression des travaux exécutés contrairement à la loi, qu'autant que l'autorité judiciaire, statuant en matière pénale, en aurait elle-même ordonné la suppression.

Quant aux obligations auxquelles les compagnies de chemins de fer sont soumises envers l'Etat, les communes ou les propriétaires, elles sont fixées par les termes mêmes des concessions et par le droit commun.

Le cahier des charges du Lyon-Genève, en date du 30 avril 1853, ratifié, sous certaines modifications, par le Conseil d'Etat par arrêté du 21 juillet 1854, ne contient, à cet égard, aucune règle spéciale ; d'où il résulte que la compagnie qui exploite ce chemin est soumise au droit commun et aux mesures qui lui seraient ordonnées par l'autorité administrative dans l'intérêt des riverains.

Le cahier des charges concernant le chemin de fer de Genève à la frontière vaudoise, du 2 novembre 1855, est plus explicite ; il déclare applicables aux travaux et aux constructions du chemin de fer, les lois en vigueur dans le canton, sur les constructions dangereuses ou nuisibles au public, ainsi que toutes les lois et tous les règlements sur cette matière qui seraient faits ultérieurement. En outre, partout où la construction du chemin de fer aurait nécessité des modifications aux routes, chemins, ponts, rivières, canaux, ruisseaux, fossés d'écoulement, aqueducs, tuyaux de fontaines, conduites de gaz, ou à tout autre objet d'utilité publique ou du ressort de l'administration publique, tous les frais qui en résultent sont à la charge des concessionnaires et les travaux doivent être exécutés de manière que les propriétaires ou autres personnes chargés de l'entretien n'aient à supporter, par suite de ces changements, aucun dommage ni aucune charge plus onéreuse qu'auparavant. En cas de contestation sur la nécessité ou l'extension de constructions de ce genre, le Conseil d'Etat décide en dernier ressort. Si, après la construction du chemin de fer, il était établi par l'Etat ou par des propriétaires, des routes, chemins, canaux, égouts, tuyaux de fontaines, conduites de gaz ou tout autre objet d'un intérêt cantonal ou communal, dont l'établissement aurait été ordonné ou approuvé par le Conseil d'Etat, et devant croiser le chemin de fer, les concessionnaires ne pourraient s'opposer à ces traversées, ni réclamer d'indemnité pour atteinte portée à leur propriété; en outre, ils doivent supporter seuls tous les frais résultant de la construction de nouvelles maisons de gardes, et du service de nouveaux gardes, qui seraient la conséquence de ces modifications. Toutefois, le service du chemin de fer ne pourrait être entravé, et d'autres frais ne pourraient être imposés à la compagnie. En cas de désaccord entre les concessionnaires et les propriétaires, c'est le Conseil d'Etat qui décide. Enfin, les concessionnaires sont obligés de souffrir, sans indemnité, les réparations d'entretien dont ces mêmes ouvrages auraient besoin.

§ XXVI

MURS DE CLOTURE ET PLANTATIONS
LE LONG DES VOIES PUBLIQUES.

Le droit de se clore, même par un mur, appartient à tout propriétaire; il résulte essentiellement du droit de propriété. La loi française du 6 octobre 1791 sur les biens et usages ruraux, en le consacrant expressément, fit cesser l'effet des coutumes

contraires, fondées sur l'usage du parcours et de la vaine
pâture, dans les lieux où il existait. Notre loi du 25 mars 1816,
sur les routes, l'avait toutefois limité, en vue de l'intérêt
public, par cela même qu'elle exigeait soit du propriétaire,
soit des entrepreneurs, « l'autorisation et les alignements
nécessaires. » L'administration supérieure, chez nous, était
donc armée, jusqu'à un certain point, pour empêcher, le cas
échéant, toute clôture dont l'élévation exagérée serait de
nature à priver le public d'une vue dont il a toujours joui,
ou simplement à rendre le chemin mauvais ou dangereux.
C'est, sans doute, en grande partie à cette sage disposition que
nous devons la conservation de quelques-unes des vues qui
font la beauté de notre pays. Nous devons reconnaître cependant que d'autres ont été religieusement respectées par les
propriétaires eux-mêmes. Mais, combien ont disparu faute
par l'administration d'avoir, par une judicieuse et prudente
interprétation de la loi, sauvegardé les intérêts permanents
du public! Car, qu'on ne s'y trompe pas, il ne saurait être
indifférent pour le grand nombre, qui n'a ni maisons de
campagne, ni parcs spacieux, ni jardins, d'être privé des hori-
zons de la patrie et des beautés de la nature autour des villes ;
le droit de propriété est de sa nature exclusif, je le reconnais ;
mais son exercice devient abusif du moment qu'il est gratuitement incommode, et c'est en ce sens que J.-J. Rousseau
a pu dire : « Le démon de la propriété infecte tout ce qu'il
touche. » Pénétré de cette manière de voir, Etienne Dumont
avait proposé au Conseil Représentatif, dans sa séance du
5 décembre 1828, de limiter et régler la faculté d'élever des
murs le long des chemins de première, deuxième et troisième
classe, dans la banlieue, sauf les cas spécifiés dans la loi. Il aurait
seulement permis à la Chambre des travaux publics de donner
l'autorisation, lorsque le mur est nécessaire pour soutenir

des terrains en pente, pour protéger une cour ou un jardin potager, ou pour quelqu'autre but de sûreté manifeste. La défense ne se serait pas étendue aux murs à hauteur d'appui, garnis ou non de balustrades.

Bien que cette proposition n'ait pas été alors convertie en loi, parce qu'on craignait d'empiéter sur le droit de propriété et peut-être aussi parce qu'on estimait suffisante la loi de **1816**, il ne sera pas sans intérêt de connaître le développement des motifs juridiques que l'illustre publiciste donna, dans la même séance, à cette proposition :

« C'est une espèce de hasard, disait Etienne Dumont, qui m'a suggéré la proposition dont je vais vous occuper quelques moments. J'allais chercher une promenade champêtre dans un site de nos environs que j'avais particulièrement aimé et admiré dans ma jeunesse ; mais, arrivé là, je n'y reconnaissais plus rien ; une triste métamorphose avait changé l'aspect de tous les lieux ; une longue rangée de murs avait éclipsé les champs, les habitations, les montagnes et ce magnifique lac, cette brillante miniature de l'Océan ; au milieu du palais des Alpes, j'étais dans un corridor de prison. Je me rappelai ces contes dont on amuse notre jeune âge, où l'on voit, à la naissance d'un prince, des fées bienfaisantes qui le douent à l'envi de toutes les qualités aimables, et une fée maligne, qui lui donne quelque défaut pour le rendre incapable d'en jouir. Ainsi, me disais-je, la nature a tout fait pour nous, et ce sont les hommes qui travaillent contre la nature. N'y a-t-il aucun moyen de remédier à ce mal, et pendant que notre ville sort de dessous ses dômes lugubres, souffrirons-nous que la campagne se hérisse de murailles non moins tristes et plus dangereuses? »

« Mais l'inconvénient dont je me plains est-il du ressort de la législation ? Je n'hésite pas à répondre affirmativement. Je

11

m'arrête à un principe clair et simple, qui me paraît incontestable. Je considère les grandes routes comme une propriété commune entre tous les habitants du pays, une propriété que personne n'a le droit de détériorer pour son avantage particulier. Il y a ici l'application d'un principe de droit, *sic utere tuo ut rem publicam non lœdas.* Usez de votre propriété sans nuire à la propriété publique.

« Mais un chemin qui vient d'être muré, n'a-t-il pas perdu sous divers rapports ? N'a-t-il pas perdu son paysage, sa fraîcheur, son agrément comme promenade ? Surtout si vous considérez que la plupart de nos routes ont peu de largeur, qu'elles n'ont point de trottoirs. Voyez, dans les chaleurs de l'été, ces nuages, ces tourbillons de poussière qui, ne pouvant se dilater à droite et à gauche, font éprouver aux passants un supplice pour les yeux et pour la respiration. Voyez dans la saison pluvieuse, comment ces murs diminuent la circulation de l'air, maintiennent l'humidité des chemins et ne laissent aux promeneurs qu'un lit de fange. Ajoutez même que la sûreté est souvent compromise, car, dans un moment où l'on fuit une voiture, il est bien différent de trouver un mur qui vous repousse ou une haie qui se laisse pénétrer. L'accroissement considérable du nombre des équipages, signe heureux d'une richesse croissante, augmente la chance des accidents, et je n'aime pas que la prospérité des uns devienne une cause de désagrément pour les autres.

« Quant à ceux qui insisteraient sur le droit de propriété, qui penseraient que ma proposition lui porte atteinte, je leur répondrais que personne ne le considère plus que moi comme la base de l'ordre social; mais que le droit de propriété tirant de la loi son origine, sa force et sa durée, ne peut, en retour d'un si grand service, que lui rester soumise pour tout ce qui concerne le bien public. Il n'est peut-être aucun pays où les propriétaires riverains des grandes routes n'aient été assujettis à divers règlements de police. Là, on défend que des forêts viennent s'étendre jusque sur le grand chemin ; là, on ne souffre point de haies ; ailleurs, on leur impose l'entretien de larges fossés, on leur ordonne de planter des arbres, et je ne sais combien de lois du même genre prouvent que le législateur a toujours considéré les propriétaires comme astreints à des obligations particulières le long des routes.

« On me dira peut-être que ma proposition est superflue, parce que le goût moderne est contraire à la manie des enclos murés. Je sais qu'il y a un progrès réel dans l'art d'embellir les campagnes ; on aime mieux la nature libre que ces prisons champêtres dans lesquelles on s'enfermait autrefois, comme si on eût habité un pays de voleurs ; mais cette réforme n'est point universelle ; nous avons encore bien des enceintes munies d'une fortification, et des villages entiers privés d'un paysage vaste et riant, dépouillés de tout leur charme, où la valeur même des habitations est dégradée par des constructions purement capricieuses, sans parler de celles qui sont hostiles. Je ne crois pas qu'il soit de l'essence de la propriété qu'un homme puisse dire à tous ses voisins : « Je vais vous ôter ce que la nature vous a donné ; j'élève un rideau qui va vous cacher ces aspects dont vos demeures sont embellies : un mur éternel va défigurer votre séjour ; ce n'est point par mauvaise volonté contre vous, mais il me déplaît que mon domaine soit exposé aux regards des passants. Je ne suis nullement du goût de ce Romain qui aurait voulu habiter une maison transparente. »

« Si j'étais disposé à me prévaloir de tout ce qui peut seconder ma proposition, les arguments stratégiques dont on s'est servi vendredi dernier, pour la zone militaire, viendraient tous à mon secours.....

« Il ne faut pas exagérer. Le mal que je viens de signaler n'a pas encore altéré essentiellement la beauté de nos environs, mais il faut en arrêter le progrès. Je demande par défiance pour moi-même, car j'ai aussi le droit de nuire et de gâter une des promenades les plus fréquentées ; il est vrai que, comparativement à d'autres, le mal que je pourrais faire n'est pas grand. Je pourrais dire, tout au plus :

Je tondis de ce pré la largeur de ma langue.

« Mais j'aime mieux être à l'abri de la tentation, et conserver au public le *Tour des Philosophes* (1). »

On raconte d'un homme célèbre qui, arrivant à Londres, et voyant ces trottoirs qui étaient alors assez nouveaux, se jette à genoux, et s'écrie avec enthousiasme : « Je te rends grâce, ô mon Dieu ! de ce qu'il y a un pays au monde où l'on a pensé aux gens à pied ! » Si ma proposition est favorablement accueillie, elle nous vaudra peut-être les bénédictions de quelqu'autre philosophe, et, ce que nous ambitionnons davantage, elle nous procurera celle de la famille genevoise ; et notre gouvernement ne croira pas déroger à sa dignité en soignant les plaisirs publics et en s'occupant à *prévenir la féodalité murale qui menace notre canton* (2).

A plusieurs reprises, depuis 1829, la question que soulevait l'illustre Dumont était revenue devant le Grand Conseil, mais toujours inutilement.

La nouvelle loi sur les routes, du 26 février 1874, vint enfin combler la lacune depuis si longtemps signalée, en limitant la hauteur des murs et des plantations le long des voies pu-

(1) Voyez R. Topffer, *Le Presbytère*, tome I, lettre 54e, sur les relations de Dumont et de Bellot.

(2) *Mémorial 1828-1829*, p. 279.

bliques. D'après les articles 26 à 28 de cette loi, les murs bordant les routes cantonales et communales, les chemins vicinaux ou privés, ne peuvent être construits, rétablis ou exhaussés à une hauteur de plus d'un mètre cinquante centimètres au-dessus du sol public. Par exception, cette loi fixa à deux mètres la hauteur des murs qui clôturent directement les cours et jardins attenant immédiatement aux maisons d'habitation et de dépendances.

Pour les murs de soutènement, la loi disposa qu'ils ne pourraient dépasser de plus d'un mètre le niveau normal des terrains qu'ils soutiennent, du moment que ce niveau dépasse déjà lui-même de cinquante centimètres le sol public dans les cas ordinaires, et d'un mètre dans les cas exceptionnels qui viennent d'être indiqués.

Mais la loi statua, en même temps, que tout mur pourrait être exhaussé d'une grille ou de toute autre clôture à claire-voie, pourvu que les vides soient au moins égaux aux pleins.

Enfin la loi, prévoyant le cas où le mur de clôture serait construit en retrait des limites du chemin, autorisa un excédant de hauteur égal à la moitié de la distance qui le sépare de ces limites.

Quant aux distances à observer pour les plantations qui pourraient être faites, à l'avenir, au bord des routes cantonales et communales, la même loi les fixa à cinquante centimètres pour les haies et arbres de basse tige. En même temps, elle statua que les arbres plantés à une distance moindre de deux mètres du bord des routes devraient être espacés l'un de l'autre de dix mètres au moins ; que les haies seraient maintenues par la taille à la hauteur fixée pour les murs ; qu'enfin le Département des Travaux publics pourrait faire enlever les arbres dont le tronc empiéterait en tout ou partie sur la voie publique.

Il convient de faire observer que ces distances ne sont pas applicables aux plantations que l'Etat ou les communes peuvent faire sur les trottoirs des routes.

§ XXVII

LE DRAINAGE.

Le Code civil (art. 640, au titre des *Servitudes ou services fonciers*), a assujetti les fonds inférieurs à recevoir les eaux qui découlent des fonds plus élevés naturellement et sans que la main de l'homme y ait contribué. La loi genevoise du 18 mai 1857, à l'imitation d'autres législations modernes, alla plus loin ; elle consacra le droit, pour tout propriétaire, d'améliorer son fonds par le drainage ou par tout autre mode d'assèchement ; et, dans ce but, elle lui permit, moyennant juste et préalable indemnité, de conduire, souterrainement ou à ciel ouvert, les eaux de sa propriété à travers les terres qui la séparent d'un cours d'eau ou de toute autre voie d'écoulement. Notre loi n'a excepté de cette servitude nouvelle que les maisons, cours, jardins et enclos attenant aux habitations.

Cependant, on le comprend, l'exercice de cette servitude devait être soumis à certaines garanties. Il s'agissait non-seulement de prévoir le mode de fixation de l'indemnité, mais encore de déterminer, dans chaque cas, les conditions et le lieu.

Dans ce but, la loi imposa à celui qui veut drainer son fonds l'obligation de faire préalablement dresser un plan indicatif de la ligne à parcourir, de la nature des travaux à exécuter et de leur profondeur. Il fallait aussi fixer le délai dans lequel les travaux seraient achevés. A défaut donc de convention à ces divers égards, la loi s'en remit à des experts ; et elle chargea spécialement le Département des Travaux publics d'accorder les autorisations requises pour l'écoulement d'eaux sur le domaine public ou dans les fossés des routes cantonales et communales, en se conformant à cet égard aux lois et règlements.

En cas de contestations sur l'exercice et le mode de la servitude, la fixation du parcours des eaux, l'exécution des travaux de drainage ou d'assèchement, les indemnités et les frais d'entretien, les tribunaux furent chargés de prononcer, en cherchant à concilier les intérêts de l'opération avec le respect dû à la propriété. Observons que, par exception aux principes qui règlent chez nous la compétence en matière immobilière, le tribunal de la Justice de paix fut déclaré seul compétent pour statuer en premier ressort, la cour de Justice civile devant ainsi seule connaître de la contestation, en cas d'appel (1). Cette exception fut introduite, sans doute, dans le but de simplifier la procédure et de réduire les frais.

(1) Jug. du Trib. civil. 28 nov. 1857.

QUATRIÈME PARTIE

—

CONSERVATION DE LA PROPRIÉTE

PUBLICITÉ DES DROITS RÉELS

§ XXVIII

COUP D'ŒIL SUR LE SYSTÈME DU CODE CIVIL.—INFLUENCE
DE BELLOT. — LA TRANSCRIPTION RENDUE OBLIGA-
TOIRE.—L'INSCRIPTION DES DROITS RÉELS.—EFFETS
CIVILS DE CES FORMALITÉS.

On raconte que feu M. Bellot, entrant un jour au bureau de
la conservation des hypothèques, fut très-étonné de n'y trouver
personne. Il eut bientôt l'explication de ce fait inaccoutumé ;
c'était le 30 décembre 1813 : l'administration étrangère venait,
en effet, de fuir précipitamment, à l'approche des armées
alliées, campées aux portes de Genève.

Bellot n'hésita pas alors ; obéissant à l'impulsion de son
patriotisme, il se constitua sur le champ gardien volontaire des
registres publics, jusqu'au moment où le gouvernement provisoire de la République genevoise l'eût appelé aux fonctions
de conservateur, qu'il ne devait quitter qu'avec la vie. Cette

circonstance eut une grande importance par la direction
qu'elle imprima à ses études; une fois entré dans la pratique
du système hypothécaire, tel que l'avait organisé chez nous le
Code civil, sa vive intelligence en découvrit bientôt tous les
points faibles ; et l'on peut dire que la réforme de cette importante partie de notre législation fut dès lors l'objet principal
de ses méditations.

Pour bien comprendre la portée de cette législation, au
point de vue de l'incertitude qu'elle consacre dans tout ce qui
se rattache à l'assiette de la propriété du sol et aux charges
dont il est susceptible, il suffira de rappeler sommairement les
lacunes que présentait, en cette matière, le code civil.

1° L'acquéreur d'un immeuble n'avait, la plupart du temps,
aucun moyen assuré de constater que le possesseur en était
encore, au moment de la vente, le légitime propriétaire. D'une
part, en effet, la transmission d'un immeuble, par vente,
échange, partage (les donations entre vifs exceptées) pouvait
résulter d'un acte authentique ou privé, complétement ignoré
du nouvel acquéreur; et, d'autre part, la transcription du
contrat constatant la mutation, sur les registres publics, ne
devenait obligatoire qu'autant que l'acquéreur voulait purger
l'immeuble des charges hypothécaires, et se soumettre aux
formes longues et coûteuses qui seules pouvaient lui en assurer la possession définitive.

2° Ni l'acquéreur, ni le prêteur par hypothèque, ne pouvaient s'assurer avec une pleine sécurité, des charges grevant
l'immeuble; et cet inconvénient était d'autant plus sérieux
que le Code civil consacre le principe que les charges de cette
nature, suivent l'immeuble en quelques mains qu'il passe,
indépendamment des possesseurs qui les ont primitivement
consenties, et qu'il admet en même temps que la plupart de
ces charges, telles que les servitudes, les droits d'usufruit ou

de jouissance, les hypothèques légales accordées aux femmes mariées et aux incapables, et même un assez grand nombre de créances privilégiées, pourraient grever, valablement et de plein droit, un immeuble en mains du dernier possesseur, même du chef de ses prédécesseurs, sans que ces charges fussent soumises à aucune inscription, hors les cas exceptionnels dont il vient d'être question.

3° Enfin, non-seulement les législateurs du Code civil n'avaient pas assujetti les hypothèques légales à la publicité, mais ils leur avaient donné, en quelque sorte, un effet rétroactif, et, en les déclarant générales, ils avaient permis que ces hypothèques occultes reposassent sur tous les immeubles présents et à venir du mari et du tuteur. Sous ce dernier rapport, l'hypothèque judiciaire, qui résultait de plein droit des condamnations prononcées par les tribunaux civils, présentait les mêmes inconvénients.

Le système hypothécaire du code, essentiellement défectueux, comme on le voit, sur les points que je viens de signaler, avait ainsi consacré, quant au régime de la propriété immobilière, la plupart des défauts que présentait le système occulte du droit romain en vigueur à Genève, sous les anciens édits, et cela paraît d'autant plus surprenant que — sans parler ici des législations allemandes qui avaient, depuis longtemps, consacré en cette matière des droits réels, le système de la publicité la plus complète — une loi française récente, celle du 11 brumaire an VII, laquelle était en vigueur à Genève, au moment où le Code civil y fut promulgué, avait déjà organisé cette publicité sur les bases les plus larges et les plus efficaces.

M. Bellot qui, sans sortir de Genève, avait vécu et pratiqué, comme avocat, sous ces trois législations, et avait déjà pu apprécier les avantages de la publicité sur le système occulte, conçut de bonne heure l'espoir de substituer au Code civil le système de la loi de Brumaire, en l'adaptant à nos circonstances particulières et en mettant à profit les lumières que fournissaient à cet égard les législations de l'Allemagne, et c'est vers ce but qu'il dirigea incessamment ses efforts.

La première innovation en cette matière porta sur la transcription, qu'une loi du 13 juin 1816 rendit obligatoire, de facultative qu'elle était sous le Code civil; mais il faut remarquer que cette loi essentiellement fiscale, n'y assujettissait que les actes entre-vifs, translatifs de la propriété ou de l'usufruit d'immeubles, ce qui en excluait les partages et licitations entre co-propriétaires ou héritiers. et qu'en outre, aucun effet civil n'était attaché à l'accomplissement de cette formalité. Mais cette mesure permettait du moins d'établir désormais par les registres publics, la chaîne des propriétaires successifs d'un même immeuble, et de recourir aux titres pour en connaître les charges, quand ces charges résultaient des titres transcrits.

Un nouveau pas plus décisif encore dans le sens de la publicité fut fait à l'occasion de la loi sur la procédure civile du 29 septembre 1819, au titre relatif à l'adjudication forcée des immeubles expropriés. Il s'agissait de se décider entre le système des subhastations des édits civils, d'après lequel l'adjudication purgeait tous les droits de propriété et autres qui n'avaient pas fait l'objet d'une opposition antérieure, et celui des lois françaises fondé sur ce principe que l'adjudication ne transmettait à l'acquéreur d'autres droits sur les immeubles que ceux que le saisi y avait lui-même. On préféra revenir, sur ce point, à l'ancienne législation nationale qui, malgré les dangers qu'elle faisait courir aux tiers, avait du moins l'avantage incontestable de donner aux acquéreurs d'immeubles expropriés, un titre définitif et inattaquable; mais, en même temps, le Conseil d'Etat demeura chargé de présenter un projet de loi sur l'inscription des droits réels, de manière à en assurer la publicité en tout temps et à atténuer, autant que possible, le danger de voir les tiers dépossédés.

Ce complément indispensable de la nouvelle loi de procédure ne se fit pas attendre; une *loi sur la publicité des divers droits immobiliers* fut votée le 28 juin 1820, sur le rapport de M. Bellot, qui l'avait rédigée. Comme on le verra bientôt, c'était, dans la pensée de son rédacteur, une loi essentiellement transitoire, destinée à faciliter le passage à une législation plus complète. « Si les seules lois vraiment dignes d'éloges disait-il, dans son rapport au Conseil Représentatif, sont celles qui tendent au bien graduellement, et qui forment des habitudes en harmonie avec les principes nouveaux qu'elles consacrent, celle qui vous est soumise méritera d'être rangée au nombre des bonnes lois. »

On se borna, en effet, à deux points principaux : d'une part, on étendit aux actes déclaratifs de propriété, et notamment aux partages, l'obligation de la transcription sur les registres publics, déjà exigée pour les actes translatifs, tels que la vente et l'échange; et, d'autre part, cette loi organisa, mais en la rendant simplement facultative, l'inscription dans les mêmes registres, de certains droits immobiliers, sans attendre le cas d'expropriation pour les faire connaître sur le registre d'opposition ouvert au greffe au moment même de la saisie.

La loi de 1820, sous ce dernier rapport, ne toucha en rien au système hypothécaire, tel que l'avait organisé le code civil; et l'innovation qu'elle introduisit se résuma dans la faculté qui fut accordée, à toute personne, de faire connaître en tout temps, par l'inscription, un droit d'usufruit, d'usage ou d'habitation, l'une des servitudes qui, de leur nature, peuvent être ignorées, soit parce qu'elles sont discontinues, comme celles de passage, soit parce qu'elles sont non-apparentes, n'ayant, comme la défense de bâtir, aucun signe extérieur de leur existence. Les servitudes apparentes et continues à la fois ne furent pas admises au bénéfice de la publicité par l'inscription ; mais en retour, on y admit les baux comme pouvant rentrer, en une certaine mesure, dans la catégorie des droits réels temporaires. Ajoutons que l'inscription de ces divers droits, une fois opérée, ne fut soumise à aucun renouvellement décennal ; la loi prévit seulement le mode à employer pour les faire disparaître, quand le droit lui-même serait éteint.

Ainsi, pour nous résumer sur ce point, la loi du 28 juin 1820 ne fit dépendre, ni de la transcription, ni de l'inscription, sur les registres publics, l'existence d'aucun des droits immobiliers, de propriété, ou autres, dont elle s'occupe; l'inscription des divers droits réels continua à ne devenir obligatoire que pour le cas où l'immeuble, sur lequel ils reposent, serait exproprié (loi de proc., art. 625). Hors ce cas spécial, nulle déchéance n'était encourue, nulle extinction du droit n'était prévue, par suite des mutations successives, entre vifs ou par décès, de l'immeuble qui en serait grevé (Odier, syst. hyp. 147). Il en était de même de la transcription des actes entre vifs, translatifs de la propriété ou de l'usufruit d'immeubles ; bien que rendue obligatoire, la loi de 1820 n'y avait attaché aucun effet civil entraînant, en cas d'omission, la non-existence du droit; son seul avantage se résumait également dans celui, tout pratique et matériel, de la publicité.

En 1830, M. Bellot, voyant que le grand projet de loi sur les droits réels rencontrait des difficultés inattendues, voulut compléter la loi de 1820, relativement à la transcription et à ses effets. La loi du 28 juin 1830 fut un pas nouveau et décisif vers la réalisation de l'état de choses désiré. Cette loi étendit, pour la première fois, depuis la loi de Brumaire, l'obligation de la transcription à toutes les mutations de la propriété d'immeubles, sans exception, pourvu qu'elles résultassent d'actes

notariés ou judiciaires passés dans le canton ; et, comme sanction, elle disposa que les actes de cette nature ne pourraient
être opposées aux tiers qu'à dater de cette transcription. Les
actes privés, la plupart du temps, incomplets ou mal rédigés,
cessèrent d'y être admis. Ceux portant sur l'usufruit n'y furent
plus astreints.

§ XXIX

LE GRAND PROJET DE LOI DE 1827 SUR LES DROITS RÉELS

A l'époque où cette loi importante sur la transcription fut
rendue, la cause de la publicité, comme condition essentielle
de l'existence même des droits réels, nous l'avons déjà dit, paraissait gagnée dans l'opinion ; si ce principe ne passa pas alors
dans la législation sur une plus large échelle, c'est qu'on n'était
pas fixé sur les moyens de le mettre en pratique.

Déjà, en 1827, le Conseil d'Etat, appelé à se prononcer, en
vertu de son droit d'initiative, sur le grand projet de loi dont
l'élaboration avait été confiée à MM. Bellot, Rossi et Girod,
s'était rangé à ce système, et le rapport que M. le syndic Girod
avait présenté, à cette occasion, au Conseil Représentatif, dans
sa séance du 21 décembre, en développait avec une clarté parfaite tous les avantages, en même temps qu'il en prévoyait
toutes les difficultés. « A Genève, disait-il, plus que nulle
autre part, les idées nettes, sur l'objet que l'on considère, sont
devenues, dans ce siècle, un besoin indispensable. » Mais, ni
les auteurs du projet, ni le Conseil d'Etat, ni la commission
du Conseil Représentatif, à laquelle il fut renvoyé, ne se dis-
simulèrent les difficultés de sa mise à exécution.

C'est que le projet appliquait le principe de la publicité de la manière la plus absolue et le développait jusque dans ses dernières conséquences. Rien n'eût échappé à l'œil investigateur du créancier : la personne du débiteur foncier eût, pour ainsi dire, habité une maison transparente ; le public lui-même devait être initié à toutes ses charges, comme à toutes les incapacités dont il pouvait être frappé. Les 430 articles du projet n'étaient, en effet, que le développement et l'application de ce principe absolu : « Qu'aucun droit réel sur les immeubles ne serait considéré comme tel, s'il n'était rendu public par l'inscription dans les registres du bureau des droits réels. » Même le droit de propriété ne devait pas être exempt de cette formalité.

L'idée de faire pour la propriété ce que le Code civil s'est contenté de faire pour les hypothèques, s'était fortement emparée de l'esprit des auteurs du projet, non qu'ils voulussent faire de la publicité la condition indispensable de l'acquisition de la propriété ou de la possession du sol, mais cette formalité serait devenue indispensable, même en cas de succession *ab intestat* au profit d'un unique héritier, du moment où le propriétaire aurait voulu conférer sur son fonds, à un tiers, un droit quelconque (1). Seules, les servitudes à la fois continues et apparentes, eussent été exemptées de l'inscription.

En ce qui concerne le régime hypothécaire, le projet consacrait le double principe de la *publicité* et de la *spécialité ;* l'hypothèque légale de la femme mariée et des incapables, les privilèges de toute nature y eussent été soumis au même titre que l'hypothèque conventionnelle; l'hypothèque judiciaire disparaissait.

Un système de *prénotations,* imité des législations alle-

(1) Voir le rapport de M. Girod, p. 9.

mandes, devait permettre l'inscription provisoire de tous les droits réels éventuels, même des simples espérances de ces droits, quelle qu'en fût l'espèce. Enfin, le conservateur était transformé en un véritable magistrat, ayant une juridiction qui lui eût permis d'admettre ou de rejeter d'office tout titre dont l'inscription requise ne lui aurait pas paru rentrer dans les conditions de la loi, ou de radier les inscriptions existantes d'un trait de plume ; pouvoir d'autant plus exorbitant, comme l'a remarqué M. Pierre Odier (1), qu'il se serait exercé sans contrôle et sans débat contradictoire possible. On ne discute pas avec le magistrat ; on ne peut que se soumettre d'abord et obéir.

Il faut bien le reconnaître : malgré les avantages incontestables qu'il présentait, le projet, s'il eût été adopté, aurait produit une telle révolution dans presque toutes les parties du Code civil, il eût fait naître vraisemblablement tant de procès en matière de servitude, il eût entraîné, comme à l'époque de la mise en vigueur de la loi de Brumaire an VII, tant de déchéances inattendues et ruineuses, par l'impossibilité, quoi qu'on fasse, de faire connaître la loi à tous les intéressés, ou de protéger les incapables et les absents, qu'on fut effrayé des conséquences et qu'on dut forcément ajourner toute décision ultérieure, jusqu'au moment où une bonne loi transitoire aurait réussi à faciliter le passage de la législation du Code civil et des lois plus récentes à celle profondément novatrice qui devait la remplacer.

Cette loi transitoire devait faire infructueusement l'objet des méditations de Bellot, au milieu de beaucoup d'autres travaux législatifs dans lesquels il prit une part active et souvent prépondérante, de 1830 jusqu'à l'année 1836 où il mourut.

---

(1) Rapport cité ci-après, p. 13.

Aussi, après lui, nul ne se sentit de force à rédiger cette loi transitoire. Le rapport de Bellot, à l'occasion de la loi de 1830, contient la trace non équivoque des difficultés qui s'étaient dressées devant lui, au moment où il semblait que son œuvre n'avait plus qu'à recevoir la sanction législative :

« La loi générale sur les droits réels, disait-il au Conseil Représentatif, est encore loin de pouvoir être soumise à la discussion de Vos Seigneuries, et l'époque de sa mise à exécution, si elles lui donnent leur sanction, ne saurait être prochaine. Le nombre des objets qu'elle embrasse, l'étendue de ses dispositions, les questions importantes qu'elle offre à résoudre, les difficultés que présente, les précautions qu'exige, pour prévenir toute lésion des droits acquis, le passage d'une législation à une nouvelle, lorsque celle-ci touche à un grand nombre d'intérêts, sont autant de circonstances qui imposent à la commission, à laquelle Vos Seigneuries ont renvoyé ce projet, le devoir d'un examen approfondi.

« Mais, ajoutait-il, à l'occasion de la transcription, où serait le motif d'attendre le résultat définitif de son travail, pour adopter une disposition qui peut aisément s'en détacher, qui a été votée à l'unanimité, sur laquelle il ne saurait guère y avoir de partage, et qui fera cesser, dès à présent, un mal reconnu? Pourquoi en ajournerait-on le remède à un avenir incertain?

« Le parti que nous propose le Conseil d'Etat n'est-il pas celui que nous avons suivi dès 1816, sur la branche de législation qui nous occupe, celui d'améliorations successives par des lois partielles? Que sont en effet nos lois de 1816, 1820, 1821, et quelques dispositions introduites par le Conseil d'Etat, dans les limites de son pouvoir réglementaire, sinon autant d'innovations, autant d'améliorations introduites graduellement au Code civil français sur le régime hypothécaire et sur

12

la mutation des propriétés immobilières ? Les résultats n'ont-ils pas pleinement justifié cette marche ? Ne peuvent-ils pas laisser quelques regrets qu'elle n'ait point été tentée sur d'autres parties de notre droit, sur les autres Codes qui nous régissent ? (1) »

Telle devait être, en effet, la destinée de ce grand travail qu'il ne fut plus considéré, après la mort de Bellot, que comme un riche dépôt où le législateur pourrait puiser de précieuses directions, quand l'heure des réformes partielles aurait sonné.

Feu M. le professeur Pierre Odier qui succéda à la chaire de Bellot, consacra à l'œuvre du maître vénéré une étude approfondie qu'il publia en 1840, sous le titre : *Des systèmes hypothécaires.* Cet ouvrage, où se trouve réimprimé le projet de loi sur les droits réels, devait servir d'introduction au *Traité* sur le même objet, laissé par l'éminent professeur que Genève avait perdu : « Nous ne pouvons nous résigner, écrivait Pierre Odier, à l'idée que les richesses enfouies dans ces travaux de dix années, dans les discussions consciencieuses de deux commissions composées de nos plus habiles jurisconsultes, dans plusieurs volumes de rapports et de procès-verbaux rédigés avec tant de talent par le célèbre Bellot, restent à jamais perdues pour notre pays et pour l'amélioration de nos lois. Un sage l'a dit avec une grande vérité, ajoutait-il : « Le triomphe des idées utiles n'est jamais qu'une question de date. » Nous avons donc foi dans l'avenir. Il ne sera pas dit, sans doute, qu'après avoir devancé la plupart des autres législations dans nos projets de réforme hypothécaire, nous soyons réduits à être traînés à leur remorque et cités comme des retardataires, par ceux mêmes que ces projets avaient peut-

---

(1) *Rapport de M. Bellot, dans le Supplément aux Motifs de la loi de procédure*, p. 708.

être guidés dans la voie du progrès. Non, la loi proposée en
1827 sur les droits réels, déjà si bien élaborée par les commissions de nos Conseils, sera remise en discussion dans un temps
peu éloigné : nous en avons la ferme espérance. »

Pierre Odier, en effet, l'année suivante, dans le Conseil
Représentatif, prit l'initiative d'une proposition dans ce sens ;
une commission de jurisconsultes l'examina, sous la présidence du syndic Girod, avec toute l'attention qu'elle méritait ;
mais, après mûr examen, elle dut constater que la reprise de
la discussion de l'ensemble du projet était impossible ; que la
seule voie à suivre était celle des révisions partielles que
Bellot, instruit par l'expérience, avait lui-même conseillée. Le
savant rapport que M. le professeur Odier présenta, à cette
occasion, le 17 février 1841, fut le point de départ des améliorations successives qui furent apportées par la suite, au régime
de la propriété immobilière, par les lois et règlements sur le
cadastre, et par celles qui ont modifié le système hypothécaire;
mais ces lois sont trop importantes pour que nous nous con-
tentions de les mentionner ; nous nous en occuperons donc
plus en détail dans les paragraphes suivants.

§ XXX

LE NOUVEAU CADASTRE; PRINCIPES QUI ONT PRÉSIDÉ
A SON ÉTABLISSEMENT.

Le cadastre est la description fidèle et continuellement tenue
à jour, par des plans et des registres, de la situation et des
limites, avec l'indication de la contenance, et la désignation
des possesseurs, de toutes les propriétés foncières, dont l'en-

semble forme le territoire de la République. Il embrasse donc, à la fois, les possessions du domaine public et communal, comme celles des particuliers. Son but immédiat est de fixer la propriété du sol, et de prévenir les contestations relatives à l'étendue et aux limites respectives des fonds contigus, en assignant chaque immeuble à son véritable propriétaire.

L'ancien cadastre des communes actuellement comprises dans le territoire du canton, commencé en 1806, sous la domination française, et achevé en 1818 par le gouvernement genevois, avait eu pour but unique de servir de base à la contribution foncière, dont l'établissement avait été décrété en 1791 par l'Assemblée constituante, comme conséquence de la chute du régime féodal ; il ne remplissait donc qu'imparfaitement le but que doit atteindre un cadastre destiné à servir de titre au possesseur du sol, et à produire des effets civils. Aussi, la nécessité de l'établissement d'un cadastre exact se fit-elle sentir chez nous, par suite de l'incertitude qui régnait dans un grand nombre de cas, sur les lignes séparatives des héritages, incertitude que le Code civil ne donnait aucun moyen d'éviter, et d'autant plus dangereuse que la loi de 1819, en consacrant le principe absolu de nos anciennes subhastations, qu'aucune revendication ne peut être admise après l'adjudication, avait pourtant fait, d'un cadastre incomplet et insuffisant, la base même de l'expropriation forcée (1).

Cette disposition de la loi de procédure, jointe à l'imperfection de l'ancien cadastre, avait donné lieu à de nombreuses et graves erreurs ; et son moindre défaut était de tenir en de continuelles alarmes les propriétaires limitrophes d'immeubles expropriés (2).

---

(1) *Loi de procédure, de 1819*, art. 542.
(2) M. le syndic Girod, *Rapport précité.*

Établi sur une trop petite échelle, n'ayant jamais été soumis à l'examen et à la reconnaissance des propriétaires, et manquant d'un principe de renouvellement, il ne jouissait d'aucune autorité (1). A mesure que les années s'écoulaient, les modifications dans la distribution du sol devenaient d'ailleurs toujours plus nombreuses, et l'image primitive des propriétés disparaissait. Ce fait ne tenait pas seulement à l'influence des principes du Code civil, sur la division des héritages par succession, il tenait aussi au mouvement croissant des transactions, dont l'effet fut d'augmenter toujours plus le nombre des propriétaires du sol.

Ce fut pour parer aux inconvénients que je viens de signaler, non moins que pour doter définitivement le canton de Genève d'une institution utile et féconde, que le Conseil d'Etat fit élaborer un projet de loi sur des bases scientifiquement déterminées, analogues à celles qui, déjà sous l'ancienne République, avaient servi à l'établissement du cadastre. Ce grand travail avait été exécuté, dans le cours du XVIIIe siècle, en partie par Pierre de Harsu (1711 à 1745), et en partie par Georges Meyer (1778 à 1790). Il avait été destiné, non-seulement à fixer l'étendue et les limites exactes des propriétés, mais encore à donner à l'Etat un titre pour percevoir les redevances dues au fief de la République (2).

Ce projet de loi fut présenté au Conseil Représentatif, dans

(1) Cour Suprême. Arrêts du 19 juin 1817 et du 22 mars 1830. — Bellot, *Procédure*, p. 166 et 478.

Il n'en était pas de même de l'ancien cadastre sarde, établi au siècle dernier, avec assez de soin pour que les tribunaux n'aient pas hésité à lui accorder une présomption de propriété.

(2) M. le syndic Lullin, *Rapport relatif au projet de loi sur la confection d'un nouveau cadastre*, p. 4.

sa séance du 6 décembre 1839, par M. le syndic Lullin. Le savant rapport que fit à cette occasion ce magistrat est important à consulter, pour bien comprendre la portée de l'institution nouvelle qu'il a contribué, dans une large mesure, à fonder, et que la loi du 1er février 1841 vint définitivement consacrer.

Cependant (et il ne faut pas s'en étonner, puisque les législations sont des œuvres essentiellement collectives), le projet du Conseil d'Etat ne passa point tout entier dans le domaine de la loi ; il subit des modifications importantes. Ces modifications furent le résultat du travail approfondi de la commission du Conseil Représentatif que présidait M. le syndic Lullin, et qui comprenait bon nombre d'hommes éclairés et d'excellents jurisconsultes, tels que Pierre Odier, Elysée Cherbuliez, Forget, Pictet-Baraban, Lafontaine, Jean-Marc Demole, Christiné, Simon Delapalud, etc. Le volumineux rapport que ce dernier présenta, au nom de la Commission, mérite également d'être signalé, et témoigne de la part importante que son rédacteur prit dans les travaux qui, après une année entière d'études, donnèrent à la loi sa forme définitive. Ajoutons que M. Simon Delapalud, devenu directeur du nouveau cadastre, fut encore le rédacteur du Règlement général de 1844.

Ce Règlement a presque la valeur d'un œuvre législative, car il comprend, dans un ordre méthodique, avec le texte de la loi de 1841, non-seulement les dispositions que le Conseil d'Etat avait reconnues nécessaires à l'exécution du cadastre, mais encore les dispositions des lois genevoises qui s'y rattachent directement.

M. Delapalud a, dès lors, publié, sur le Règlement de 1844 et la loi de 1841, un Commentaire, modèle de méthode et de clarté, et qui compte parmi les productions les plus considérables et les plus parfaites de notre littérature juridique.

La loi de 1841, en décrétant qu'il serait fait un cadastre des propriétés foncières du canton, devait par cela même contenir deux catégories distinctes de dispositions, les unes relatives au premier établissement, à la création même de l'institution, les autres destinées à lui assurer un mode de renouvellement continu, permanent, et à déterminer ses effets civils.

L'établissement du nouveau cadastre comportait, en effet, différentes opérations successives et très-délicates.

Il s'agissait, d'abord, de fixer scientifiquement la position respective des lieux culminants de notre territoire, d'y placer des repères fixes, qui servissent de base sûre et de preuve à toutes les opérations subséquentes.

Cette première triangulation, dont le point de départ fut la tour ouest de la cathédrale de St-Pierre, existait déjà depuis quelques années. On se servit de celle que M. le général Dufour dût établir pour dresser la grande carte géographique de la Suisse, et l'on put passer ainsi, presque immédiatement, à la triangulation des communes, à la délimitation et au levé du périmètre et des limites des parcelles, à la reconnaissance des bulletins de propriété, enfin à la confection des plans et registres définitifs, opérations successives qui forment la première partie de la loi.

Je n'ai pas l'intention d'entrer ici dans l'exposé technique de ces différentes opérations; je me bornerai seulement à ce qui est de nature à éclairer les principes applicables au cadastre devenu définitif.

La formation de la parcelle géométrique donna lieu, dans l'élaboration de la loi, à des vues différentes. Les uns auraient voulu qu'on tînt compte, dans la détermination de la parcelle, de l'élément de la culture avec l'indication des lieux dits; cela paraissait, en effet, le moyen de donner au cadastre une forme concrète, facilement reconnaissable, et immédiatement en rapport avec les exigences de la loi de procédure, pour la vente des immeubles.

Mais on s'aperçut bientôt que ces deux éléments étaient trop variables pour donner à la parcelle des limites certaines et fixes. La culture change; les lieux dits se modifient au gré des propriétaires successifs. D'autres, au contraire, préféraient que la parcelle comprît tout ce qui était réuni en un seul mas. La loi adopta cette dernière manière de voir. Elle décida donc que la propriété, dans son ensemble, formerait une seule parcelle, toutes les fois que ses différentes parties ne seraient séparées, ni par une rue, un chemin ou une rivière, ni par des fonds appartenant à autrui (1). De cette manière, le législateur a pu faire de chaque parcelle une individualité distincte, susceptible de servir de fondement à une législation complète sur la publicité des droits réels. Pour le moment, toutefois, il se borna, avec raison, à déterminer la propriété elle-même, en indiquant les édifices permanents qui pourraient y être établis. Les murs, haies, fossés, ruisseaux, séparatifs de parcelles, furent pareillement représentés sur les plans, par des signes conventionnels; cette mesure fut étendue aux murs mitoyens, et aux chemins vicinaux à l'usage de plusieurs propriétaires. Ces signes conventionnels ont ainsi remplacé de fait les présomptions établies par le Code civil (art. 666 à 670), relativement à la mitoyenneté (2).

Mais, on s'arrêta là; on n'indiqua, ni sur les plans, ni sur les registres du cadastre les servitudes, soit qu'elles fussent antérieures, soit qu'elles fussent postérieures à l'établissement

---

(1) Loi de 1841, art. 5.

(2) Pictet-Baraban, *Manuel des Agric.*, p. 30.

du cadastre ; on jugea cette indication trop difficile, et même impossible à faire d'une manière complète, pour le passé.

C'est de l'établissement du nouveau cadastre que date l'introduction à Genève du système métrique, pour le calcul des mesures agraires. Seulement, comme ce système était peu connu, surtout dans les campagnes, la loi de 1841 décida que les anciennes mesures genevoises, en poses, toises et pieds, continueraient à être exprimées, conformément à la loi du 1er février 1816, à côté des mesures nouvelles. A cet effet, le Conseil d'Etat fit dresser des tables de concordances pour faciliter la réduction des anciennes mesures en mesures nouvelles (1).

Le bornage des propriétés devant nécessairement soulever des difficultés, faire naître des contestations, soit entre propriétaires contigus, soit entre ceux-ci et l'administration cantonale ou communale; et, d'autre part, le cadastre étant destiné à produire des effets civils, il était nécessaire de mettre à cette opération tout le soin possible. C'est dans ce but que le législateur, réalisant en cela une idée depuis longtemps émise par le professeur Bellot, institua des commissaires chargés de présider à la vérification et à la reconnaissance des bulletins de propriété, et, en outre, des prudhommes, sorte de magistrats temporaires, dont la mission fut de trancher d'office et après examen, les difficultés que le bornage d'abord, et ensuite la reconnaissance des bulletins de propriété, pourraient faire naître entre propriétaires limitrophes, et qu'ils n'auraient pu concilier, lors de la comparution de ces derniers devant eux.

Ce fut là, peut-être, l'origine de l'institution des justices de

(1) *Tableau de réduction des mesures métriques en mesures locales adoptées par la loi du 1er octobre 1816, pour le canton de Genève.* Genève, imprimerie Fick, 1844.

paix, qui fut établie l'année suivante, aux termes de la Constitution issue de la révolution de 1841 ; la loi qui les organisa parait, en effet, avoir été la réalisation permanente de la même idée, en ce qu'elle a confié aux juges de paix, sinon la décision elle-même, du moins la mission spéciale d'amener, si possible, une conciliation sur tous les procès immobiliers qui pourraient à l'avenir s'élever dans leurs juridictions respectives.

Pour bien comprendre la portée, soit des conciliations opérées par les prudhommes, soit des décisions rendues d'office par eux, à défaut de conciliation, dans les cas et suivant le mode prévus par la loi, tant à l'occasion du bornage, qu'au moment de la reconnaissance des bulletins de propriété, il convient de remarquer que leur mission ayant été uniquement limitée à la première création du cadastre, ces décisions, comme les conciliations elles-mêmes, ne pouvaient avoir d'autre but et d'autre effet, que de parvenir à déterminer exactement le périmètre des parcelles, indépendamment des droits que les parties ou les tiers pourraient faire valoir devant les tribunaux, en vertu de titres réguliers ou de la prescription (1).

La reconnaissance des bulletins de propriété, devant le commissaire du Conseil d'Etat, ne constitua pas non plus, par elle-même, une convention entre les propriétaires limitrophes; cette opération fut uniquement un consentement donné à l'administration, en vue de l'établissement du cadastre. Sous ce rapport, le propriétaire qui approuvait son bulletin, et celui qui, par son silence, était légalement présumé l'avoir approuvé, à teneur de l'article 45 de la loi, furent mis exactement sur le même pied. Au surplus, à la différence du prud-

(1) Loi de 1841, art. 24.

homme, le commissaire du Conseil d'Etat, délégué pour la reconnaissance des bulletins, ne se trouva jamais en présence que d'un seul propriétaire à la fois, le débat contradictoire, en cas de réclamation ou de contestation, étant exclusivement du ressort du prudhomme, dans les limites restreintes de sa compétence provisionnelle.

La reconnaissance des bulletins demeura ainsi une opération isolée, distincte, unilatérale; ajoutons que, bien que le réglement général du cadastre autorisât le commissaire à se faire présenter les titres de propriété, la reconnaissance elle-même n'en fit aucune mention.

La voie ordinaire des tribunaux demeura donc légalement ouverte à chaque propriétaire intéressé, pour faire constater son droit, s'il avait été méconnu, et cela, lors même que ce droit aurait déjà fait l'objet d'une décision officielle du prudhomme ou d'une conciliation constatée par ce magistrat, ou lors même que le propriétaire aurait reconnu auparavant, devant le commissaire, sur le registre préparatoire, son bulletin de propriété.

Ajoutons que les cas de recours aux tribunaux furent rares, et que les décisions des prudhommes et les conciliations constatées par eux, furent en fait admises comme définitives, les titres étant, dans la plupart des cas, insuffisants pour les contester ou les faire modifier, avec quelque chance de succès.

Ces opérations, une fois terminées, et ayant servi de bases à l'achèvement des plans et à la confection des registres définitifs, le Conseil d'Etat put déclarer, dans chaque commune, le cadastre définitif; et l'arrêté qu'il prit successivement dans ce but eut pour effet immédiat de rendre désormais exécutoire, dans la commune cadastrée, la seconde partie de la loi. Le cadastre de toutes les communes autres que la ville de Genève, se trouva ainsi achevé en 1856. C'était, en effet, pour les communes de la campagne, que l'établissement du cadastre était le plus urgent; car les contestations sur les véritables limites des propriétés y avaient été, jusqu'à ce moment, beaucoup plus fréquentes que dans la ville elle-même, où les maisons, les cours et terrasses sont moins susceptibles de voir leurs limites reculées, déplacées, supprimées, et où les anticipations faites graduellement sont presque impossibles.

Néanmoins, la ville de Genève ne pouvait rester indéfiniment privée du bienfait d'un nouveau cadastre; la loi n'avait fait pour elle aucune exception, et le réglement général contenait même une série de dispositions qui devaient être suivies pour le faciliter.

C'est pourquoi, après bien des délais, où la question financière et les préoccupations politiques du moment ne furent pas étrangères, le Conseil d'Etat prit enfin, dans ces derniers temps, la résolution de faire dresser le cadastre de l'unique, mais importante commune qui en était encore privée. Cependant, ce n'est que plus tard, et après que toutes les opérations préparatoires que je viens d'énumérer sommairement, auront été accomplies, qu'il y pourra être déclaré définitif.

§ XXXI

LE NOUVEAU CADASTRE, SON RENOUVELLEMENT
PERMANENT ET SES EFFETS CIVILS.

Il reste maintenant à exposer le système de la deuxième partie de la loi, soit les principales dispositions relatives au cadastre devenu définitif.

Quelque soin qu'on eût apporté à son établissement, l'institution aurait manqué son but, ou ne l'aurait atteint qu'imparfaitement, si la loi ne lui avait donné un principe permanent de renouvellement ; si, en d'autres termes, on n'eût pas prévu les formes à suivre pour que les mutations successives y fussent indiquées, soit qu'elles résultassent d'un acte de mutation entre-vifs, soit qu'elles fussent la conséquence du décès du propriétaire.

C'est donc ici que le cadastre devait se rattacher étroitement à la formalité de la transcription des actes au bureau des hypothèques, telle qu'elle se trouve réglée par les deux lois dont il a déjà été question précédemment, celles du 28 juin 1820 et du 28 juin 1830.

La nécessité de cette concordance entre les deux institutions avait déjà été signalée par le professeur Bellot, comme le seul moyen pratique d'arriver à asseoir la propriété immobilière sur une base solide ; et l'on peut dire que l'illustre rédacteur de la loi sur la procédure civile, lorsqu'il rendait obligatoire l'indication des numéros du cadastre, dans les saisies immobilières, posait la base de l'institution nouvelle et la rendait inévitable.

Le Conseil d'Etat, d'ailleurs, n'avait pas attendu la loi sur le cadastre, pour réaliser, autant qu'il dépendait de lui, cette idée.

Dès l'année 1829, il avait pris administrativement les mesures nécessaires pour que le directeur de l'ancien cadastre opérât, d'office et sans frais, tous les changements résultant d'actes ou de jugements transcrits (1).

Les principes admis, en vue de cette concordance, par la loi

(1) M. le syndic Lullin, *Rapport cité*, p. 21. — Bellot, *Rapport sur la loi de 1820*, p. 694.

de 1841, se résument dans les suivants : 1° Aucune mutation, aucun changement, aucune rectification ne peuvent être effectués sur les plans et registres du cadastre devenu définitif, sans que le titre qui les constate ait été préalablement transcrit au bureau des hypothèques (1) ; 2° aucun titre de mutation, par acte entre-vifs, ne peut être transcrit qu'autant qu'il est accompagné d'un certificat du cadastre, constatant que celui du chef duquel la mutation est opérée, est déjà inscrit lui-même au cadastre, comme propriétaire des parcelles qui en sont l'objet (2) ; 3° enfin, quant aux mutations résultant de l'ouverture d'une succession, la loi les rendit possibles, sans qu'aucun partage entre héritiers fût nécessaire, puisque l'héritier peut être seul ; elle admit que, dans ce cas, l'ordonnance du Président du Tribunal civil, et, sur son refus, celle de la Cour de Justice civile, autorisant la mutation au nom des héritiers, serait transcrite avec le certificat du cadastre, et qu'une fois cette formalité remplie, la mutation serait effectuée au cadastre, conformément au registre des transcriptions (3). J'indiquerai plus loin les modifications de détail qui, sur ce point spécial, ont été apportées par les lois subséquentes.

La conséquence immédiate du principe établissant la nécessité de la transcription, comme préliminaire obligé et comme source unique de toutes les mutations ultérieures qui seraient effectuées au cadastre, fut de rendre obligatoires, soit pour la désignation des personnes, soit pour celle des immeubles, certaines indications jugées nécessaires pour établir une concordance parfaite entre le titre transcrit, et les registres et les

(1) Loi de 1841, art. 54 et 79.
(2) Loi de 1841, art. 65.
(3) Loi de 1841, art. 65, 72 et suivants.

plans du cadastre (1). La loi exigea, en particulier, que la nature des parcelles fût indiquée dans le titre, bien qu'en fait
cet élément ne dût pas figurer au cadastre.

La question de savoir comment on pourrait opérer au cadastre les mutations au nom des corps moraux, donna lieu à
une discussion qui mérite une mention spéciale. Pour la première fois, en effet, la question de l'autorisation des corporations religieuses était abordée. On se demandait alors, non
sans raison, si l'autorisation du Conseil d'Etat ne devait pas
être requise par elles, pour qu'elles fussent aptes à pouvoir
figurer au cadastre comme propriétaires. M. le syndic Girod
soutint avec force l'affirmative. Le danger du laisser-aller
lui paraissait d'autant plus grand que l'inscription au cadastre,
une fois effectuée, il aurait été très-difficile d'y remédier,
d'après les lois existantes. « Quant aux corporations religieuses, disait-il, chacun sait qu'il est plus prudent de les
empêcher de s'établir, qu'il n'est facile de les expulser, une
fois qu'elles se sont installées dans le pays. » Cette manière de
voir fut partagée par le Conseil Représentatif; aussi adopta-t-il
l'adjonction proposée par M. Girod, en vertu de laquelle l'acte
constatant la mutation devrait porter la qualification sous laquelle le corps aurait été légalement reconnu, ce qui impliquait
nécessairement l'autorisation préalable du gouvernement (2).

La transmission d'une parcelle entière ne pouvait donner
lieu à aucun changement sur les plans, du moment que le
numéro primitif de la parcelle n'était pas changé. Mais, il en
était autrement si elle était divisée, si la mutation ne devait
porter que sur une partie du fonds. La loi, dans ce cas,
exigea très-sagement que la division fût d'abord effectuée sur

_____

(1) Loi de 1841, art. 61 et suivants.
(2) Loi de 1841, art. 62.

le terrain, par de nouvelles bornes, qu'elle fît ensuite l'objet
d'un plan spécial portant l'indication des nouvelles limites;
qu'enfin, le titre constatant la mutation, une fois transcrit,
chaque subdivision de la parcelle formât une parcelle
séparée, portant des numéros faisant suite aux derniers de la
série des parcelles de la commune, de manière, toutefois, que
la parcelle primitive fût toujours reconnaissable sur les plans
et pût toujours être retrouvée sur les registres.

Voyons maintenant les effets civils qui découlent de l'inscription au cadastre d'un immeuble, sous le nom du propriétaire réel ou apparent.

Ces effets sont indiqués dans l'article 53 de la loi de 1841 :

« Le cadastre fera foi, en faveur de celui qui y est inscrit,
« contre la personne qui, se prétendant propriétaire, en tout
« ou en partie, de l'immeuble litigieux, ne justifierait de son
« droit, ni par un titre régulier de propriété, ni par la pres-
« cription qu'elle aurait acquise conformément au droit com-
« mun.

« En aucun cas, l'inscription au cadastre ne pourra couvrir
« les vices du titre en vertu duquel elle aura été opérée. »

Ce principe est la sanction de la loi; c'est le pivot sur lequel repose tout le système du nouveau cadastre; il convient
donc d'en faire ressortir la portée (1).

Le législateur étant parti de l'idée que tout immeuble doit
avoir un propriétaire, devait nécessairement admettre que la
personne indiquée comme telle au cadastre, aurait la présomption de propriété en sa faveur. Il pouvait d'autant plus

(1) Voir : *Thèse sur les effets civils du nouveau Cadastre,* par
Fr. Demole, 1847.

admettre cette présomption, que de suffisantes précautions auraient été prises, au moment de l'établissement du cadastre,
pour éviter autant que possible les erreurs. Cependant, cette
présomption ne pouvait être absolue ; elle ne devait avoir
d'autre but que de donner au possesseur apparent un titre
suffisant, valable jusqu'à preuve contraire. J'ai déjà expliqué
plus haut quelle force relative était attachée à la reconnaissance des bulletins de propriété, aux décisions des prudhommes et aux conciliations opérées par eux : du moment qu'elles
n'avaient d'autre effet que de servir au premier établissement
du cadastre, il en résultait que les véritables propriétaires devaient toujours avoir la faculté de recourir à l'autorité judiciaire, pour le redressement des erreurs commises à leur préjudice, soit en justifiant d'un titre antérieur valable, soit en
se fondant sur la prescription qu'ils auraient pu acquérir, conformément au droit commun.

A ce double point de vue, — il est essentiel de le remarquer,
— il ne fut rien changé à la législation civile existante, soit
du Code lui-même, soit de la loi de procédure, soit des lois sur
la transcription.

Cette intention du législateur résulte clairement des rapports
présentés à l'appui de la loi et de la discussion dont elle fut
l'objet. Elle découle également de la suppression de l'article
final du projet primitif, lequel voulait faire du cadastre un
juste titre suffisant pour entraîner la prescription au bout de
dix ans, à défaut de réclamation dans ce laps de temps (1).

Tous les droits, résultant de la législation ordinaire, furent
ainsi maintenus. En ce qui concerne l'action possessoire, fondée sur la possession annale, et consacrée par la loi de 1819
sur la procédure, il convient de remarquer, cependant, que

(1) Voir le Code civil. art. 2228, 2230, 2265, 2267.

bien que la loi de 1841 ne l'ait pas abolie, elle en a indirectement rendu l'exercice à peu près inutile. A l'égard de cette
action, basée sur une sorte de prescription à courte échéance
de la possession, le cadastre constitue un titre, ainsi que le
faisait déjà remarquer, dans la discussion, le professeur Pierre
Odier, et la preuve qui en résulte ne saurait être détruite que
par celle d'un vice inhérent au titre en vertu duquel l'inscription au cadastre aurait pu être opérée (1).

Nous touchons donc ici à l'un des grands bienfaits du nouveau cadastre, car il a mis fin, de fait, à ces anticipations sur
le terrain d'autrui, d'autant plus dangereuses qu'étant récentes, elles étaient faciles à prouver, tandis que le véritable
propriétaire, s'il manquait de titre, ou si son titre n'était pas
suffisamment explicite, pouvait difficilement établir, par témoins, une possession continue pendant trente ans consécutifs,
temps requis pour prescrire, par le droit commun.

Mais l'inscription au cadastre, suffisante pour repousser
l'action fondée sur la possession annale, pourrait être détruite
elle-même soit par la production d'un titre régulier de propriété, soit par la plus longue prescription.

Depuis la loi du 28 juin 1830, le titre régulier ne saurait
être qu'un acte authentique, transcrit au bureau des hypothèques ; pour l'époque antérieure, le titre pourrait être un acte
non transcrit et même sous seing privé (2).

---

(1) Pictet-Baraban, *Manuel des agriculteurs*, p. 31. Cour de Justice
civile, arrêt du 2 août 1851, n° 359, Dumas c. Dubouchet. — Ajoutons que
la prescription serait réduite à 10 ans, entre présents, et à 20 ans entre absents, dans le cas où celui qui revendique l'immeuble, aurait, en outre, en
sa faveur, un titre valable, translatif de propriété.

V. Code civil, 2267 ; loi de 1841, art. 53, 2ᵉ alinéa.

(2) Voir la loi du 28 juin 1820, art. 2 et 4.

Quant à la prescription de droit commun qui, d'après la loi de 1841, doit prévaloir contre le nouveau cadastre, c'est d'abord celle résultant d'une possession de trente ans, avec toutes les conditions requises par le Code civil (2229, 2262); elle pourrait avoir été acquise soit avant, soit même après l'établissement du cadastre, car on peut prescrire contre un titre. Quant à la prescription de dix ans, laquelle suppose nécessairement un titre translatif de propriété (1), elle ne peut guère s'entendre que de celle qui aurait déjà été acquise avant l'époque où le cadastre est devenu définitif; il est difficile, en effet, de supposer que, depuis lors, une personne ait pu vendre régulièrement un immeuble inscrit sous le nom d'une autre, puisque la preuve de l'erreur résulterait forcément du certificat qui doit rester annexé à l'acte, et, par conséquent, de l'acte même qui aurait constaté une indue mutation.

En tout cas, l'inscription au cadastre ne pouvant couvrir les vices du titre en vertu duquel elle aurait été opérée, toutes les questions de droit sont, dès lors, restées ouvertes; mais il est bon de rappeler ici que cette réserve de la loi ne peut guère s'appliquer qu'aux mutations opérées depuis le cadastre, en vertu d'actes transcrits, puisque les titres de propriété n'ont pas été mentionnés lors de l'établissement du cadastre.

L'action en pétition d'hérédité, en particulier, serait donc admise contre l'inscription au cadastre, tant que la prescription n'aurait pas été acquise contre l'héritier (2).

La discussion montre, au surplus, que les partisans du fameux projet de loi sur la publicité des droits réels, en évitant,

(1) Code civil, 2265.
(2) Pierre Odier, *Mémorial* de 1841.

dans la loi de 1841, toute modification au système des lois
civiles existantes, nourrissaient néanmoins l'espoir de faire
du cadastre la base d'un système plus complet de publicité
des droits immobiliers, conforme au projet Bellot, que le professeur Pierre Odier, et d'autres avec lui, regardaient comme
« la perfection du système (1). »

Quoiqu'il en soit, une conséquence plus immédiate de
l'établissement du nouveau cadastre, fut le changement que la
loi du 16 septembre 1844 apporta à l'article 624 de la loi sur
la procédure civile, lequel avait pour but d'empêcher toute
revendication de la propriété immobilière, postérieurement à
l'adjudication sur expropriation. Cet article qui, nous l'avons
vu, avait donné lieu à d'incessantes réclamations, à cause des
abus qui en résultaient fréquemment, fut modifié dans ce sens
que la revendication ne pourrait avoir lieu si, lors de l'adjudication, les biens étaient inscrits au cadastre sous le nom de
la personne expropriée. Le Conseil d'État prit, en outre, des
mesures réglementaires pour que, dans les communes non
cadastrées, aucun placard de saisie immobilière ne pût être
rédigé sans le concours d'un géomètre (2).

Il me reste à dire maintenant quelques mots des changements que la loi de 1841 sur le cadastre a subis depuis sa
promulgation.

Une première modification y fut apportée par la loi du
11 juin 1851, en vue de simplifier les formalités pour les cessions de terrain de peu d'importance entre le domaine public
et les particuliers ; mais la transcription de l'acte dressé par

(1) *Mémorial de 1859*, p. 745.
(2) *Règlement du 14 octobre 1844*.

le conservateur du cadastre demeura de rigueur; en outre, les effets civils des mutations de cette nature furent exactement les mêmes que ceux résultant de la loi de 1841.

Les dispositions sur les mutations par décès subirent aussi quelques changements, par suite de deux lois dues à l'initiative de M. Jules Vuy. Celle du 18 juin 1856, modifia l'article 56 de la loi de 1841, dans le sens que l'ordonnance préalable du Président du Tribunal civil cessa d'être obligatoire pour les actes de partage de succession, du moment que les droits et les qualités des co-partageants y étaient établis. Cette modification, qui avait une importance pratique, en ce qu'elle réalisait une simplification, ne porta, en réalité, aucune atteinte au principe de la loi, du moment que l'héritier ne pouvait invoquer en sa faveur d'autres droits que ceux que son auteur aurait pu faire valoir lui-même.

L'autre modification, apportée par la loi du 25 janvier 1868, à l'article 65 de la loi de 1841, fut plus profonde. L'ordonnance du magistrat cessa d'être obligatoire et devint facultative, non-seulement pour les partages, mais encore pour les aliénations proprement dites d'immeubles, à condition que tous les intéressés concourussent à l'acte, et que leurs droits et qualités y fussent établis. Le défaut d'intervention du magistrat, dans le cas d'aliénation, par les héritiers, d'immeubles provenant d'une succession, est une garantie de moins, non-seulement pour le notaire, mais surtout pour l'acquéreur, ainsi que le faisait remarquer le rapport de la Commission sur la loi de 1856 (1). Aussi devrait-on continuer à requérir cette intervention de la justice, pour l'envoi en possession préalable, toutes les fois qu'il pourrait exister quelque intérêt à ce que l'inscription au cadastre fût fondée sur un titre éma-

(1) *Mémorial de 1856,* p. 1552.

nant du magistrat lui-même et antérieur à l'acte notarié,
bien que cette ordonnance n'établisse qu'une simple présomption de propriété, susceptible d'être contredite par les tiers,
soit au moyen d'un titre régulier, soit par la prescription de
droit commun.

§ XXXII

LES HYPOTHÈQUES GÉNÉRALES ET OCCULTES. — ABO-LITION DE L'HYPOTHÈQUE JUDICIAIRE. — PUBLICITÉ ET SPÉCIALITÉ DES HYPOTHÈQUES LÉGALES ; DISPENSE DU RENOUVELLEMENT DÉCENNAL ET ABOLITION DE LA PURGATION, EN CE QUI CONCERNE CES INSCRIP-TIONS.

L'établissement du nouveau cadastre, bien que limité au
seul droit de propriété, fut en réalité un pas immense fait dans
le sens de la publicité et de la spécialité de tous les droits
réels qui en sont un démembrement. Nous allons voir comment ce système fut introduit pour les hypothèques proprement dites.

Le Code civil avait conservé, de l'ancien droit, antérieur à
la loi du 11 brumaire an VII, deux espèces d'hypothèques générales : l'hypothèque judiciaire et l'hypothèque légale.

La première était celle que le Code faisait résulter des jugements rendus contre le débiteur (2123), et que la loi du 30 novembre 1842, art. 99, avait étendue aux transactions conci-
liatoires rédigées par les juges de paix, dans les limites de
leur compétence. Cette espèce d'hypothèque frappait, dès

la date de son inscription, tous les immeubles actuels et à
venir du débiteur, sans que le créancier fût tenu d'en indiquer
ni l'espèce, ni la situation. A ce point de vue, elle différait
donc essentiellement de l'hypothèque conventionnelle.

Il en était de même de l'hypothèque légale accordée, par le
Code civil, soit à la femme, sur les immeubles de son mari,
à raison de sa dot et de ses conventions matrimoniales, soit
en faveur du mineur ou de l'interdit, sur ceux de son tuteur,
à raison de sa gestion ; mais, tandis que l'hypothèque judiciaire ne prenait date et vie que du jour de son inscription au
bureau de la conservation, les hypothèques légales, dont je
viens de parler, existaient indépendamment de toute inscription, en ce sens que l'inscription, une fois opérée, remontait
de plein droit au jour du mariage ou de l'acceptation de la tutelle.

Ces hypothèques légales étaient ainsi, à la fois, générales,
occultes et rétroactives. Cependant, il convient de le rappeler
ici, l'hypothèque légale de la femme, garantissant les créances
qu'elle avait contre son mari, et les droits qu'elle pouvait
avoir à exercer contre lui, en dehors de sa dot et de ses
conventions matrimoniales, c'est-à-dire en dehors des sommes
dont le mari a légalement l'administration, bien que
grevant également tous les biens immeubles de ce dernier,
n'était ni occulte, ni rétroactive : elle ne pouvait, d'après le
Code lui-même (2121-2122, 2134-2135), exister que par l'inscription et à dater de celle-ci.

Nous reviendrons plus loin sur cette distinction que la loi
de 1868 a fait disparaître.

Or, les dangers de ces hypothèques générales, et surtout occultes, étaient manifestes.

L'hypothèque judiciaire était, en réalité, une sorte de prime
donnée à celui d'entre les créanciers qui mettrait le plus de

promptitude à poursuivre le débiteur; puisque, par l'inscription de son jugement, il obtenait un droit de préférence sur tous les autres créanciers, moins âpres à la poursuite ou moins diligents; elle avait aussi le grave inconvénient d'encombrer les registres, de se perpétuer souvent indéfiniment, au moyen des renouvellements décennaux, de permettre, moyennant certaines formalités, l'accumulation des intérêts, pendant de longues années, ainsi que les frais, de manière à augmenter considérablement, au bout d'un certain temps, le montant de la dette primitive; en un mot, si elle permettait au débiteur de respirer plus longtemps, elle le ruinait à la longue infailliblement. En outre, on a pu remarquer que l'hypothèque judiciaire rendait les expropriations plus nombreuses, par le fait même qu'un premier jugement en entraînait, le plus souvent, beaucoup d'autres à sa suite.

Les dangers que les hypothèques légales non assujetties à l'inscription présentaient, de leur côté, étaient d'une autre nature, mais non moins considérables : les tiers n'avaient aucun moyen légal de les connaître. Un pareil état de choses pesait lourdement sur le crédit en multipliant les formalités et les garanties onéreuses, et en jetant d'inévitables incertitudes dans les transactions.

Ce fut donc avec raison que des modifications furent souvent réclamées. Cependant, telle était la faveur qui s'attachait au système en vigueur, et les difficultés ou les craintes que des modifications en cette matière faisaient naître, que, malgré bien des projets et des réclamations, les législatures se succédèrent sans trouver le remède.

La réforme ne vint que lorsque les changements dans l'ordre politique eurent imprimé à la législature une impulsion plus grande et plus radicale, une indépendance plus complète vis-à-vis de certains préjugés.

Le 6 janvier 1851, une loi fut votée qui supprima purement et simplement l'hypothèque judiciaire. Cependant, comme la loi ne pouvait avoir d'effet rétroactif, le législateur admit encore, au bénéfice de l'inscription, les jugements des tribunaux et les conciliations des juges de paix, pourvu qu'ils fussent antérieurs à la promulgation de la loi, et que l'inscription fût prise dans les six mois de cette date.

La loi ayant été promulguée le 9 et déclarée exécutoire dès le lendemain, admit donc encore au bénéfice des dispositions du Code civil (2123), toutes les inscriptions de cette nature qui ont pu être requises, au plus tard, le 10 juillet de la même année, en vertu de titres antérieurs à la promulgation. Elles peuvent donc encore exister aujourd'hui, au moyen du renouvellement décennal, et grever indistinctement tous les immeubles, même ceux encore à venir du débiteur, aussi longtemps, du moins, que le titre sur lequel elles reposent ne se trouve pas éteint, ni par le paiement, ni par un fait équivalent, et notamment par la prescription trentenaire de droit commun, tant que les immeubles demeurent en mains du débiteur (2180, 2262), ou par la prescription décennale (2180, 2265) en cas d'aliénation.

Il résulta donc de l'abolition de l'hypothèque judiciaire une simplification déjà très-heureuse du système hypothécaire ; non-seulement il n'en fut plus admis de nouvelles, mais les anciennes inscriptions, prises au plus tard dans les six mois de la loi, ont subi une diminution graduelle, et le jour ne peut être bien éloigné où elles auront complétement disparu des registres.

La réalisation du système de la spécialité et de la publicité de l'hypothèque légale fut plus tardive encore et plus délicate.

Il ne s'agissait plus ici, en effet, d'une simple abrogation, toujours facile à faire, mais d'une véritable réforme des dispositions législatives sur la matière ; réforme qui exigeait impérieusement une coordination des lois anciennes avec les dispositions nouvelles.

Cette réforme avait déjà été tentée en 1820, à l'occasion de la présentation du projet qui devint la loi sur la publicité de quelques droits réels (1). Le Conseil d'Etat de cette époque avait proposé que les hypothèques légales des femmes mariées et des personnes placées sous tutelle fussent nécessairement inscrites dans la quinzaine du mariage ou de l'ouverture de la tutelle : le notaire et le greffier du tribunal de l'audience auraient respectivement été chargés, sous leur responsabilité personnelle, de prendre ces inscriptions. Le Conseil Représentatif, sur le rapport de sa Commission, présenté par M. Bellot, ne crut pas devoir adopter une disposition isolée, sans qu'elle fût coordonnée avec les dispositions du Code civil ; il préféra l'ajourner, laissant à la Commission qui allait être chargée de la révision totale du système hypothécaire, le soin de s'en occuper. La Commission des droits réels en avait, effectivement, tenu compte.

Repris quarante ans plus tard, comme base du travail de la Commission préparatoire chargée, par le Conseil d'Etat, de réviser, sous la présidence de M. Charles Friderich, l'un de ses membres, la législation au point de vue de la publicité des priviléges et des hypothèques légales, et de leur inscription en conformité du nouveau cadastre, le projet Bellot,

(1) Loi du 28 juin 1820.

même sur ce point spécial, dut de nouveau être abandonné.

On sentit plus que jamais la nécessité de procéder, en cette
matière, par voie de réformes successives et partielles. On
s'en tint donc exclusivement, pour le moment, à l'hypothèque
légale des femmes et des incapables : tel fut l'objet de la loi
du 12 septembre 1868.

Mais, avant de parler de cette loi, quelques explications
préalables sont nécessaires pour faire comprendre les inconvénients auxquels elle est venue mettre un terme. Ces inconvénients, avons-nous dit, atteignaient surtout les tiers. Le
prêteur sur immeubles était continuellement exposé à voir sa
créance primée par ces hypothèques générales et occultes, sans
qu'aucun moyen légal fût mis à sa disposition pour échapper
d'une manière sûre à ce danger. Le moyen employé sous les
anciens édits de purger les hypothèques par une vente simu-
lée n'était plus possible sous le Code civil. L'acquéreur véritable avait seul la faculté de remplir les formalités longues et
surannées de la purgation des hypothèques légales. Aussi, le
débiteur, soumis à l'une de ces hypothèques, se voyait-il, le
plus souvent, paralysé dans son crédit ou gêné par l'incertitude même qui régnait sur l'importance des sommes qu'elles
étaient destinées à garantir, et cela d'autant plus que le propre
de ces hypothèques légales était de remonter à l'époque du
mariage ou de la naissance de la tutelle. On répugnait à accepter une tutelle, moins pour la charge elle-même qu'à raison
des difficultés inévitables que le tuteur devait rencontrer dans
la disposition de son patrimoine. — L'usage, il est vrai, s'était
établi de faire intervenir la femme dans tous les emprunts
contractés par son mari, à l'effet de céder au prêteur la priorité de son hypothèque légale. Cette intervention de la femme,
outre qu'elle lui occasionnait des démarches et l'obligeait à

s'adresser en personne au procureur général, chargé, par la loi de 1819, de lui nommer, en pareil cas, deux conseillers spéciaux, avait l'inconvénient de mettre continuellement ceux-ci au courant des affaires du mari. En outre, elle entraînait parfois, surtout dans les derniers temps, par un surcroît de précautions exigé par le prêteur, l'engagement personnel, et, le plus souvent, solidaire de la femme, dans le but uniquement de rendre inattaquable la cession de priorité, bien que l'usage le plus constant ait été de tout temps, chez nous, de tenir pour suffisante et régulière, la cession de priorité, indépendamment de tout engagement personnel de la femme, principe que consacra la loi de 1868 elle-même.

Les mêmes inconvénients existaient pour les tuteurs. La loi du 5 avril 1824 avait, il est vrai, autorisé la Chambre des Tutelles à consentir la radiation totale ou partielle des inscriptions d'hypothèques légales requises par elle ou par le ministère public, sur le préavis conforme de ce magistrat ; mais, depuis l'abrogation de cette loi par celle du 18 août 1848, cette faculté avait disparu, et la radiation ne pouvait plus être ordonnée que par le Tribunal civil, sur le préavis du Conseil de famille (2144). Le cas d'une simple cession de priorité n'était pas prévu par le Code : cette lacune a été comblée par la loi de 1868.

En vain avait-on cherché à faciliter l'inscription des hypothèques légales par les lois de finance, en les assujettissant à des droits moins élevés ; ces inscriptions furent toujours très-peu nombreuses ; cela tenait non-seulement à la répugnance naturelle que les maris et les tuteurs éprouvaient à requérir eux-mêmes ces inscriptions sur leurs propres fonds, mais encore et surtout peut-être à l'incertitude qui régnait, le plus souvent, sur l'importance variable des sommes qu'elles étaient destinées à garantir ; et, en fait, il faut le dire, les personnes au profit desquelles les hypothèques légales étaient établies, avaient plutôt intérêt à ne requérir aucune inscription, aussi longtemps que les formalités de la purgation n'étaient pas remplies contre elles, en suite d'une aliénation, du moment que l'inscription pouvait toujours être requise, et que les sommes dues, quelle qu'en fût l'importance, se trouvaient toujours garanties, en cas de vente, par l'inscription prise dans le délai légal, puisqu'une fois prise, l'inscription remontait de plein droit au jour du mariage ou de l'acceptation de la tutelle.

Cependant, la réforme, sur ce point, devenait toujours plus urgente et était toujours plus impérieusement réclamée au nom de la sécurité du crédit foncier et de la simplification des formalités relatives à la transmission des immeubles.

Obligé de choisir entre les deux intérêts en présence, celui du crédit en général et celui des personnes dont les intérêts réclament une protection spéciale, le législateur n'hésita pas à donner la préférence à la première alternative, non en supprimant purement et simplement l'hypothèque légale, mais en la soumettant au droit commun, au point de vue de la publicité et de la spécialité.

La suppression eût, sans doute, beaucoup simplifié le système hypothécaire, mais elle eût aussi fait disparaître des garanties qui sont le correspectif de l'incapacité dans laquelle la loi et la nature elle-même ont placé la femme mariée, et les personnes sous tutelle, et de la dépendance où elles sont de la bonne ou de la mauvaise gestion du mari ou du tuteur dont elles dépendent. Le but que se proposa le législateur fut donc simplement d'en limiter l'effet à des immeubles déterminés et d'en assurer la publicité par l'inscription, sans toutefois la rendre obligatoire.

La loi du 12 septembre 1868, qui introduisit cette importante réforme, repose ainsi toute entière sur ces trois prin-

cipes fondamentaux : 1° que toutes les hypothèques légales,
sans distinction, sont soumises à la formalité de l'inscription,
en sorte qu'elles n'ont plus d'effet qu'à dater du jour de cette
inscription ; 2° que l'inscription est spéciale, en sorte qu'elle
doit être prise, ne fût-ce qu'éventuellement, pour une somme
contre une personne, et sur des immeubles déterminés, désignés conformément au nouveau cadastre ; 3° qu'enfin, il demeure loisible aux personnes auxquelles la loi en accorde la
faculté de la requérir ou de ne pas l'inscrire, suivant les circonstances, la liberté à cet égard étant entière.

Ces bases posées, il convenait d'en préciser les conséquences et de déterminer clairement quelles étaient les dispositions du Code civil qu'on entendait modifier. Sous ce rapport,
on ne peut qu'admirer la belle ordonnance de cette œuvre
législative. Tout en modifiant assez profondément certaines
dispositions du Code, le législateur tint à ne pas s'écarter du
système général de la législation en vigueur. Les principes
sont donc demeurés à peu près les mêmes ; l'application seule
a changé dans le sens que je viens d'indiquer. On a corrigé
les abus par des simplifications de forme ; tout en maintenant
l'hypothèque légale, on l'a fait rentrer dans le droit commun.

Les conséquences de la spécialité, de la publicité et de la
liberté de l'inscription des hypothèques légales furent clairement déterminées par la loi elle-même. On ne pouvait négliger
d'indiquer les personnes qui auraient le droit de la requérir ;
la loi donna donc ce droit, soit à la femme elle-même, soit au
mineur âgé de plus de seize ans, soit à leurs parents du second degré, soit enfin au procureur général, magistrat qui, de
tout temps, chez nous, a reçu la mission spéciale de veiller à
leurs intérêts (7 et 10). Mais, après la cessation du mariage
ou de la tutelle, la loi, avec raison, restreignit aux intéressés
eux-mêmes le droit de requérir l'inscription dans les dix an-

nées suivantes ; le droit de prendre l'inscription me paraît, en effet, être la conséquence naturelle de la faculté de renouvellement qui leur est expressément accordée dans le même délai (art. 12 et 14).

Cependant, cette faculté donnée aux intéressés de requérir l'inscription, même éventuellement et en tout temps, dans les limites ci-dessus rappelées, sans être obligés pour cela de produire aucun titre à l'appui, exigeait un correctif dans les facilités mises à la radiation ou à la réduction de ces inscriptions ; cette faculté fut donnée à la femme, de la manière la plus large, sous la seule condition qu'elle fût autorisée de deux conseillers spéciaux ; le conseil de famille reçut la même mission pour les mineurs et les interdits, et sa délibération prise à l'unanimité fut déclarée exécutoire de plein droit (13 et 15). Enfin, les tribunaux peuvent toujours prononcer la radiation totale ou partielle, ou la réduction de ces mêmes inscriptions, du moment que le mari ou le tuteur prétend qu'elles ont été prises contrairement à une stipulation du contrat de mariage, ou à une dispense contenue en l'acte de nomination du tuteur, ou enfin pour une créance non existante ou éteinte par le paiement (13 et 15).

En outre, l'obligation du renouvellement décennal fut supprimée pendant toute la durée du mariage ou de la tutelle ; mais la péremption fut prononcée contre celles qui n'auraient pas été renouvelées dans les dix années, à partir de la majorité ou de la dissolution du mariage (12 et 14).

Enfin, on put, sans inconvénient, supprimer la formalité de purgation des hypothèques légales, devenue inutile par le fait même de la publicité donnée à l'inscription et du nouveau principe de liberté mis à la base de ces hypothèques.

Elle fut simplement remplacée par une disposition nouvelle, en vertu de laquelle tous les actes notariés ou judiciaires, emportant transmission de la propriété immobilière, seraient, à l'avenir, publiés par extrait dans la *Feuille d'Avis*, en désignant les immeubles conformément à l'acte et au nouveau cadastre. Cette dernière garantie se rattachait, dans la pensée du législateur, à la nécessité de faire connaître la transmission des immeubles et surtout les aliénations aux créanciers hypothécaires ou privilégiés, auxquels la loi de 1868, et deux autres lois précédentes (1), accordent la faculté de requérir encore une inscription dans la quinzaine de la transcription de l'acte au bureau des hypothèques.

Cependant, le but du législateur n'aurait été qu'imparfaitement atteint, si, comme on l'avait déjà fait à l'occasion de la suppression de l'hypothèque judiciaire, il n'avait pas été fixé un délai au-delà duquel toutes les hypothèques légales, même anciennes, devraient être inscrites, pour jouir des avantages que le Code attache aux hypothèques légales non inscrites.

Ce délai fut fixé à six mois, à dater du jour où la loi devint exécutoire, par suite de sa promulgation. Il expira le 22 mars 1869, ce jour étant encore compris dans le délai. Les hypothèques légales qui furent inscrites jusqu'à ce jour, inclusivement, demeurèrent donc encore au bénéfice de l'article 2135 du Code civil, c'est-à-dire qu'elles purent encore remonter, quant à leurs effets, au jour de la célébration du mariage ou de l'acceptation de la tutelle. Mais, ce délai passé, elles ne datèrent plus que du jour de l'inscription. A ce point de vue, la promulgation de la loi de 1868 fut, en réalité, une purgation générale de toutes les hypothèques légales occultes, reposant sur les immeubles du canton de Genève (2).

---

(1) Lois du 22 décembre 1820 et du 27 juin 1855.

(2) Albert Wessel. — *Rapport sur le Projet de loi.* Mémorial de 1868, page 1379.

La distinction que nous venons de rappeler a donc une importance pratique considérable, et les magistrats et officiers ministériels ne doivent jamais la perdre de vue, lorsqu'il s'agit de fixer le rang de ces inscriptions.

La clause abrogatoire indique clairement les modifications que la nouvelle loi a fait subir au Code civil. La suppression de la purgation entraîna l'abrogation pure et simple des articles 2193, 2194 et 2195 du Code civil, qui réglaient cette procédure; on abrogea aussi les articles 2136, 2137, 2138, 2139, 2142, 2143, 2144 et 2145, contraires au principe nouveau de la liberté de l'inscription, lequel n'oblige ni le mari, ni les parents, ni le procureur général, à la réquérir; enfin, la nouvelle loi substitua ses dispositions aux deux premiers paragraphes de l'article 2135, et ne maintint, dans cet article, que les deux derniers alinéas.

Cette dernière abrogation demande quelques explications.

Les deux premiers paragraphes de l'article 2135 du Code admettaient, nous l'avons déjà vu, une hypothèque légale, indépendante de l'inscription, et, par conséquent, occulte, au profit des mineurs et des interdits, sur les immeubles de leur tuteur, et, au profit des femmes, pour sûreté seulement de leurs dots et conventions matrimoniales, sur les immeubles de leurs maris. Ils en faisaient remonter, de plein droit, l'effet au jour du mariage ou de l'acceptation de la tutelle. C'était une exception formelle au principe général de l'article 2134, en vertu duquel l'hypothèque soit légale, soit judiciaire, soit conventionnelle, n'a de rang, entre les créanciers, que du jour de l'inscription sur les registres du conservateur, dans la forme et de la manière prescrites par le Code civil.

La loi de 1868 a étendu ce principe général à l'hypothèque légale de la femme, même dans les cas où, jusque-là, elle avait été dispensée de l'inscription; elle est donc maintenant

14

assimilée aux hypothèques conventionnelles ou autres, déjà assujetties à l'inscription, et notamment à l'hypothèque existant au profit du légataire sur les immeubles de la succession (2111, 1017), au profit de la masse des créanciers sur les immeubles du failli (Loi du 19 octobre 1861, art. 490), et au profit de l'Etat, des communes et établissements publics, sur ceux des comptables.

Toutefois, cette assimilation n'est vraie qu'en ce qui concerne l'obligation de la publicité, mais non en ce qui a trait à la conformité de l'inscription avec le cadastre, condition à laquelle les hypothèques légales de la femme et du mineur, ou de l'interdit, sont seules astreintes.

Ajoutons enfin que les hypothèques légales ont conservé leur caractère de généralité, en ce sens qu'elles peuvent être prises successivement sur tous les immeubles présents et à venir du débiteur, la loi de 1868 n'ayant pas innové aux dispositions des articles 2121 et 2122 du Code civil.

Les unes et les autres n'existent donc actuellement que par leur inscription ; mais cette inscription n'est plus soumise au renouvellement décennal, en ce qui concerne les femmes et les incapables, tandis que toutes les autres inscriptions sont encore soumises à cette formalité.

Observons, enfin, que la loi de 1868, en maintenant en vigueur les deux derniers alinéas de l'article 2135, relatifs aux sommes dotales échues à la femme par succession ou donation, pendant le mariage, ainsi qu'aux indemnités des dettes qu'elle aurait contractées avec son mari, et au remploi de ses biens propres aliénés, a eu pour but d'indiquer clairement son intention de n'admettre ces différents droits, au bénéfice de l'inscription, qu'à dater de l'ouverture des successions, ou du jour où les donations ont eu leur effet, ou à compter seulement du jour où la femme se serait engagée

pour son mari, ou de celui de l'aliénation de ses biens personnels.

Enfin, rappelons l'article 8 de la loi, lequel réserve expressément les stipulations du contrat de mariage dans le cas où,
en conformité de l'article 2140 du Code civil, les époux auraient restreint l'hypothèque légale à des immeubles déterminés.

Ainsi s'est trouvée heureusement réalisée l'une des plus
importantes améliorations que réclamait le système hypothécaire du Code civil. Tentée déjà en 1820, et toujours, mais
en vain, demandée ou poursuivie, elle fut certainement rendue
plus facile par l'établissement du nouveau cadastre ; tant il
est vrai qu'un progrès introduit dans un domaine, en entraîne
presque toujours d'autres à sa suite.

Au surplus, si la réforme s'est fait attendre, elle n'en a
été que plus conforme aux vrais principes. Elle a continué
l'œuvre des réformes partielles commencées par les lois des
28 juin 1820 et 28 juin 1830, et a fait faire un grand pas vers
la réalisation de la publicité des droits réels, laquelle sera
complète lorsqu'elle aura pu être étendue, d'une manière
pratique, aux priviléges, aux servitudes, à l'usufruit et autres droits dont les immeubles sont susceptibles.

§ XXXIII

DÉLAI D'INSCRIPTION DES PRIVILÉGES ET HYPOTHÈQUES,
EN CAS DE VENTE OU DE FAILLITE.

En thèse générale, les priviléges et hypothèques suivent les immeubles en quelques mains qu'ils passent; néanmoins, l'application de ce principe du Code civil (2114) a dû être limitée dans l'intérêt des tiers acquéreurs.

D'autre part, l'existence de ces priviléges et hypothèques n'empêchant pas le débiteur d'aliéner ses immeubles, il convenait de donner au créancier les moyens de sauvegarder ses intérêts, notamment par la double procédure de la surenchère et de l'ordre.

C'est à ces deux points de vue que nous allons exposer les principes admis par notre législation.

Rappelons d'abord que pour conférer un droit d'hypothèque valable, le débiteur doit avoir la capacité d'aliéner ses immeubles (C. c. 2124), et en avoir la libre disposition. L'apposition des placards et le jugement déclaratif de la faillite entraîneraient donc la nullité d'une inscription hypothécaire postérieure, si du moins ces moyens d'exécution n'étaient pas par la suite mis à néant. (Loi de 1819, 545; loi de 1852, 13; loi de 1861, 448.)

D'autre part, il convient de rappeler que les actes entre-vifs portant transmission ou résolution de la propriété d'immeubles, de même que les actes de partage et autres actes déclaratifs de propriété, sont assujettis à la transcription et ne

peuvent être opposés aux tiers qu'à dater de l'accomplissement de cette formalité. (Loi du 28 juin 1830, art. 1er; loi du
1er février 1841, art. 54 et 65; loi du 11 septembre 1867,
art. 29.)

Ceci établi, voyons quel est le délai au-delà duquel les priviléges et hypothèques ne peuvent plus être inscrits.

D'après la loi du 27 juin 1855, art. 24, laquelle a repro-
duit, presque textuellement, la disposition correspondante de
celle du 22 décembre 1820, toute inscription de cette nature,
résultant d'un acte antérieur à l'aliénation, doit être requise
dans le délai de quinzaine, à partir de la transcription. Le
même délai a été adopté, par la loi du 12 septembre 1868,
pour l'inscription des hypothèques légales.

Ce n'est donc qu'après l'accomplissement de ce délai de
quinzaine que l'acquéreur d'un immeuble peut, dans la règle,
connaître avec certitude l'état des inscriptions qui le grèvent;
ce n'est qu'alors qu'il peut régulièrement requérir du conservateur des hypothèques la délivrance d'un certificat sur transcription, contre le vendeur et ses auteurs. Cependant, la loi a
fait à cette règle deux exceptions importantes.

L'expiration du délai de quinzaine ne peut, en effet, nuire
au vendeur et au co-partageant; ils conservent leur privilége,
le premier, par le fait seul de la transcription de l'acte de
vente constatant que le prix est dû; le second par l'inscription
sur les immeubles partagés ou licités, pour les soultes ou le
prix, dans les soixante jours à dater de l'acte de partage ou
de la licitation, conformément aux articles 2108 et 2109 du
Code civil. (Loi du 22 décembre 1820, art. 5, loi du 27 juin
1855, art. 24.) Remarquons, en passant, que le co-partageant
se trouve ainsi privilégié, non-seulement à l'égard des hypothèques que l'attributaire ou l'adjudicataire pourrait avoir
consenties dans l'espace de ces soixante jours, mais encore et

à plus forte raison, sur les hypothèques que ces derniers pourraient avoir consenties personnellement pendant l'indivision. (C. c. 2110, 2095.)

En ce qui concerne l'inscription des droits d'hypothèque opérée postérieurement à la mort du débiteur, le Code civil (2146) la déclare sans effet, entre les créanciers de la succession, dans le cas où celle-ci n'est acceptée qu'à bénéfice d'inventaire. L'inscription ne pourrait non plus être valablement prise sur les immeubles d'une succession, conformément à l'acte qui la confère, après la transcription du partage qu'autant qu'elle le serait contre chacun des héritiers et sur les immeubles qui lui auraient été spécialement attribués.

Quant aux priviléges dispensés de l'inscription par le Code civil (2101) ou par la loi du 3 août 1821, sur les priviléges du fisc pour le recouvrement des contributions directes, ils conservent toujours un droit de préférence sur le prix, si ce droit est réclamé avant la clôture de l'ordre; mais, par contre, la loi de 1855 a dérogé à celle du 5 septembre 1807, relative au privilége du fisc sur les biens des comptables, en ce qui concerne le délai de son inscription en cas d'aliénation.

Ce que nous venons de dire des priviléges et hypothèques, ne s'applique nullement aux droits de bail, de servitude, d'usufruit et autres droits réels de cette nature ; la loi du 28 juin 1820, nous l'avons dit précédemment, en a permis l'inscription en tout temps; elle n'a fixé aucun délai pour l'inscription facultative des titres qui les établissent; ils peuvent donc toujours, tant qu'ils ne sont pas éteints, être inscrits sur l'immeuble qui en est grevé, nonobstant la vente, sauf à l'acquéreur à les contester, si ces droits ne lui paraissent pas suffisamment établis, et notamment dans le cas où l'acte inscrit n'aurait pas de date certaine. (C. c. 1328, 1743 ; loi de 1820, art. 15.)

Toutefois, en cas de vente par expropriation forcée, l'inscription des droits de cette nature doit nécessairement avoir lieu avant la délivrance, par le conservateur, de l'état qu'il est appelé à dresser dans les trois semaines de la première apposition des placards. (Loi de 1819, 542, 565, 625.)

Passé ce délai, ils peuvent cependant encore faire l'objet d'une opposition sur le cahier de la saisie, pourvu qu'elle ait lieu avant l'adjudication.

Rappelons enfin que la loi de 1861, art. 448, déclare susceptibles d'être annulées les inscriptions prises après l'époque de la cessation des paiements ou dans les dix jours qui l'ont précédée, s'il s'est écoulé plus de quinze jours entre la date de l'acte et celle de l'inscription.

§ XXXIV

LES PRÊTS HYPOTHÉCAIRES PAR ACTIONS.—LES CÉDULES HYPOTHÉCAIRES

La nécessité de mobiliser, dans l'intérêt de l'agriculture et de l'industrie, les valeurs foncières, a donné lieu à une législation nouvelle qui est venue se superposer au Code civil, sans lui faire subir de modification, bien qu'elle y ait dérogé dans certains cas spéciaux.

La loi du 31 janvier 1857 créa une forme nouvelle d'hypothèque conventionnelle; elle permit, en effet, à toute personne d'affecter ses immeubles en garantie des actions qu'elle se proposerait d'émettre. Ce mode d'emprunt hypothécaire exigeait certaines garanties que la loi n'a pas négligées. Il fallait surtout que les porteurs d'actions ne pussent être trompés et que l'acte indiquât clairement la véritable position hypothécaire des immeubles engagés. Dans ce but, la loi disposa que les emprunts par actions seraient faits par acte notarié, que cet acte serait rendu public par sa transcription au bureau des hypothèques, sur un registre spécial ; qu'une inscription serait prise par l'emprunteur et sur ses immeubles, au nom collectif de tous les porteurs d'actions ; qu'enfin les actions elles-mêmes ne seraient valables qu'autant qu'elles seraient revêtues, non-seulement de la signature de l'emprunteur, mais encore de celle du not. re détenteur de l'acte, tant pour donner à l'action le caractère authentique et la forme d'un titre exécutoire, que pour certifier que le nombre des actions émises n'a pas été dépassé.

Mais la loi de 1857 ne se borna pas à cette innovation ; elle donna aux sociétés anonymes la faculté d'emprunter par actions sur leurs titres hypothécaires, en affectant d'une manière spéciale ces titres, à la garantie des actions émises. Sous ce rapport, les sociétés anonymes, constituées en vue d'opérations sur immeubles, soit dans le canton, soit dans le reste de la Suisse, soit même à l'étranger, furent assimilées jusqu'à un certain point à ce qui existait déjà, comme nous le verrons dans un instant, pour la caisse hypothécaire elle-même.

Cependant, comme les sociétés anonymes ne pouvaient présenter toutes les garanties attachées à un établissement public, le législateur crut devoir les assujettir à l'accomplissement de certaines conditions destinées à assurer aux porteurs de ces actions toute la sécurité possible. Il exigea donc que les actions fussent créées par un acte notarié, énumérant avec soin les créances hypothécaires offertes en gage ; et que cet acte fût rendu public au moyen de sa transcription sur le registre spécial dont il vient d'être parlé. Les actions ainsi créées et revêtues des mêmes formes que celles des emprunts hypothécaires, jouissent sur les titres de créances qui leur sont affectés en garantie d'un véritable privilége ; mais, à la différence du nantissement ordinaire, lequel n'est valable qu'autant que le créancier, ou une autre personne pour lui, a en sa possession les titres donnés en garantie (C. c. 2076), les sociétés anonymes peuvent garder ces titres en leur possession, les transmettre ou en recevoir le remboursement, à la condition toutefois de mettre en réserve les sommes en provenant, et de les affecter exclusivement au remboursement des actions émises.

Outre l'introduction dans notre législation de cette nouvelle espèce de privilége, la loi de 1857 a voulu que ces différents titres fonciers fussent facilement transmissibles. Elle a donc permis d'émettre les actions, soit au porteur, soit comme titres nominatifs susceptibles d'endossement, suivant les prescriptions de l'acte, sans qu'il fût nécessaire de remplir aucune formalité nouvelle au bureau des hypothèques, à l'occasion de cette transmission.

Le type de la loi de 1857 existait déjà en partie dans les statuts de la Caisse hypothécaire. Cette institution succéda, on le sait, à l'ancienne Société économique. Elle fut créée en vertu de l'article 146 de la Constitution de 1847, et son existence fut de nouveau consacrée par la loi constitutionnelle du 27 septembre 1868 sur l'hospice général, laquelle eut pour but de faire disparaître toute trace d'inégalité entre les citoyens des différentes parties de notre territoire. Dès son origine, la Caisse hypothécaire eut pour mission de faire valoir les biens que les anciens Genevois avaient destinés à l'entretien du culte protestant, des édifices destinés au culte et aux écoles, dans les communes de l'ancienne République ; mais, elle n'en fut pas moins, dès l'origine, une institution essentiellement cantonale, en ce sens, que toute personne fut admise à s'adresser à elle pour obtenir un prêt hypothécaire, moyennant des garanties suffisantes, sur des immeubles situés dans le canton ; elle fut un véritable bienfait pour les habitants des campagnes.

Néanmoins, les opérations de cette caisse eussent été nécessairement bornées, si elle eut dû s'en tenir au placement de ses propres capitaux. On lui donna donc la faculté de mobiliser les créances hypothécaires créées en sa faveur, en émettant des cédules portant intérêt et jouissant spécialement d'un droit de privilége sur l'ensemble des obligations hypothécaires qui lui sont dues. De cette manière, la caisse fut mise à même de renouveler sans cesse son capital et en même temps ses opérations.

Les cédules de la Caisse hypothécaire peuvent être, ou au porteur, ou nominatives ; dans ce dernier cas, elles sont transmissibles par simple endossement, et par le transfert sur les registres de la caisse.

Mais les obligations hypothécaires, qui les garantissent, sont demeurées soumises à toutes les formes tracées par le Code civil, soit pour la constitution de l'hypothèque, soit pour le renouvellement décennal de l'inscription, soit pour la cession par le moyen de la subrogation.

Les innovations apportées par les statuts de la caisse au droit commun, consistent donc uniquement en ce que : 1° le transfert des cédules nominatives n'est pas soumis aux règles ordinaires tracées par le Code civil, pour le transport des créances (C. c. 1690) ; 2° le droit de privilége existe en faveur des cédules, sans que la caisse soit obligée de se dessaisir des titres hypothécaires dont l'ensemble forme la

garantie spéciale de tous les porteurs de cédules, indistinctement (1).

(1) Les premiers statuts de la Caisse hypothécaire sont ceux du 4 mars
1848, modifiés successivement le 14 juillet 1848 et le 12 septembre 1849.
Les seconds sont ceux du 5 mai 1866 ; les statuts actuels ont été approuvés
par la loi du 9 juin 1869.

CINQUIÈME PARTIE

—

LA PROPRIÉTÉ LITTÉRAIRE, ARTISTIQUE
ET INDUSTRIELLE

§ XXXV

PROPRIÉTÉ LITTÉRAIRE ET ARTISTIQUE. — MARQUES
DE FABRIQUE.

Les générations se succèdent en se transmettant le flambeau
de la science, de la littérature et des arts, comme elles se
transmettent la lumière par excellence, celle du bien, celle de
Dieu. L'homme puise sans cesse dans ce fonds commun, continuellement renouvelé ; il s'en assimile les richesses, il les
transforme et leur imprime à la fois le sceau de son époque
et de son individualité. En y attachant son nom, il acquiert,
par cela même, le droit exclusif de disposer de son œuvre
comme il l'entend et d'en recueillir les fruits, au même titre
que le possesseur d'un champ peut l'aliéner ou en recueillir la
moisson.

Tel est le fondement de la propriété littéraire et artistique

que la Révolution française consacra législativement, et que nous avons héritée d'elle. La loi du 19 juillet 1793, relative aux droits de propriété des auteurs, déjà implicitement maintenue par nos lois de 1815 et 1816, sur l'organisation judiciaire, le fut plus tard, expressément, par celle du 2 mai 1827.

Cette loi de 1793, pour la première fois, en France, reconnut, en effet, aux auteurs d'écrits en tous genres, aux compositeurs de musique, aux peintres et dessinateurs, le droit exclusif de vendre et distribuer leurs ouvrages, et d'en céder la propriété, pendant leur vie entière. Elle accorda le même droit aux héritiers ou cessionnaires, après la mort des auteurs, pendant un terme de dix années, à l'expiration duquel le droit de propriété cessait et l'œuvre tombait définitivement dans le domaine public.

Néanmoins, la jouissance de ce droit fut subordonnée, pour les ouvrages de littérature ou de gravure, au dépôt officiel de deux exemplaires.

Par la suite, un décret du 1er germinal an XIII régla les droits des héritiers ou ayant-cause sur les ouvrages posthumes; celui du 5 février 1810 reconnut, de plus, à la veuve, un droit viager, et étendit à vingt ans celui des enfants. Enfin, le Code pénal a sanctionné, par des peines, ce droit de propriété.

Quant aux œuvres dramatiques, la loi française du 19 janvier 1791, réserva aux auteurs, pendant leur vie, le droit exclusif de les faire représenter sur un théâtre public; elle l'étendit également à leurs héritiers ou cessionnaires, pendant cinq ans, après la mort des auteurs. Le maintien de cette loi, par celles de 1815 et 1816, a été expressément constaté, après de brillantes plaidoiries contradictoires du professeur Gide et de l'avocat Pierre Raisin, par la Cour de Justice, dans son arrêt du 10 juin 1867, lequel en fit l'application en faveur d'un auteur français, mis au bénéfice de ce droit, sur le même pied que le citoyen genevois lui-même, par suite du traité conclu, en 1864, entre la France et la Suisse.

En 1827, par la loi du 2 mai, le Conseil Représentatif édicta quelques dispositions pénales pour réprimer les délits commis, par la voie de la presse, contre le gouvernement fédéral ou les gouvernements cantonaux. Cette loi, votée sur le rapport du professeur Bellot, est divisée en deux parties, l'une pénale, l'autre qui, dans le projet, devait former une loi séparée, plus générale, concernant quelques mesures préventives et de police, compatibles avec la liberté de la presse déjà inscrite dans la Constitution de 1814, comme elle n'a cessé de l'être dans les Constitutions postérieures.

Voulant prévenir toute publication clandestine, il fut ordonné, en particulier, qu'avant de publier des écrits imprimés dans le Canton, l'imprimeur, outre l'injonction qui lui fut faite d'y inscrire son vrai nom, en déposerait deux exemplaires à la Chancellerie, pour la Bibliothèque publique. Ce dépôt remplaça dès lors, quant aux effets civils, celui qu'exigeait la loi de 1793. L'obligation de ce dépôt n'était, d'ailleurs, pas nouvelle à Genève. Bellot observe, dans son rapport, qu'un règlement du 22 avril 1788 le prescrivait à nos imprimeurs, et qu'il n'était lui-même que la copie d'autres règlements remontant au berceau de notre Bibliothèque nationale. Mais ce n'était alors qu'une simple mesure de police, à l'observation de laquelle n'était attaché aucun effet civil, puisque l'ancienne République ne consacrait pas la propriété littéraire proprement dite.

En 1856, le Grand Conseil, sur la proposition du Conseil d'Etat, qui avait arrêté, avec d'autres cantons, les bases d'un concordat, le ratifia par la loi du 31 mai. Ce concordat, sanctionné, la même année, par le Conseil fédéral, fut successive-

ment adopté par les cantons de Zurich, Berne, Uri, Unterwald
(le Haut et le Bas), Glaris, Bâle-Ville et Bâle-Campagne,
Schaffhouse, Appenzell (les deux Rhodes), Grisons, Argovie,
Thurgovie, Tessin et Vaud, outre Genève (1). Il forme ainsi,
pour ces Etats confédérés, la loi commune, qui doit être appliquée toutes les fois qu'une contrefaçon a été commise dans
l'un de ces Etats, au préjudice de ressortissants des autres
Etats concordataires. Mais, la loi de 1856 n'ayant pas abrogé
la législation précédente, celle-ci est demeurée applicable aux
cas de contrefaçons qui pourraient se présenter dans le canton de Genève, au détriment d'auteurs Genevois ou d'autres
citoyens suisses établis.

Cette distinction n'est pas indifférente, car les droits résultant du concordat sont, comme on va le voir, plus étendus que
sous notre législation cantonale. En effet, le droit exclusif et
viager qu'il assure à l'écrivain ou à l'artiste de publier ou de
faire publier ses œuvres, s'étend, après sa mort, en faveur de
ses héritiers ou cessionnaires, jusqu'à l'expiration de la tren-
tième année, dès la première publication. Les successeurs ont
même le droit exclusif de publier un ouvrage posthume dans
les dix années du décès, et la protection dure trente années
consécutives, s'ils usent de cette faculté. Aucun dépôt n'est,
d'ailleurs, exigé pour assurer le droit de propriété dans les
divers cantons concordataires ; et si l'œuvre avait été publiée
hors de leurs territoires, il suffit que l'auteur fasse connaître
officiellement sa qualité d'auteur à son gouvernement et lui
en dépose un exemplaire. Toutefois, nous avons vu que la loi
de 1827 impose, chez nous, ce dépôt comme mesure de police, pour toutes les publications d'écrits imprimés dans le
canton.

(1) *Recueil des Lois* de 1869, P. F., p. 591.

Remarquons que le concordat a mis au bénéfice de la protection qu'il accorde aux auteurs, les reproductions, lorsque celles-ci ont exigé un travail intellectuel propre. Les tribunaux, dont la compétence est réglée par le lieu de la contrefaçon ou de la vente, apprécient dans chaque cas spécial si la reproduction est licite ou non.

Pour sauvegarder le principe de la liberté de la presse, garanti par les Constitutions, et entourer l'action des autorités de toute la publicité désirable, il était nécessaire de prévoir les cas où le droit d'auteur ne pourrait être invoqué. C'est dans ce but que le concordat a rendu complétement libre l'impression des actes et délibérations des autorités publiques, à moins qu'elles n'en aient remis la publication à un éditeur.

L'impression des discours prononcés en public, la reproduction d'articles de journaux, l'insertion, dans un recueil, de passages ou même de chapitres extraits d'un ouvrage, ne constituent pas non plus une lésion du droit d'auteur.

Les dispositions de ce concordat serviront sans doute de base à la future législation fédérale, la propriété littéraire et artistique étant maintenant du ressort de la Confédération. (Constitution fédérale de 1874, art. 64.)

Le Canton de Genève avait, en outre, conclu en 1858, pour six années, avec la France, une convention spéciale à la protection de la propriété littéraire et artistique ; mais, son exécution donna lieu, chez-nous, à de si nombreuses réclamations qu'elle ne fut pas renouvelée. Une loi du 15 octobre 1864 en décréta formellement la dénonciation, sur le rapport de M. le Conseiller d'Etat Charles Friderich, et après une enquête administrative et publique très-circonstanciée.

Cette convention, au surplus, était devenue superflue, depuis la conclusion du traité entre la France et la Suisse, du 30 juin de la même année.

En ce qui concerne les marques de fabrique, cet objet a été réglé chez nous, pour la première fois, par la loi du 5 avril 1860. Les produits industriels pouvant facilement être imités, il importait au fabricant, à l'inventeur, de les distinguer aux yeux du public, par une marque spéciale, laquelle ne pût être impunément contrefaite.

La loi a donc admis le principe de la propriété de cette marque, lorsque le dépôt de deux exemplaires du modèle serait fait régulièrement, au greffe du tribunal de commerce. Cette marque est d'ailleurs complétement facultative, à moins qu'une loi spéciale ne l'ait rendue obligatoire pour certains produits déterminés. Le dépôt n'a d'effet que pendant quinze ans ; mais il peut toujours être renouvelé. L'usurpation de la marque de fabrique peut donner lieu soit à une poursuite correctionnelle, soit à une action civile, et dans l'un et l'autre cas, il peut être alloué des dommages-intérêts proportionnés au dommage qu'elle a causé.

SIXIÈME PARTIE

—

LES SUCCESSIONS ET LA QUOTITÉ DISPONIBLE.

§ XXXVI

LES DROITS SUCCESSORAUX DE L'ENFANT NATUREL ET DE L'ÉPOUX SURVIVANT. — RÉDUCTION DU DEGRÉ DE SUCCESSIBILITÉ.

L'homme en mourant n'emporte avec lui rien de terrestre. Les biens qu'il possédait ne peuvent le suivre dans cette vie nouvelle qui commence pour lui au-delà de la tombe. Mais les enfants qui lui doivent l'existence et, à leur défaut, les membres de la famille dans laquelle il est né, se présentent naturellement pour recueillir les biens qu'une vie de labeur lui avait acquis, ou qu'une sage administration lui avait conservés. La loi d'hérédité qui l'unissait à cette famille d'une manière plus ou moins immédiate dans l'ordre physique et moral, cette solidarité mystérieuse et pourtant effective dans les facultés et les dons, comme aussi dans les qualités morales et les infirmités, s'impose ici avec non moins de force; à tel point que le législateur ne saurait la méconnaître, sans froisser les sentiments les plus légitimes et les plus permanents de la nature humaine, sans blesser les notions du juste et sans saper les bases mêmes de l'édifice social.

De là découle, comme une conséquence nécessaire, la notion de la succession *ab intestat*. Mais les liens du sang qui constituent, à des degrés divers, l'essence même de la famille, ne sont pas les seuls dont le législateur doive tenir compte. L'adoption et surtout le mariage engendrent aussi une solidarité que la loi doit respecter.

En s'unissant, les époux se consacrent leur vie entière ; et cette communauté de joies et de peines, de travaux et de besoins, d'affections et d'espérances, crée entre eux un lien que la mort même ne peut briser. Le législateur, qui a contribué à former cette union, doit donc nécessairement en tenir compte dans la répartition des biens qui ont contribué à la former et à la maintenir.

Cependant, les dispositions qui consacrent dans la matière des successions les affections présumées du défunt, doivent être subordonnées, dans une juste mesure, à sa volonté régulièrement manifestée. On ne saurait, en effet, raisonnablement admettre que l'homme qui a pu, de son vivant, librement disposer de ses biens, en faire l'objet de dons manuels, même à titre purement gratuit, ou les engager et les perdre dans de folles entreprises, ne puisse, dans la prévoyance de sa mort, en disposer par un acte solennel de dernière volonté. La loi civile, en lui reconnaissant ce droit, s'élève à la hauteur de la loi morale ; car, en ne limitant la liberté de tester qu'autant que cela est nécessaire dans l'intérêt des membres les plus rapprochés de la famille, elle proclame d'une manière éloquente que l'homme ne meurt pas tout entier, elle fait en quelque sorte de sa volonté dernière, le canal par lequel pas-

sent les dispensations de la Providence, dans la répartition de
la richesse.

Toutefois, le droit de disposer de ses biens ne saurait être
reconnu à l'homme d'une manière absolue et sans limites. Le
rôle de la loi, en cette matière, doit être d'établir une juste
conciliation des droits acquis aux plus proches parents,
et de la liberté du testateur ; le législateur ne pourrait reconnaître à celui-ci le driot absolu de disposer de ses biens,
sans livrer du même coup la famille à tous les hasards
qu'entraînent avec eux les vices, les passions coupables,
la vieillesse ou la maladie. L'Etat, de son côté, a d'ailleurs
un intérêt direct à ce que les biens se répartissent, en une
certaine mesure, entre les parents les plus rapprochés du
défunt.

De là découlent à la fois la liberté de tester et la réserve des
descendants et des ascendants.

Le Code civil, au titre Ier du IIIe livre, relatif aux divers
ordres de succession, était chez nous jusqu'ici demeuré sans
changement, à l'exception seulement de quelques dérogations
spéciales relatives à la procédure en matière de partage, dont
nous aurons à nous occuper dans d'autres paragraphes.

Mais la loi du 5 septembre 1874, due à l'initiative de M. Gustave Pictet, qui en a été le rapporteur, est venue modifier
assez profondément le droit des successions, en vue surtout
d'améliorer la position de l'enfant naturel et de l'époux survivant, dont les droits jusqu'alors n'avaient pas été suffisamment
protégés par le Code civil.

Pour mieux faire comprendre la portée des modifications
que ce Code a subies, rappelons d'abord les principes qu'il
consacre en matière de succession *ab intestat*.

Dans le système du Code, les successions sont déférées aux

enfants et descendants, aux ascendants et aux parents collatéraux, dans l'ordre et suivant les règles qu'il détermine.

Le premier ordre est celui des descendants ; ils succèdent à l'exclusion de tous autres parents, et jouissent du droit de représentation à l'infini.

Le second ordre est celui du père et de la mère, des frères et sœurs, et des descendants de ceux-ci au profit desquels la représentation est également consacrée; les héritiers de cet ordre excluent tous autres collatéraux et tous ascendants plus éloignés.

Le troisième ordre est celui des ascendants ; ils succèdent chacun dans sa ligne et par degré de proximité, à l'exclusion de tous collatéraux autres que les frères et sœurs et descendants d'eux.

Enfin, le quatrième ordre est celui des collatéraux plus éloignés ; ils succèdent, chacun dans sa ligne, jusqu'au douzième degré.

L'enfant naturel n'est appelé à la succession et ne revêt la qualité d'héritier qu'à défaut d'héritiers légitimes. Dans les autres cas, le Code civil ne lui accorde qu'une sorte de créance sur les biens de la succession de ses père et mère, lorsque ceux-ci l'ont légalement reconnu. Ce droit varie d'ailleurs suivant le degré de proximité des héritiers appelés à recueillir la succession.

D'un autre côté, la succession aux biens de l'enfant naturel, décédé sans postérité, avait été réglée par le Code de manière à éloigner toute idée de parenté quelconque entre lui et ses frères et sœurs nés de mariage; ceux-ci ne lui succédaient que dans les biens qu'il avait reçus de ses père et mère, quand ils pouvaient être reconnus. Tous ses autres biens passaient à ses frères et sœurs naturels.

Quant à l'enfant adultérin ou incestueux, le Code s'était

borné à lui accorder des aliments, lorsque sa filiation résultait d'un jugement.

Ainsi, dans le système du Code, la reconnaissance d'un enfant naturel (quand l'adoption ne lui avait pas été conférée) lui était plus défavorable que s'il n'avait pas été reconnu, puisqu'elle avait pour effet immédiat de l'empêcher de recevoir, même par donation ou testament, rien au-delà de ce qui lui est accordé par le Code au titre des successions. Il se trouvait ainsi placé dans une position inférieure à l'étranger, puisque celui-ci est admis à recevoir toute la quotité disponible des biens du testateur, et même la totalité de la succession, en l'absence d'héritiers à réserve.

L'époux survivant, de son côté, n'était appelé par le Code à recueillir la succession de son conjoint qu'à défaut de parents au douzième degré et d'enfant naturel. Il était donc constamment exposé à tomber tout à coup d'une position prospère, s'il n'avait pas de ressources personnelles ; mais, du moins, il lui était permis de recevoir, soit par contrat de mariage, soit pendant le mariage, la totalité de la succession ou de la partie non réservée par la loi aux descendants et aux ascendants.

Ajoutons enfin, que l'enfant naturel et l'époux, quand ils étaient appelés à recueillir la succession, à défaut de parents, devaient, comme l'État lui-même, faire procéder à l'apposition des scellés, dresser un inventaire et se faire envoyer en possession par justice, après certaines formalités de publicité ; et qu'en outre, ils étaient astreints à faire emploi du mobilier ou à donner caution, pour assurer la restitution des biens, au cas où il se présentât des héritiers légitimes dans l'intervalle de trois ans.

Nous allons maintenant voir comment, sans changer l'ordre des successions entre les parents légitimes, la nouvelle loi ge-

nevoise du 5 septembre 1874, a modifié, en ce qui concerne
l'enfant naturel, l'époux survivant et le degré de successibilité,
les dispositions du Code civil.

Cette loi se compose d'un article unique, renfermant les
divers articles du Code civil qu'elle a abrogés et remplacés, tout
en en conservant la numérotation.

Elle est fondée sur le principe assurément très-juste que les
dispositions légales qui règlent la succession *ab intestat*, doivent être conformes à l'intention présumée du défunt et en
rapport avec le degré d'affection et de solidarité que la filiation
naturelle et le mariage supposent. Se plaçant avec raison au
point de vue de l'enfant, qui est innocent du fait de sa naissance, et sur la tête duquel on ne peut, sans usurper la puissance divine, faire retomber la faute de ses parents, le législateur genevois a voulu l'admettre, dans une proportion
équitable, au partage des biens sur lesquels le fait seul de sa
filiation lui donne un droit héréditaire plus ou moins étendu,
suivant le degré de proximité des parents légitimes. Il a voulu
aussi que l'époux survivant lui-même revêtit, à défaut d'enfants, la qualité d'héritier.

Pour atteindre ce double but, il a modifié le Code civil en
ce sens que les successions sont déférées aux enfants légitimes
et naturels, et aux descendants du défunt, à ses ascendants,
à *son époux*, à ses parents collatéraux, et enfin à l'Etat, dans
l'ordre et suivant les règles que le Code et la loi qui le modifie
déterminent.

Non-seulement il a appelé l'enfant naturel à la succession
de ses père et mère, mais encore à celle des descendants de
ces derniers.

Non-seulement il y a appelé l'enfant naturel né hors mariage et l'enfant né d'un mariage plus tard annulé, mais
encore l'enfant issu d'un commerce adultérin ou incestueux,

pourvu que l'enfant ait été reconnu, soit volontairement, quand la reconnaissance est permise, soit légalement, ce qui a lieu par suite d'une action en désaveu dirigée par le mari contre l'enfant que sa femme aurait mis au monde pendant le mariage.

On ne pouvait faire ici une exception au préjudice de l'enfant né d'un commerce adultérin ou incestueux, sans ajouter au scandale de sa naissance, celui non moins grand de son abandon, une fois que sa filiation était légalement constatée.

Il convient toutefois d'observer que la reconnaissance d'un enfant naturel faite par l'un des époux pendant le mariage, ne confère à cet enfant aucun droit héréditaire, s'il y a des enfants légitimes issus du mariage, et qu'elle ne peut non plus nuire à l'époux. Le maintien de l'article 337 du Code civil a été expressément réservé dans la discussion ; mais, dans ce cas, l'enfant naturel est au moins admis à recevoir, par donation ou testament, la quotité disponible de la succession de ses père et mère.

Quant à la part attribuée par la loi genevoise à l'enfant naturel dans la succession de ses père et mère, elle varie suivant la qualité des autres héritiers.

Concourt-il avec ses frères ou sœurs légitimes, sa part est réduite de moitié ; cette réduction a pour but de bien marquer la préférence donnée à l'institution du mariage.

Concourt-il avec le père et la mère du défunt, il a droit aux trois quarts de la succession et profite même de la part de celui d'entre eux qui serait prédécédé.

Il hérite enfin de la totalité des biens délaissés par ses père et mère, s'il n'existe ni descendants légitimes, ni père ni mère.

Mais dans tous ces cas, c'est sous réserve des droits héréditaires que la loi reconnaît à l'époux survivant.

Là ne se sont pas bornées les modifications importantes introduites par la loi de 1874. Elle a appelé l'enfant naturel a succéder à ses frères et sœurs décédés *ab intestat*; sa part dans leur succession est fixée suivant les règles tracées par l'article 752 du Code civil, lequel distingue entre les frères et sœurs germains, consanguins et utérins. Le législateur n'a donc voulu faire dans ce cas, entre frères et sœurs, en ce qui concerne leur part dans la succession, aucune différence fondée sur leur état civil particulier autre que celle résultant de la différence entre les deux lignes, paternelle et maternelle.

Enfin, en ce qui concerne la succession de l'enfant naturel, décédé lui-même sans postérité, la loi genevoise l'a attribuée, pour un quart à l'époux survivant, les trois autres quarts devant se partager entre ses père, mère, frères et sœurs ou descendant d'eux, conformément aux prescriptions des articles 748 et 749 du Code civil, applicables aux successions régulières; en d'autres termes, les trois quarts restants sont attribués moitié au père et à la mère, et moitié aux frères et sœurs, ces derniers profitant, s'il y a lieu, de la part qui serait échue à l'ascendant prédécédé. Que si, enfin, les père et mère étaient déjà tous deux décédés, les frères et sœurs de l'enfant naturel succèdent à la moitié et l'époux survivant à l'autre moitié; et cela à l'exclusion de tous autres ascendants et des autres collatéraux en cas de prédécès du conjoint.

Indépendamment des dispositions spéciales que nous venons de rappeler, la position de l'époux survivant, de son côté, a, comme on va le voir, été considérablement améliorée dans les cas ordinaires. La nouvelle loi, en effet, lui accorde un droit héréditaire, variable suivant le degré de proximité des parents légitimes ou naturels.

C'est ainsi que s'il existe des enfants légitimes, l'époux survivant a droit à la jouissance de la moitié des biens de la succession ; seulement son usufruit cesse, s'il convole en secondes noces.

Il a droit au quart de la succession, si, à défaut d'enfants ou descendants légitimes, l'époux prédécédé laisse des enfants naturels déjà reconnus avant le mariage, ou père ou mère, ou frère ou sœurs ou descendants de ces derniers.

Il hérite de la moitié quand il concourt avec d'autres ascendants ou d'autres collatéraux.

Enfin, il succède à la totalité des biens à défaut de parent au degré successible.

En attribuant à l'époux survivant une part en propriété, quand il n'y a pas d'enfant, le législateur a voulu couper court aux inconvénients qui résultent d'un usufruit, au double point de vue des contestations nombreuses qu'il suscite et de la perturbation qu'il entraîne dans la disposition de la propriété.

L'époux contre lequel un jugement de séparation de corps aurait été prononcé est toutefois privé du bénéfice de ces dispositions, s'il n'y a eu réconciliation avant le décès, ce que les tribunaux, le cas échéant, sont appelés à décider sur le témoignage des personnes qui en auraient été les témoins à défaut de preuve écrite. Par contre, la qualité héréditaire n'a pas été reconnue à l'époux divorcé, lors même qu'il aurait obtenu le divorce.

L'enfant naturel et l'époux ayant la qualité d'héritier jouissent de tous les droits qui y sont attachés, notamment de celui d'exiger le rapport des biens donnés ou légués à ceux avec lesquels ils concourent, quand il n'y a pas eu dispense expresse de rapport.

Cependant, pour l'exercice de son usufruit, en cas d'existence d'enfant, l'époux n'aurait pas le droit d'exiger le rapport (C. c., art. 857) à la masse de la succession, des biens donnés en avancement d'hoirie, par actes entre-vifs, à l'un des héritiers ; mais nous estimons cependant que, par analogie avec l'article 922 du Code civil, il pourrait demander la réunion fictive, à la masse, des biens donnés, et prendre sur les autres biens la moitié que la loi lui accorde en usufruit, sans pouvoir l'exiger sur ceux qui auraient fait l'objet de la réunion fictive.

Enfin, d'après la loi de 1874, les parents au-delà du huitième degré ne succèdent plus. A défaut de parents à ce degré, soit à défaut d'enfants de cousins issus de germains, dans l'une des deux lignes paternelle et maternelle, les parents de l'autre ligne succèdent pour le tout; à défaut de parents dans les deux lignes, l'époux survivant, et à son défaut l'Etat, recueille la succession.

La réduction du degré de successibilité peut se justifier en principe, car déjà au huitième la parenté ne se fait plus sentir d'une manière appréciable dans les relations habituelles de la vie, en dehors des liens de l'amitié; d'ailleurs les difficultés auxquelles peuvent donner lieu les partages entre parents au-delà du huitième degré, pouvaient facilement devenir inextricables. Ajoutons que cette limitation du degré de successibilité a eu pour but et pour effet de favoriser l'époux survivant, puisqu'il recueille la succession à défaut de parent au degré successible.

§ XXXVII

SUITE DES DROITS SUCCESSORAUX.—RÉSERVE ACCORDÉE
A L'ENFANT NATUREL ET REFUSÉE A L'ÉPOUX. —
DONATIONS ENTRE ÉPOUX.

La loi genevoise du 5 septembre 1874 ne s'est pas bornée
à modifier le titre des successions *ab intestat*, pour conférer
à l'enfant naturel et à l'époux la qualité d'héritier, elle a
encore modifié le Titre II du IIIᵉ livre du Code civil, relatif
aux donations et testaments.

Pour bien comprendre la portée de cette nouvelle modification, il convient de rappeler ici brièvement le système du
Code, en ce qui concerne la réserve légale et la quotité disponible.

D'après le Code, la réserve légale n'était due qu'à deux catégories d'héritiers, les plus proches du défunt : à ses enfants
et à ses descendants légitimes, suivant les règles de la représentation ; et, à leur défaut, à ses ascendants dans l'une et
l'autre ligne (C. c., 913, 914, 915.). Les enfants naturels en
étaient donc formellement exclus, et le Code avait même
pris soin de leur interdire de rien recevoir par donation entre-
vifs ou par testament, au-delà de ce qui leur était accordé au
titre des successions *ab intestat*.

La loi de 1874 a apporté, sur ce point, au Code civil, une
importante innovation. Elle a mis l'enfant naturel au rang
des héritiers à réserve de la première catégorie, et, par cela
même, elle lui a assuré, dans la succession de ses père et

mère, une part qui, dans aucun cas, ne peut lui être enlevée.

La présence d'un enfant naturel a donc pour premier effet de diminuer la quotité disponible des biens du disposant, s'il concourt avec un ou deux enfants légitimes ; et, d'un autre côté, elle exclut, d'une manière absolue, les ascendants, autres que les père et mère, du bénéfice de la réserve. Cette double conséquence se réalise, d'ailleurs, soit que l'enfant naturel vienne lui-même à la succession, soit qu'étant prédécédé, ses descendants le remplacent par représentation ; car la loi de 1874 ayant maintenu l'article 914, elle a fait entrer au bénéfice de la disposition de cet article, les descendants, même naturels, de l'enfant naturel, qu'elle a introduit, par les nouveaux articles 913 et 915, au nombre des héritiers à réserve.

Remarquons, au surplus, qu'il n'a rien été changé à la quotité à laquelle est fixée, suivant les cas, cette réserve légale. Elle continue, comme par le passé, à être, pour les enfants, de la moitié, ou du tiers, ou du quart, suivant qu'il n'en existe qu'un seul, qu'il y en a deux, qu'il y en a trois ou un plus grand nombre ; et, pour les ascendants les plus proches en degrés, de la moitié dans chaque ligne.

C'est ici le lieu de remarquer la différence essentielle que la nouvelle loi a faite, à ce point de vue, entre l'enfant naturel et l'époux survivant. Tandis que le premier est admis, comme on vient de le voir, au même titre que les enfants légitimes, au bénéfice d'une réserve légale, dont il ne peut être privé dans aucun cas, l'époux, au contraire, comme les frères et sœurs et autres collatéraux, en est complétement dépourvu. Le droit successoral que la loi lui accorde est donc subordonné, comme pour les collatéraux, à la volonté contraire qu'aurait exprimée, implicitement ou expressément, l'époux prédécédé.

Si donc ce dernier, usant de la faculté qui lui est laissée

par la loi, avait disposé, avant ou depuis sa promulgation, par donation ou par testament, en faveur de qui que ce soit, de la quotité de biens non réservée aux enfants ou aux ascendants, la part héréditaire dévolue à l'époux survivant, dans la succession *ab intestat*, serait du même coup, suivant les cas, réduite d'autant ou même complétement annulée. Il en serait toutefois autrement si, par contrat de mariage, il avait déjà reçu de son époux une part au moins équivalente à celle que la loi lui assure dans la succession *ab intestat*. Quant à la donation entre vifs faite pendant le mariage à l'époux par son conjoint, elle serait, le cas échéant, réduite suivant les règles tracées par les articles 920 et suivants du Code civil.

Au surplus, la loi (art. 773) impose à l'époux donataire l'obligation d'imputer, sur sa part héréditaire, le montant des donations que son conjoint lui aurait faites par contrat de mariage ou donation subséquente.

Lorsque la loi n'accorde à l'époux qu'un usufruit, il a l'option, d'après le nouvel article 773, entre la jouissance de moitié et le don qu'il aurait reçu en propriété, pourvu que ce don n'excède pas la quotité disponible, suivant les règles que nous allons rappeller.

Mais, si la loi a refusé à l'époux, quand il revêt la qualité d'héritier, une réserve légale, elle lui a accordé, comme à l'enfant naturel, la saisine légale, dont jouissaient seuls, auparavant, les héritiers légitimes ; en sorte que l'un et l'autre ne sont plus tenus de se faire envoyer, par justice, en possession de leur part héréditaire. Tandis que l'Etat, quand il succède, à défaut de parents, doit se faire envoyer en possession et remplir, à cet effet, certaines conditions de publicité.

Mais, si la loi de 1874 a refusé à l'époux une réserve, elle a, dans certains cas, augmenté la quotité des biens dont le Code civil permettait la disposition en sa faveur. En effet, on avait toujours interprété, chez nous, la disposition de l'article 1094 en ce sens que l'époux ne pouvait recevoir, par donation ou testament, qu'un quart en propriété et un quart en usufruit, ou l'usufruit de moitié, en cas d'existence d'un seul enfant. La loi précitée a donc, selon nous, innové à la disposition du Code, en mettant l'époux au bénéfice du nouvel article 913, quand il n'existe pas plus de deux enfants ; il pourra donc recevoir la moitié des biens de la succession, s'il n'y a qu'un enfant, légitime ou naturel ; le tiers, s'il y en a deux ; que s'il en existe trois ou un plus grand nombre, son droit reste le même que précédemment, ainsi qu'il est dit ci-dessus.

Au reste, comme sous le Code civil, la nouvelle loi, par l'article 1094, a permis à l'époux de donner à son conjoint, soit par contrat de mariage et d'une manière irrévocable, soit par donation pendant le mariage, pour le cas où il ne laisserait point d'enfants ni de descendants, tout ce dont il pourrait disposer en faveur d'un étranger, et, en outre, l'usufruit de la totalité de la portion dont la loi prohibe la disposition au préjudice des ascendants.

Observons enfin que, tout en maintenant l'article 1098 du Code civil, relatif aux donations entre époux, lorsqu'il existe des enfants d'un lit précédent, la loi de 1874 n'a fait aucune différence entre les premières noces et les suivantes, en ce qui concerne les droits qu'elle confère à l'époux survivant.

SEPTIÈME PARTIE

—

LES PROCÉDURES SPÉCIALES DU CODE CIVIL

§ XXXVIII

PUBLICITÉ DES SÉPARATIONS DE BIENS ET DE CORPS.
— PROCÉDURE EN DIVORCE. — EXTENSION DE LA
PREUVE TESTIMONIALE. — EXTENSION DU PRINCIPE
GÉNÉRAL EN MATIÈRE DE PREUVE. — ADMINISTRA-
TION DES BIENS DES PRÉSUMÉS ABSENTS.

La loi du 22 décembre 1820 avait maintenu expressément
les procédures spéciales du Code civil, sauf en ce qui concerne
l'enquête par témoins, à l'égard de laquelle elle se référa à la
nouvelle loi sur la procédure ; mais il est bon d'observer que
celle-ci avait déjà fait disparaître, en les remplaçant, deux titres
entiers du Code civil, l'un relatif à la contrainte par corps (2059
à 2070), l'autre sur l'expropriation forcée et les ordres entre
créanciers (2204 à 2218).

C'est aussi la loi de 1820 qui a rendu obligatoire la publicité, par la *Feuille d'Avis*, non-seulement des demandes en
séparation de biens, mais encore des jugements qui l'auraient

admise, et de ceux en séparation de corps, dans la quinzaine au plus tard de leur prononciation. Cette publicité fut ensuite étendue aux jugements en divorce, par la loi du 16 février 1870.

Cette dernière loi, due à l'initiative de M. Adolphe Des Gouttes, alla plus loin encore dans la voie des innovations; elle statua que la demande en divorce serait intentée, instruite et jugée de la même manière que toute autre action civile ; et, dans ce but, elle déclara abrogés les articles 234 à 263 du Code.

Nous verrons, d'autre part, dans les paragraphes suivants, comment ont été modifiées les procédures en licitation et en partage, celles des transactions relatives aux incapables, celles enfin relatives à la mise aux enchères et à l'ordre en cas d'aliénation volontaire.

Les dispositions du Code civil, en matière de preuve testimoniale, ont subi, de leur côté, plusieurs modifications dont il nous reste à parler.

La première résulta de l'abrogation de l'article 1781, par la loi du 21 mai 1851. Prenant en considération l'impossibilité où le maître pouvait se trouver, dans la plupart des cas, d'avoir une preuve écrite des engagements intervenus entre lui et les personnes à son service, le législateur avait disposé qu'il serait cru sur son affirmation, soit pour la quotité des gages, soit pour le paiement des salaires de l'année échue et des à-comptes donnés pour l'année courante. Il en résultait ainsi, pour les personnes qui avaient loué leurs services, une infériorité légale, contraire au principe d'égalité devant la loi, consacré par nos constitutions. L'abrogation de cette disposition fit donc disparaître l'exception qui avait été faite au principe général de l'article 1315 du Code civil, en vertu duquel celui qui réclame l'exécution d'une obligation doit la prouver; et, réciproquement, celui qui se prétend libéré doit justifier le

paiement ou le fait qui a produit l'extinction de son obligation.
Nous aurons, plus loin, l'occasion de signaler la disparition
d'une semblable exception à ce principe, en nous occupant
de la responsabilité des locataires.

Une autre modification, en matière de preuve, fut introduite
par la loi du 21 octobre 1874, modifiant l'organisation et la
compétence des justices de paix.

Jusqu'alors, il n'avait pas été dérogé au principe général de
l'article 1343 du Code civil, en vertu duquel, sauf les cas exceptionnels qu'il prévoit, celui qui aurait formé une demande
excédant cent cinquante francs n'était pas admis à la preuve
testimoniale, même en restreignant sa demande primitive.
Ce principe avait servi à établir la compétence des justices
de paix en 1842; il devait suivre l'extension apportée à
celle-ci.

La commission du Grand Conseil, par l'organe de son rapporteur, M. Georges Fazy, fit très-bien ressortir cette connexité et la nécessité de modifier la disposition dont il s'agit,
si l'on voulait étendre à deux cents francs la compétence en
dernier ressort de la justice de paix. La preuve testimoniale
que la loi de 1874 admit effectivement jusqu'à concurrence de
cette somme, pour toutes demandes personnelles et mobilières, ne pouvait apporter une sensible perturbation dans les
mœurs judiciaires; et, si l'on tient compte de la diminution
qui, depuis un demi-siècle, s'est produite dans la valeur du
numéraire, on peut dire que cette modification, qui ne change
que la lettre du Code, n'était pas de nature à empêcher une
amélioration reconnue nécessaire.

Il est, enfin, une autre modification que nous devons signaler. La disposition de l'article 112, maintenant abrogée du
Code civil, n'avait investi le magistrat d'aucun pouvoir relativement à l'administration des biens d'une personne dont l'ab-

sence serait présumée et qui n'y aurait pas pourvu elle-même par un fondé de procuration. Il ne pouvait prendre, de son chef, aucune mesure conservatoire ; il ne statuait que sur la demande des parties intéressées.

La loi de **1874** a comblé cette lacune regrettable ; elle a confié, dans chaque arrondissement, au juge de paix, le soin de s'assurer, par une enquête, des circonstances du départ, de l'état des biens, et de prendre même d'office les mesures conservatoires qu'il jugerait nécessaires. Il pourra donc, en particulier, procéder à l'apposition des scellés, ordonner un inventaire ; il sera, en outre, seul compétent pour commettre un notaire à l'effet de représenter les présumés absents dans les inventaires, comptes, partages et liquidations, où ils auraient intérêt, conformément à l'article **113** du Code civil. Mais là s'arrête, en cette matière, la compétence du juge de paix ; pour la déclaration de l'absence et ses effets, toutes les autres dispositions du Code civil sont demeurées en vigueur.

HUITIÈME PARTIE

—

VENTES ET PARTAGES.

·

§ XXXIX

VENTES, LICITATIONS ET PARTAGES D'IMMEUBLES PAR AUTORITÉ DE JUSTICE.

Il est des cas où la vente et le partage des immeubles ne peuvent avoir lieu que moyennant une autorisation préalable de justice. Ce sont, d'après le Code civil, ceux où les fonds appartiennent à des mineurs (459), ceux où ils dépendent d'une succession bénéficiaire (806), d'une succession vacante (814) ou d'une faillite. Il en est de même des immeubles dotaux, lorsque le contrat de mariage ne stipule pas qu'ils pourront être aliénés (1557, 1558) et des immeubles indivis entre majeurs, lorsqu'il y a désaccord entre eux sur le mode de partage ou sur les conditions de la vente, ou s'il y a parmi eux des mineurs, des interdits ou des absents (Code civil, 823, 838). Jusqu'en 1855, les formes à suivre, en pareils cas, étaient celles qu'indiquent le Code civil et le Code de procédure civile français, dont la partie non-contentieuse fut maintenue implicitement en vigueur chez nous,

par l'article 2 des dispositions sur la mise à exécution de la
loi genevoise de procédure, en matière contentieuse, du
30 septembre 1819.

Mais, les formes établies par le Code de procédure civile
français, pour les ventes, partages et licitations d'immeubles,
étaient compliquées et surannées. Elles ne répondaient plus
d'ailleurs exactement à notre organisation judiciaire, telle
que l'ont successivement réglée les lois générales des 15 février 1816, 5 décembre 1832 et 4 mars 1848.

En 1846, M. Prévost-Cayla développa avec beaucoup de talent, dans le Grand Conseil, les motifs qui militaient en faveur
d'une révision générale des procédures non-contentieuses.
« A Genève, disait-il, nous sommes stricts observateurs de la
loi, et je suis loin de le critiquer. Mais alors, il faut que cette
loi soit d'autant plus sobre en formalités qu'on est sûr qu'elle
sera ponctuellement suivie. » « Les formes contre lesquelles
je m'élève, ajoutait-il, sont, comme on vient de le voir, coûteuses, onéreuses et de nature à empêcher que les hoiries ne
se liquident entièrement. On se borne souvent, en évitation
de frais et de longueurs, à un partage provisoire qui est plus
tard soumis à la ratification des mineurs arrivés à l'âge de
majorité. Mais alors les droits de ces mineurs peuvent être
lésés, leurs intérêts être froissés, sans qu'il y ait de remède à
apporter aux injustices commises à leur égard. La loi, en
voulant trop exiger, a forcé à ne rien faire pour eux, et dès
lors son but a été manqué. » (1).

Les événements politiques qui surgirent bientôt après, ne
permirent pas de donner suite à la proposition de M. Prévost ;
car la révolution qui éclata la même année imposa à la législature de tels travaux dans l'ordre politique et administratif,

(1) *Mémorial du Grand Conseil*, 1846, p. 249 à 258.

que les améliorations que réclamaient depuis longtemps les lois civiles, durent, pendant plusieurs années encore, céder le pas à des intérêts plus pressants.

La loi du 27 juin 1855, sur les ventes qui ne peuvent avoir lieu qu'avec l'autorisation de la justice, est certainement une bonne loi : elle fut presque en totalité puisée dans le grand projet de feu M. Bellot sur les droits réels ; elle en reproduisit presque textuellement la marche et les principes ; et les changements inévitables que le principal rédacteur de la loi, M. Mussard, fit subir à ce projet, portèrent plus sur les détails que sur l'ensemble, en vue d'une plus grande simplicité de formes et de délais.

La loi de 1855 laissa, en matière de vente et de partage, les principes du Code civil intacts ; en particulier, elle maintint l'intervention du tribunal civil dans tous les cas que nous avons énumérés ; les attributions des conseils de famille demeurèrent également les mêmes. Les simplifications portèrent surtout sur les formes tracées par le Code de procédure français : c'est ainsi qu'on rendit plus facile et même facultative l'expertise des immeubles, et qu'on supprima l'adjudication préparatoire. On simplifia également les formes de la surenchère. On régularisa celles à suivre en cas d'ordre entre créanciers pour la distribution du prix, ainsi que la substitution d'acquéreur, dans le cas de vente volontaire ; on réunit, en un mot, dans la loi de 1855, les diverses dispositions de procédure qui se trouvaient disséminées, soit dans le Code civil, soit dans le Code de procédure français et dans la loi de 1820, de manière à imprimer une marche facile et uniforme toutes les fois que l'intervention de la justice est nécessaire à l'occasion des ventes et partages d'immeubles (1).

(1) Rapport du Conseil d'État, *Mémorial* 1555, p. 1598.

Notons ici que cette loi, malgré le soin qu'on avait mis à sa rédaction, contenait une lacune qui fut comblée par celle du 15 juin 1867. Il s'agissait de pourvoir au cas où, la licitation ayant été ordonnée par justice, l'une des parties intéressées n'aurait pas signé le cahier des charges; on y pourvut donc au moyen d'une simple signification indicative de cet acte, du jour, du lieu, de l'heure de l'adjudication et du notaire commis pour y procéder.

Néanmoins, les formes établies par la loi de 1855, bonnes pour les immeubles d'une certaine importance, étaient pourtant encore, dans certains cas, trop compliquées et trop coûteuses. C'est pour obvier à cet inconvénient que, sur la proposition de M. Jules Vuy, fut rendue la loi du 3 juillet 1858. Elle eut pour but de rendre possible, de gré à gré et sans enchères, dans les cas de minorité, d'interdiction ou de faillite, la vente ou le partage d'immeubles d'une valeur modique, toutes les fois que le tribunal civil croirait devoir autoriser ce mode exceptionnel. Abréger les délais, simplifier les formalités, c'était en même temps diminuer les frais. Le but était excellent, mais cette loi n'eut jamais qu'une application très-restreinte, grâce à son caractère exceptionnel, et aux limites qu'elle avait mises elle-même, bien que d'une manière indéterminée, à la compétence du tribunal. Il convenait donc d'y remédier, en supprimant toute limite quant à la valeur des immeubles. Nous allons voir comment l'élaboration de la loi du 12 février 1870, due également à l'initiative de M. Jules Vuy, vint modifier profondément la législation existante, par les nouvelles attributions qu'elle conféra aux conseils de famille.

§ XL

LES NOUVELLES ATTRIBUTIONS DES CONSEILS DE FAMILLE A L'ÉGARD DES ALIÉNATIONS, PARTAGES, etc., DE BIENS MEUBLES ET IMMEUBLES.

La loi du 27 juin 1855 ne s'était occupée que des formes à suivre pour la vente et le partage des immeubles, dans les cas où ils ne pouvaient avoir lieu qu'avec l'autorisation de justice. Elle ne s'occupait nullement des ventes et partages mobiliers. Cette lacune, du reste, avait été intentionnelle ; on avait réservé pour une autre loi la révision des dispositions du Code civil et du Code de procédure français, applicables spécialement à cette matière (1).

La nécessité de s'occuper de cette révision, jointe au désir qui avait été souvent manifesté, d'étendre les formes de la vente ou du partage de gré à gré, à tous les cas où les mineurs et les interdits peuvent être intéressés, donna lieu à la loi du 12 février 1870. Cette loi opéra toute une révolution dans les formes admises jusque-là par les lois antérieures. Elle supprima, en effet, l'intervention du Tribunal civil pour les autorisations à donner aux tuteurs ; les attributions du tribunal furent conférées au Conseil de famille et au magistrat chargé de le présider.

Le législateur pouvait d'autant plus entrer dans cette voie,

_____

(1) Rapport de M. Mussard, au nom de la commission, *Mémorial*, 1855. p. 1778.

que l'intervention du tribunal suppose, dans la règle, une contestation entre deux intérêts opposés, ce qui n'est pas le cas, lorsqu'il s'agit simplement d'habiliter le tuteur à faire certains actes dans l'intérêt du mineur.

Le Conseil de famille, en vertu de cette loi, fut donc déclaré seul compétent, désormais, pour autoriser le tuteur à consentir la vente, l'échange, le partage ou la licitation de biens meubles et immeubles, appartenant, en tout ou en partie, à des mineurs et à des interdits, suivant le mode et les conditions qu'il jugerait convenables.

Il en fut de même pour tout emprunt, la constitution de toute hypothèque, la radiation totale ou partielle de toute inscription, enfin pour les transactions dans lesquelles le mineur serait intéressé.

Les délibérations du Conseil de famille, prises en vertu de cette loi, doivent être motivées; elles doivent, en outre, indiquer le mode de vente, d'échange ou de partage qui aura été choisi de préférence, ainsi que les conditions générales du contrat à intervenir ou du cahier des charges, si le Conseil estime que la vente doit avoir lieu aux enchères publiques; enfin, il doit désigner le notaire appelé à passer l'acte ou à recevoir les enchères. Ainsi se trouva généralisée la disposition de l'article 1398 du Code civil, relative au cas où le Conseil de famille doit, à défaut d'ascendants, autoriser le mariage du mineur et déterminer ses conventions matrimoniales, bien que l'assimilation ne soit pas absolue, puisque, dans ce dernier cas, le mineur agit lui-même avec l'autorisation du Conseil de famille et l'assistance de son tuteur, tandis que dans tous les autres cas prévus par la loi de 1870, c'est le tuteur qui stipule seul pour lui.

Prises à l'unanimité des membres présents, les délibérations du Conseil de famille, dans les cas prévus par la loi de 1870, sont exécutoires de plein droit, pourvu que le juge de paix ait déclaré s'y associer.

Si le magistrat chargé de la présidence du Conseil, n'a pas partagé l'avis des parents, ou si ces derniers n'ont pas été unanimes, le juge de paix doit transmettre dans les quatre semaines copie du procès-verbal et les pièces au président du Tribunal civil; le Conseil de famille délibère à nouveau devant ce magistrat, en présence du procureur général. Ce juge statue, définitivement, en approuvant ou en rejetant purement et simplement la délibération. Aucun autre recours n'est possible; sauf, au tuteur, en cas de refus de sa demande, à soumettre au Conseil de famille un nouveau projet sur des bases plus acceptables.

Les nouvelles attributions données au Conseil de famille devaient nécessairement entraîner une plus grande latitude dans le choix de ses membres. Cette précaution ne fut point négligée; la loi de 1870 donna au juge de paix la faculté illimitée de pourvoir au remplacement de ceux d'entre eux qui auraient un intérêt opposé à celui du mineur.

Peu de lois ont autant que celle-là modifié la législation antérieure; aussi le législateur jugea-t-il nécessaire d'énumérer avec soin les dispositions des lois précédentes qu'il avait entendu abroger ou modifier. Au nombre des dispositions abrogées sont celles qui obligeaient le tuteur à vendre aux enchères les meubles, dans le mois de sa nomination (C. c. 452), ou à requérir l'autorisation du tribunal pour la vente, le partage ou la transaction (C. c. 457 à 460, 466, 467 et 483). Quant aux articles 819, 827, 838, 839 et 840 du même Code, ils ne furent déclarés abrogés qu'en tant qu'ils rendaient obligatoire le partage ou la licitation en justice des biens appartenant, en tout ou en partie, à des mineurs ou à des interdits. Ils sont donc demeurés en vigueur dans tout le surplus de leurs dispositions. Enfin, les art. 3 à 6 de la loi de 1855, qui étaient spéciaux aux mineurs, furent abrogés.

Lorsque le Conseil de famille a ordonné la vente aux enchères, les prescriptions de cette loi, relatives aux formes du cahier des charges, aux moyens de publicité et aux délais à observer, sont demeurés en vigueur. La fin de la clause abrogatoire de la loi de 1870 ne laisse aucun doute à cet égard.

La pratique de cette dernière loi fit naître tardivement, il est vrai, une question importante : s'appliquait-elle au cas où les biens dépendaient d'une succession bénéficiaire? Il est vrai que la clause abrogatoire ne visait aucune disposition relative au bénéfice d'inventaire, d'où l'on pouvait conclure que le législateur n'avait pas voulu innover à cet égard ; mais, d'autre part, la loi était générale ; elle ne contenait aucune exception, et la déclarer inapplicable au cas où les biens appartenant à des mineurs dépendent d'une succession bénéficiaire, eût été en restreindre l'application.

M. Gustave Pictet néanmoins crut devoir présenter un projet de loi, en vue de donner aux créanciers d'une succession les garanties que la loi de 1870 leur avait enlevées, du moment que les biens qui en font partie auraient pu être aliénés sans qu'ils en fussent prévenus, et sans qu'ils fussent mis en demeure de sauvegarder leurs droits. La commission à laquelle le projet fut renvoyé avait à choisir entre deux systèmes : ou assimiler le mineur au majeur, moyennant l'autorisation du Conseil de famille et du juge de paix ; mais, dans ce cas, on risquait de compromettre gravement ses intérêts ; ou conserver le système du Code civil d'après lequel le mineur est toujours considéré comme héritier bénéficiaire (C. c. 461), quels que soient les actes d'aliénation qui puissent être faits en son nom. La commission préféra conserver, à cet égard, le

système du Code civil, sans toutefois renoncer au principe de
la loi de 1870, relativement à la compétence donnée au Conseil de famille (1). Dans ce but, la loi du 15 juin 1872 disposa
que ce Conseil ne pourrait autoriser, suivant le mode qu'il jugerait convenable, le tuteur à vendre, échanger, partager
ou liciter les biens meubles ou immeubles, qu'autant que
l'actif serait reconnu notablement supérieur au passif de la
succession; que, dans le cas contraire, l'aliénation autorisée
par le Conseil de famille n'aurait lieu qu'en observant les
formes imposées au majeur pour la vente des biens dépendant
d'une succession bénéficiaire, soit par le Code civil, soit par
les lois de procédure civile non-contentieuse, soit enfin par
la loi du 27 juin 1855, applicable aux ventes immobilières.
Cependant, dans l'un comme dans l'autre cas, la loi de 1872
n'obligea pas le tuteur à recourir au tribunal; elle maintint
expressément, nous l'avons déjà vu, le principe de l'article 2
de celle de 1870, en vertu duquel les délibérations du Conseil
de famille, prises à l'unanimité et de l'assentiment du juge de
paix, sont exécutoires de plein droit. Cependant, l'intervention
du tribunal est demeurée obligatoire pour autoriser les héritiers majeurs à poursuivre la vente de biens dépendant d'une
succession bénéficiaire.

Mais, si la loi de 1870 avait trop perdu de vue l'intérêt des
créanciers, on peut dire que celle qui l'a modifiée a créé, à
certains égards, un état de choses moins favorable aux mineurs que celui qui existait sous les lois antérieures, notamment sous le Code civil; car elle tend évidemment à rendre
obligatoire la vente aux enchères publiques des biens de la
succession, toutes les fois que l'actif ne serait pas reconnu no-

(1) Rapport de M. G. Pictet, *Mémorial*, 1872, p. 1158.

tablement supérieur au passif. Cela équivaut donc à une liquidation forcée.

Mais, en même temps, aucune précaution ne fut prise pour
s'assurer que le Conseil de famille se conformerait toujours
strictement à une condition dont, au surplus, elle l'établissait
juge; cela est si vrai que la loi nouvelle déclara les délibérations exécutoires suivant le mode établi par la loi de 1870. Il
en résulte que la délibération, une fois prise, peut être mise à
exécution.

A ce point de vue, elle manque jusqu'à un certain point de
sanction; et il n'en pouvait être autrement, du moment que
le législateur ne jugeait pas opportun de dépouiller le Conseil
de famille des attributions nouvelles que la loi de 1870 lui avait
confiées.

§ XLI

SURENCHÈRE. — SUBSTITUTION D'ACQUÉREUR. — RE-VENTE SUR FOLLE-ENCHÈRE. — ORDRE ENTRE CRÉANCIERS.

Les formalités relatives à la surenchère ont pour but de
mettre les créanciers inscrits en demeure d'admettre comme
définitif le prix de la vente d'immeubles, si non de provoquer
des enchères publiques sur l'offre qu'ils peuvent faire d'élever
eux-mêmes le prix d'un dixième; à cet effet, l'acquéreur doit
leur notifier le contrat et un résumé du certificat sur transcription, délivré par le conservateur des hypothèques, quinzaine après la transcription de l'acte translatif de propriété.

Ces formalités se trouvent réglées par le Code civil (2183 à

2192); mais nos lois du **22 décembre 1820** et du **27 juin 1855**
les ont successivement modifiées en vue de les simplifier et, en
même temps, de donner plus de garanties, soit aux créanciers
inscrits, soit aux vendeurs eux-mêmes, lorsque ces derniers
n'ont plus la libre disposition de leurs biens. Nous avons déjà
vu plus haut quel est le principe fondamental de ces deux lois,
en ce qui concerne les créanciers ayant la faculté de requérir
la surenchère ; ajoutons que ces lois ont apporté quelques innovations au Code civil, notamment en statuant que la vente,
en suite de surenchère, n'aurait plus lieu devant le tribunal,
dans la forme des expropriations, mais qu'il y serait procédé
devant le notaire qui a reçu les premières enchères ou passé
le contrat, et dans les formes tracées pour les ventes par licitation.

Le principe que le droit de surenchérir n'appartient, dans
la règle, qu'au créancier qui a pris inscription dans le délai
de quinze jours, souffre deux exceptions : la première, en cas
d'expropriation forcée, la seconde, en cas de faillite ; dans ces
deux cas, toutes personnes solvables, et ayant la capacité d'acquérir, peuvent mettre une surenchère d'un dixième. En outre,
le délai où elle peut avoir lieu, a été réduit à trois semaines,
en cas d'expropriation, et à quinze jours, en cas de faillite (loi
de 1852, loi de 1861, 573).

Enfin, il convient de faire remarquer ici que la loi du 3 juillet 1858 admettait une forme spéciale de surenchère plus rapide et plus simple, pour certains cas exceptionnels ; mais elle
a cessé d'être en usage par suite des lois du 12 février 1870
et de 1861.

La loi civile et la loi fiscale ont consacré chez nous une
forme spéciale de transmission de la propriété immobilière,

connue sous le nom de substitution d'acquéreur ou d'élection
de command. Tout adjudicataire, tout acquéreur peut, dans
le délai fixé par la loi, substituer une ou plusieurs personnes dans le bénéfice de son acquisition, et cette cession, lorsqu'elle est faite régulièrement en faveur d'une personne ca-
pable d'acquérir et lorsqu'elle est acceptée immédiatement,
n'est point considérée comme une nouvelle vente.

Ce principe, admis dans l'origine exclusivement pour l'expropriation forcée par la loi sur la procédure (596 à 599) et
par celle du 24 mars 1852 (14), a été généralisé dès lors par
celle du 27 juin 1855 (art. 32 à 35), et étendu à toutes les
aliénations volontaires.

Nos lois de finances de 1827 et de 1838 avaient, d'ailleurs,
déjà admis la substitution d'acquéreur dans tous les cas, et
celle de 1868, à cet égard, n'a rien innové.

Le délai, dans lequel cette substitution peut avoir lieu, a
varié. En matière d'expropriation, la loi de 1819 l'admettait
dans les trois jours de l'ordonnance d'adjudication; celle de
1852 étendit ce délai à quinze jours, et la loi de 1855 adopta
ce dernier délai pour les ventes aux enchères et les ventes volontaires.

Toutefois, la loi de 1868, sur les contributions, statua qu'il
ne serait perçu qu'un droit fixe d'un franc sur l'acte de substitution d'acquéreur présenté à l'enregistrement dans les trois
mois à compter de la première vente.

Cette extension de délai, à l'égard du fisc, doit-elle être
considérée comme ayant remplacé le délai de quinzaine de la
loi civile? Nous ne le pensons pas. Nous croyons que la substitution faite dans les quinze jours est la seule qui, à ce point
de vue, se confonde avec la première vente. Cette distinction
est importante, puisque les droits réels, que le premier acquéreur a pu consentir, disparaissent par le fait seul de la substi-

tution (1). Le délai de trois mois doit donc, selon nous, être considéré comme n'ayant d'autre but et d'autre effet que celui que lui assigne la loi fiscale, c'est-à-dire de dispenser le nouvel acquéreur du droit proportionnel. Cette solution nous paraît d'autant plus plausible, qu'elle sauvegarde les droits réels que le premier acquéreur aurait pu concéder à des tiers, et que les lois de finance n'ont d'autre but que de fixer l'impôt dû à l'Etat, suivant la nature des actes.

Toute personne pouvant, en thèse générale, se présenter à une adjudication publique et se rendre adjudicataire, il importait de prévoir le cas où elle se trouverait dans l'impossibilité de payer le prix.

La loi sur la procédure civile de 1819, art. 606 à 615, a réglé cet objet, en ce qui concerne l'expropriation forcée, et la loi du 27 juin 1855, art. 56, s'y est référée purement et simplement pour les autres cas de vente aux enchères, et y a soumis le fol-enchérisseur, lors même que cette faculté n'aurait point été réservée dans le cahier des charges.

Cette référence pure et simple, aux formes suivies en cas d'expropriation, ne paraît pas très-pratique, et l'on peut regretter que le législateur de 1855 n'ait pas cru devoir suivre les formes qu'avait élaborées M. Bellot, dans le projet de loi sur les droits réels, pour la folle-enchère en matière de vente volontaire.

L'ordre est la procédure, par laquelle le prix de vente est distribué aux créanciers d'après leur rang de privilége ou

_____

(1) Voir Bellot. *Motifs de la loi de procéd.*, p. 535.

d'hypothèque; les créanciers chirographaires n'en sont pas exclus, mais ils ne peuvent être colloqués qu'après ceux au profit desquels il existe un droit légitime de préférence.

Cette procédure est donc générale; la loi de 1819 (652 à 681) en avait fixé les règles pour le cas d'expropriation forcée; ces règles ont dès lors été étendues à tous les cas de vente volontaire par la loi du 22 décembre 1820, et par celle du 27 juin 1855 (37 à 44), et à celui de l'expropriation pour cause d'utilité publique, par la loi du 11 septembre 1867 (28 à 31).

Mais cette référence à la loi de procédure exigeait quelques dispositions spéciales pour la rendre réalisable. En particulier, la loi de 1855 a déclaré l'ordre facultatif, lorsqu'à la suite d'une vente volontaire, aux enchères ou autrement, les créanciers inscrits consentiraient à la distribution du prix; elle a aussi statué que toutes les fois qu'il n'y aurait pas plus de trois créanciers inscrits, l'ordre ne pourrait être provoqué et qu'il serait procédé à la distribution du prix à l'audience.

Rappelons enfin, qu'en dérogation à l'article 2151 du C. c., la loi du 24 mars 1852, art. 19, a statué que les créanciers seraient colloqués, d'après leur rang de privilége ou d'hypothèque, pour le capital et les intérêts de trois années et de l'année courante, au jour de la clôture de l'ordre.

§ XLII

VENTE DES MATIÈRES D'OR ET D'ARGENT. — BOURSE DU COMMERCE. — VENTES A TERME. — VICES RÉDHIBITOIRES DES ANIMAUX.

Nous réunissons dans ce chapitre quelques lois qui intéressent la liberté du travail et des transactions. Commençons par celles relatives aux ouvrages d'or et d'argent.

La loi du 22 septembre 1815 avait fixé les titres au-dessous desquels la fabrication et la vente de ces ouvrages seraient interdites.

Un bureau de garantie et une commission de surveillance étaient chargés d'en assurer l'exécution. On avait voulu ainsi maintenir le renom que notre fabrique d'horlogerie et de bijouterie s'était acquis d'ancienneté, sous le régime des maîtrises et corporations que cette loi d'ailleurs n'avait nullement rétablies.

Cependant la loi de 1815 finit par être plus ou moins ouvertement violée, surtout depuis que la loi sur la liberté individuelle et l'inviolabilité du domicile du 23 avril 1849, eut rendu impossibles les visites domiciliaires dans les ateliers. Force fut de rechercher le moyen de remédier au mal. On ne pouvait consacrer, en cette matière, une pleine liberté ; la liberté d'industrie devait évidemment recevoir ici quelques limites dans l'intérêt général. (Constitution de 1847, article 9.) Une enquête sérieuse fut ouverte, et après bien des tâtonnements, une nouvelle loi, celle du 13 janvier 1866, fut votée sur un rapport très-étudié et concluant de M. le professeur Charles Le Fort. (*Mémorial* de 1865, p. 2590.) Cette loi autorisa la fabrication des ouvrages d'or et d'argent à tous les titres ; mais, en même temps, elle adopta les mesures jugées nécessaires pour la protection de l'acheteur ; elle interdit la vente au-dessous du titre de 750 millièmes pour les ouvrages d'or et au-dessous de 800 millièmes pour les ouvrages d'argent, à moins d'une convention spéciale entre l'acheteur et le vendeur, constatée par une facture indicative du titre. Elle maintint le poinçon de l'Etat, mais en même temps elle statua qu'il ne pourrait être apposé que sur les ouvrages exécutés aux titres ci-dessus rappelés et portant la marque du fabricant. L'organisation du contrôle de l'Etat fit l'objet de la loi spéciale du 2 juin 1869.

Les opérations de la Bourse ont fait aussi l'objet d'une législation spéciale. On entend par Bourse de commerce la réunion des citoyens qui négocient entre eux des valeurs diverses, sous le contrôle et l'autorité de la loi.

« La liberté dans une république » a dit, à ce propos, M. James Fazy, « ne consiste pas à faire tout ce qu'on veut, mais à le faire suivant les conditions légales qui sont attachées à chaque objet. Chacun des états de la société, qui a des relations journalières avec le public, doit se soumettre à certaines conditions réglementaires, sans lesquelles le public serait exposé à être égaré dans sa confiance. (1) »

Tel est le motif des lois réglant les opérations sur les valeurs négociables.

Après la Restauration, les dispositions du Code de commerce sur la Bourse, les agents de change et les courtiers de commerce étaient tombées à Genève en désuétude, grâce à la li-

(1) Rapport présenté au nom du Conseil d'Etat. *Mémor.*, 1857, t. I.

berté de fait qui s'établit bientôt dans toutes les transactions. Les lois du 20 décembre 1856 et des 3, 20 et 27 juin 1857, vinrent régulariser un état de choses qui constituait, pour une catégorie très-limitée de personnes, un véritable monopole. Tout en laissant les agents de change et les courtiers libres d'occuper à la Bourse une place spéciale, elles permirent à tous les citoyens d'y conclure, pour leur propre compte, des marchés. Les étrangers domiciliés n'en furent pas exclus, du moment qu'ils appartiennent à des pays tels que la France, l'Angleterre, les Etats-Unis d'Amérique et l'Italie, qui ont des traités de commerce et de réciprocité avec la Suisse.

L'exercice des professions d'agent de change et de courtier fut soumis à certaines conditions reconnues nécessaires dans l'intérêt du public. On exigea, en particulier, le stage pendant un an dans une profession commerciale et l'inscription en Chancellerie. La loi astreignit ces intermédiaires à la tenue de livres réguliers contenant jour par jour le détail de toutes les opérations faites par leur ministère. Elle exigea, de plus, que ces opérations fussent constatées par des bordereaux.

Des commissaires, véritables fonctionnaires de l'Etat, furent chargés de proclamer les cours arrêtés entre les contractants, pendant la durée de la Bourse, par l'intermédiaire des courtiers de commerce et des agents de change, et de donner une valeur légale aux bordereaux qui leur seraient présentés par ces derniers, pour être inscrits sur des registres régulièrement tenus. Ils furent aussi chargés de certifier les transactions conclues, pendant la durée de la Bourse, entre les personnes qui ne se seraient pas servies de l'intermédiaire d'agents ou de courtiers. Dans ce dernier cas, les contractants qui en font la demande signent sur un registre spécial, après que leur identité a été reconnue.

Quant aux valeurs négociables qui peuvent faire l'objet

d'opérations dans les réunions de la Bourse, la loi n'excepta que celles que le Conseil d'Etat aurait interdites, comme n'étant pas légalement constituées, ou comme provenant d'un pays où les valeurs suisses ne seraient pas admises dans les cotes des bourses de commerce.

La loi du 22 février 1860 eut, de son côté, pour but de reconnaître la validité des ventes à terme ayant pour objet des denrées, des marchandises, des titres négociables, lors même que ces ventes se résoudraient par des différences. La validité de ces ventes fut, toutefois, soumise à deux conditions : la première, d'avoir été conclues à la Bourse de Genève ; la seconde, d'y avoir été constatées régulièrement par les commissaires. Auparavant, ces sortes de ventes étaient interdites par le Code pénal de 1810. La même loi déclara inapplicable aux marchés à terme la disposition du Code civil (art. 1965) suivant laquelle les dettes de jeu ou le paiement d'un pari ne peuvent donner lieu à aucune action en justice.

Depuis longtemps, au surplus, ces opérations étaient pratiquées à la Bourse et ailleurs.

Le rapporteur de la loi, M. Alméras (1), faisait observer, à cette occasion, qu'une pratique aussi universelle était une forte présomption, qu'il n'y avait là rien de contraire aux lois économiques naturelles, ni à la stricte justice; que, bien au contraire, la liberté des transactions, en même temps qu'elle développerait la prévoyance, mettrait elle-même une digue aux excès de la spéculation par la nécessité où les contractants seraient de faire face à leurs engagements, quelque onéreux qu'ils puissent être.

(1) *Mémorial, 1859-1860*, p. 462.

La garantie des défauts cachés de la chose vendue fait l'objet de plusieurs dispositions du Code civil, au Titre *De la Vente* (art. 1641 à 1649). Ces dispositions sont générales et s'appliquent à toutes les choses qui sont dans le commerce.

Ainsi, le vendeur est tenu à cette garantie dans tous les cas où l'acheteur n'a pu connaître les défauts cachés qui rendent la chose impropre à l'usage auquel on la destine, ou qui diminuent tellement cet usage que l'acheteur ne l'aurait pas acquise ou n'en aurait donné qu'un moindre prix. Le vendeur doit cette garantie quand même il n'aurait pas connu ces vices cachés, sauf dans les cas où il a pris de bonne foi la précaution de stipuler qu'il ne serait obligé à aucune garantie.

L'effet de la garantie des défauts occultes est de donner à l'acheteur le choix de rendre la chose et de se faire restituer le prix, ou de la garder en faisant réduire le prix au moyen d'une expertise. Quand le vendeur a connu les vices de la chose vendue, il est tenu, en outre, de tous les dommages-intérêts envers l'acheteur.

Enfin, le Code civil statue que l'action résultant des vices rédhibitoires doit être intentée par l'acquéreur, dans un bref délai, suivant la nature de ces vices et l'usage du lieu où la vente a été faite.

Cette disposition était d'autant plus nécessaire qu'il régnait la plus grande variété, à cet égard, dans les pays où le Code étendait son empire.

Pour nous en tenir au canton de Genève, l'action résultant des vices rédhibitoires était soumise à trois coutumes différentes. L'ancien territoire de la République était régi par les Edits civils, qui fixaient un délai de huit jours, tandis que ce délai était de neuf jours pour les communes détachées de la

France, et de quarante pour celles détachées de la Savoie. La même variété régnait dans la détermination des vices donnant lieu à la rédhibition.

Cette variété d'usages pouvait disparaître avec d'autant plus d'avantage qu'elle avait servi à faciliter la mauvaise foi. M. Peillonnex aîné en fit la proposition formelle au Grand Conseil. Le projet de loi calqué sur la loi française qu'il présenta servit de base à la discussion, mais dut céder le pas à un autre projet présenté par M. Chaulmontet, président du tribunal civil, et fortement appuyé par M. l'ancien syndic Cramer. Le premier énumérait les vices rédhibitoires et les limitait par cela même; le second laissait toute latitude au juge pour les apprécier dans chaque cas particulier. Le projet de M. Chaulmontet devint la loi du 2 avril 1859.

Le principe de cette loi est le suivant :

Dans les ventes ou échanges d'animaux domestiques qui ont lieu sur le canton de Genève, le délai pour intenter l'action résultant des vices rédhibitoires suivant l'art. 1644 du Code, est, non compris le jour fixé pour la livraison, de quarante jours pour les cas de fluxion périodique des yeux, d'épilepsie ou mal caduc, de morve des chevaux, de péripneumonie contagieuse, de phthisie pulmonaire ou pommelière et de farcin; de quinze pour tous les autres cas. Ces délais sont augmentés d'un jour par quatre lieues de Suisse (19 kilom. 200 m.) de distance du domicile au lieu où l'animal se trouve, si la livraison en a été effectuée ou s'il a été conduit dans le délai ci-dessus hors du lieu du domicile du vendeur. Mais l'acheteur n'a aucune action lorsque le vendeur établit que, depuis la livraison, l'animal a été mis en contact avec d'autres déjà atteints de maladies contagieuses. Le surplus des dispositions de la loi est relatif aux préliminaires et au jugement sommaire de l'action.

NEUVIÈME PARTIE

—

LES CONTRATS D'ASSURANCE, DE LOUAGE, DE PRÊT ET DE GAGE.

§ XLIII

L'ASSURANCE IMMOBILIÈRE CONTRE L'INCENDIE. — RESTRICTION MISE A LA RESPONSABILITÉ DES LOCATAIRES.

Dès l'année 1821, il fut créé législativement, dans le canton de Genève, une association générale et obligatoire entre tous les propriétaires de bâtiments, pour la garantie des pertes occasionnées par les incendies. C'était un lien de solidarité dont les effets heureux devaient s'étendre, bien qu'indirectement, à tous les habitants du territoire. La loi du 2 février 1821 vint affirmer, dans une grande pensée d'humanité, l'unité de la famille genevoise, au lendemain de traités qui consacraient dans son sein des différences qu'un demi-siècle devait suffire à peine à faire disparaître.

Cette paternelle institution, établie à une époque où les compagnies d'assurances étaient rares et peu connues, évita bien des ruines et contribua largement à asseoir le crédit hypothécaire. Un sinistre était-il survenu? Le propriétaire recevait une indemnité égale ou proportionnelle à la somme

assurée, suivant l'étendue du dommage. Il en résultait donc
une entière sécurité, non-seulement pour le propriétaire
lui-même, mais encore pour les prêteurs par hypothèque.
La loi du 19 janvier 1827, qui reproduisit en grande partie la
précédente, en la complétant, introduisit, en particulier, le
principe excellent que l'indemnité pourrait être affectée, avant
tout, à la reconstruction de l'immeuble et au paiement des
entrepreneurs et ouvriers. La loi fixait, à cet effet, un terme
convenable dans lequel les ouvrages devraient être com-
mencés, ainsi que le mode de répartition de l'indemnité payée
par l'association.

Les lois de 1821 et de 1827 n'avaient établi qu'une contribution unique, quelle que fût la nature des bâtiments assurés.
Les constructions légères n'étaient pas plus imposées que
celles qui, par leur solidité et la nature des matériaux, présentaient fort peu de chances d'incendie : l'humble chaumière
et le palais, sous le rapport de l'assurance, étaient exactement
placés sur le pied d'une parfaite égalité. C'était une compensation aux inégalités que la richesse créait dans d'autres domaines, notamment à celle qu'établissait le cens pour l'exercice des droits politiques. Aussi, lorsque le suffrage universel
eut changé dans le sens de l'égalité des droits la forme des
pouvoirs et profondément modifié le personnel du gouvernement, il ne tarda pas à s'élever des réclamations contre
l'inégalité que consacraient les lois sur l'assurance. Cette
inégalité était le côté vulnérable de la loi. On chercha donc
à y remédier. La loi du 9 octobre 1861 eut pour but d'introduire dans le système de l'assurance une plus juste répartition des charges qu'elle imposait. Elle classa, dans ce but, les
bâtiments en trois catégories, et les imposa suivant le degré
de danger qu'ils présentaient. Elle en exclut même un certain
nombre comme étant trop dangereux pour l'association. En

outre, elle donna au Conseil d'Etat la faculté de faire des réassurances auprès des compagnies, de manière à atténuer les risques qui pourraient résulter d'un grand sinistre dans la ville de Genève.

Mais l'époque fixée pour la mise à exécution de cette loi, fut précisément celle où elle devait disparaître. La liberté individuelle revendiquait toujours plus énergiquemen. ses droits; elle triompha, non seulement par des raisons économiques, mais encore grâce au concours de causes politiques et administratives très-regrettables. D'ailleurs, il faut le dire, l'assurance mobilière libre était, à cette époque, un fait général, et de nombreuses sociétés d'assurance ne demandaient qu'à étendre leurs opérations dans le canton. M. le professeur Alphonse de Candolle, qui proposa l'abolition de l'assurance obligatoire et la poursuivit avec une rare énergie, développa avec beaucoup de talent les motifs qui devaient faire adopter sa proposition (1).

La loi du 5 novembre 1864 consacra le principe de la liberté de l'assurance; mais elle ne put être mise à exécution immédiatement. Il s'agissait de ménager la transition entre deux régimes totalement différents. L'assurance libre n'entra donc en vigueur qu'à partir du 1er janvier 1866. Dans l'intervalle, le Conseil d'Etat, usant d'une prérogative constitutionnelle, avait de nouveau soumis la loi au Grand Conseil, avant de la promulguer; mais ce corps, par son arrêté du 11 janvier 1865, la maintint définitivement.

La loi de 1864, modifiée plus tard par celle du 21 septembre 1870, devait à la fois garantir les intérêts de trois per-

---

(1) Voir son rapport au nom de la Commission du Grand Conseil. *Mémorial* de 1864, p. 1535.

sonnes distinctes ; l'assuré, le créancier hypothécaire ou privilégié et l'assureur lui-même.

La garantie du propriétaire tenait surtout à ce que la compagnie fût solvable ; qu'elle fût légalement autorisée à faire des opérations dans le canton, qu'elle reconnût la compétence de nos tribunaux, et qu'elle fût obligée d'opérer ses paiements sur notre territoire. A ces divers égards, la législation existante suffisait. (Loi du 27 août 1849 et arrêté du 23 octobre même année.)

La garantie du créancier hypothécaire, dépendait également de plusieurs conditions qui ont été prévues par les lois de 1864 et de 1870.

En premier lieu, il fut accordé au créancier le droit d'exiger en tout cas que le bâtiment sur lequel il aurait un droit d'hypothèque fût assuré, et même de le faire assurer lui-même, aux frais du propriétaire, en cas de refus de sa part. (Loi de 1864, art. 11, loi de 1870, art. 1er.)

En second lieu, il fut statué (loi de 1864, art. 4) qu'en aucun cas et nonobstant toute stipulation contraire, la nullité, la résolution ou la résiliation de l'assurance, ne pourraient être opposées au créancier privilégié ou hypothécaire inscrit sur le bâtiment assuré.

En troisième lieu, la sûreté de ce dernier exigeait que l'indemnité lui fût payée directement ; dans ce but, l'indemnité fut assimilée au prix de vente d'un immeuble pour être distribuée de la même manière. A cet effet, les lois de 1864 et de 1870 établirent certaines règles spéciales en vue d'en assurer le paiement régulier.

Il ne fut plus question de la reconstruction de l'immeuble incendié ; à cet égard, le propriétaire se trouva dès lors complétement livré à la discrétion du créancier.

Enfin, comme correspectif des charges qu'on imposait aux

compagnies, il leur fut accordé, sur le bâtiment assuré, immé-médiatement après les frais de justice, un privilége pour cinq années de primes échues. Ce privilége fut étendu, en cas d'alié-nation, à l'année suivante, et l'assurance demeura subsis-tante entre l'acquéreur et l'assureur, sauf la faculté qui fut laissée à l'un et à l'autre d'y mettre fin, moyennant le consen-tement des créanciers inscrits ; le premier contrat d'assurance devant continuer à déployer ses effets tant qu'il n'aurait pas été remplacé par un nouveau contrat. (Loi de 1864, art. 3; loi de 1870, art. 2 et 5.)

La substitution de l'assurance libre à l'assurance obligatoire étant ainsi réglée, tout n'était pourtant pas fait encore. On ne tarda pas à s'apercevoir du danger qu'elle faisait courir à la classe nombreuse des locataires. Sous le régime de l'assu-rance mutuelle, les articles 1733 et 1734 du Code civil qui établissaient, de plein droit, contre les locataires d'une maison incendiée, une présomption de faute et les rendaient solidairement responsables des dommages, jusqu'à preuve contraire, n'avaient jamais été invoqués par l'Etat. Mais il n'en fut plus de même des compagnies, que les polices mettaient aux droits des propriétaires, pour l'exercice du recours ; quel-ques-unes d'entre elles ne tardèrent pas à vouloir user de ce droit dans toute sa rigueur, et si le législateur ne fût inter-venu sans retard, les tribunaux auraient eu chaque année à statuer sur un nombre très-appréciable de procès de cette na-ture. L'abrogation des articles 1733 et 1734 fut donc décrétée par la loi du 5 septembre 1866, due à l'initiative de M. Alexandre Martin. Le rapport très-remarquable qu'il pré-senta au Grand Conseil, au nom d'une Commission, était de nature à ne laisser aucun doute sur l'opportunité de cette me-

sure. Les articles dont il s'agit constituaient d'ailleurs, en
réalité, une exception aux principes généraux du Code civil en
matière de preuve. Ce Code exige, en effet, que celui qui
réclame l'exécution d'une obligation, commence par la
prouver ; et réciproquement, celui qui se prétend libéré doit
justifier le paiement ou le fait qui a produit l'extinction de
son obligation. Tel est le droit commun auquel s'est dès lors
trouvé soumis le locataire : il ne répond donc actuellement de
l'incendie qu'autant qu'il est prouvé qu'il a eu lieu par une
grave imprudence de sa part.

§ XLIV

LIBERTÉ DU TAUX DE L'INTÉRÊT CONVENTIONNEL.

La loi du 7 février 1857, sur le taux de l'intérêt, fut un
retour pur et simple au Code civil (art. 1907). Elle proclama
la liberté de l'intérêt conventionnel et ne conserva le taux fixe
de cinq pour cent en matière civile et de six pour cent en matière commerciale, que dans les cas où l'intérêt court en vertu
d'une disposition expresse de la loi ou d'une convention.
Dans le rapport qu'il présenta à l'appui du projet du Conseil
d'Etat, M. James Fazy faisait observer avec raison que la loi
du 3 septembre 1807, qu'il s'agissait d'abroger, était continuellement violée, à l'exception des cas où les transactions
nécessitaient des actes authentiques ; d'où il résultait que les
valeurs qui, pour leur transmission, ont besoin de ces actes,
avaient beaucoup de peine à trouver des avances. Depuis longtemps d'ailleurs, la question de la liberté de l'intérêt était
résolue par les économistes ; mais nous avons été, à Genève,

les premiers à faire passer dans la législation ce principe que l'argent, selon l'expression de Etienne Dumont, doit être laissé à son prix naturel et libre comme toute autre marchandise.

§ XLV

LE GAGE EN MATIÈRE CIVILE ET EN MATIÈRE COMMERCIALE; LES WARRANTS.

Les principes de droit commun qui régissent le gage ou nantissement, font l'objet du titre XVII, livre III du Code civil (2071 à 2091). La loi du 15 février 1865, sur le gage en matière civile, n'y a pas dérogé; elle s'est bornée à soumettre à une pénalité les prêteurs sur gage qui ne se soumettraient pas à ses prescriptions et notamment ceux qui disposeraient d'un gage au mépris de l'art. 2078 du Code civil.

Mais d'autres lois ont introduit à ces principes des dérogations spéciales que nous devons signaler.

La loi du 22 juin 1872, en décrétant la création, sous le contrôle de l'État, d'une Caisse publique de prêts sur gage, dans le but de venir en aide à la classe nombreuse des personnes qui peuvent être dans le cas d'emprunter momentanément une somme d'argent, en déposant en garantie soit des objets mobiliers, soit des marchandises, a, moyennant certaines conditions de publicité, simplifié les formes de la vente du gage, tout en maintenant le principe de l'intervention de la justice pour la permettre. Voulant éviter toute idée de monopole, cette loi a, d'ailleurs, étendu aux sociétés régulièrement constituées, et présentant des garanties analogues à celles de cet établissement public, le bénéfice de ses dispositions.

Mais, de plus importantes dérogations aux principes du droit civil furent introduites, dans l'intérêt du commerce. Le Code civil, art. 2084, avait déjà expressément statué que le titre sur le nantissement ne serait pas applicable aux matières de commerce, à l'égard desquelles on devait suivre les lois qui les concernent. Cependant, le Code de commerce, postérieur à la promulgation du Code civil, n'avait tracé aucune règle spéciale sur le nantissement, en dehors des dispositions qui assurent au commissionnaire, pour le remboursement de ses avances, un privilége sur la chose dont le transport lui a été confié. Il se présentait ainsi naturellement la question de savoir si le nantissement commercial devait être régi par la loi civile, en l'absence d'une législation exceptionnelle. Néanmoins, l'usage s'était depuis longtemps établi à Genève de transporter les valeurs négociables au moyen d'un *aval*, sorte de contrat qui, bien que transférant la propriété de l'effet négocié au comptant, obligeait le débiteur à le reprendre, en restituant la valeur fournie, ce qui excluait l'idée d'une vente à réméré. Il y avait là plutôt un nantissement déguisé qui, n'étant point conforme à la loi civile, aurait pu être contesté.

La loi du 2 novembre 1864, votée sur la proposition de M. Alexandre Martin, dont le rapport nous sert ici de guide, eut pour but de lever tout doute à cet égard et de régulariser le gage en matière commerciale. Elle posa d'abord en principe que ce contrat spécial pourrait être prouvé de la même manière que les ventes et achats, conformément à l'art. 109 du Code de commerce, à l'égard des parties comme à l'égard des tiers; elle admit que pour les valeurs négociables, le gage pourrait aussi être établi par un endossement régulier, donnant au créancier gagiste la faculté, non-seulement de recouvrer les effets dont il se trouverait nanti, mais encore d'en transférer valablement la propriété, à charge d'en tenir compte au donneur de gage. Elle laissa aussi la faculté de transférer, à titre de garantie, sur les registres des sociétés commerciales, les actions, parts d'intérêts et obligations de ces sociétés, quand leurs statuts admettraient le transfert dans cette forme, de la propriété même de ces valeurs.

Il ne fut toutefois point dérogé au principe de droit civil que le gage n'existe qu'autant qu'il a été mis et est resté en la possession du créancier ou d'un tiers convenu entre les parties ; non plus qu'aux dispositions de l'art. 93 du Code de commerce relatif à l'exercice du privilége du commissionnaire sur les objets dont le transport lui a été confié. Enfin, la loi de 1864 ne se borna pas à augmenter, en les simplifiant, les moyens de preuve ; elle simplifia encore la procédure relative à la vente du gage, qu'elle assimila à celle des objets saisis, à moins que, sur la demande de l'une des parties, le président du Tribunal de commerce n'ait fixé un autre mode de vente. Elle maintint d'ailleurs expressément la sanction de nullité que le Code civil attache à toute clause qui autoriserait le créancier à s'approprier le gage ou à en disposer sans remplir les formalités qui lui sont prescrites. Enfin, elle abrogea, comme étant inconciliable avec ses dispositions, l'art. 95 du Code de commerce, et maintint expressément, d'autre part, la législation existante sur les warrants, laquelle constitue elle-même une dérogation spéciale aux principes ordinaires de droit civil, en matière de gage.

La forme nouvelle du warrant avait été introduite par la loi du 5 janvier 1859 ; mais l'essai qu'on en fit alors donna lieu à des réclamations ; après avoir subi une modification en 1861, la loi fut abrogée par celle du 11 mars 1863. Néanmoins, cette abrogation avait laissé un vide ; malgré les dissimulations d'actif qu'il peut servir à réaliser, le warrant répondait à un besoin du commerce ; aussi la loi du 30 septembre 1872 le rétablit-elle, en tenant compte des critiques qu'avait soulevées la précédente législation, surtout en ce qui touche le mode à employer pour la vente du gage (1).

Le warrant, d'après la définition de la loi elle-même, est un titre négociable par lequel un dépôt de marchandises est affecté en garantie d'une promesse de paiement ; il est soumis aux lois concernant le billet à ordre, dont il revêt la forme ; il se transmet par simple endossement. Le porteur, en cas de non-paiement, et après protêt, a la faculté de faire vendre les marchandises, en suivant une procédure fort simple, analogue à celle adoptée pour la vente du gage en matière commerciale ; mais présentant des garanties spéciales destinées à prévenir les pertes qu'entraînent facilement les ventes forcées, faites dans des conditions anormales et le plus souvent à vil prix.

(1) Voir le rapport de la Commission, rédigé par M. Richard, ancien conseiller d'Etat ; *Mémorial*, 1872, p. 1931.

18

DIXIÈME PARTIE

—

LES VOIES D'EXÉCUTION PERMISES CONTRE LE DÉBITEUR.

§ XLVI

LA SAISIE MOBILIÈRE ET IMMOBILIÈRE.
LA MISE EN FAILLITE.

Le Code civil, au titre des Priviléges et Hypothèques (art. 2092), dispose que quiconque s'est obligé personnellement, est tenu de remplir son engagement sur tous ses biens mobiliers et immobiliers, présents et avenir. Ce principe absolu découle en particulier de cette autre disposition du même Code (1134) que les conventions légalement formées tiennent lieu de loi à ceux qui les ont faites et qu'elles doivent être exécutées de bonne foi.

La sanction de ces dispositions se trouve dans les moyens accordés au créancier pour contraindre le débiteur, soit à délaisser ce qu'il détient induement (loi de 1819, 726 à 736) soit à payer une dette exigible.

Les voies d'exécution de cette dernière catégorie sont la saisie, et même la mise en faillite du débiteur, s'il est commerçant. Quant à la contrainte par corps qu'avait maintenue la loi sur la procédure de 1819, elle a heureusement disparu de nos Codes, tant en matière civile qu'en matière commerciale, depuis la loi constitutionnelle sur la liberté individuelle et l'inviolabilité du domicile, votée en Conseil général le 25 avril 1849.

Tout ce qui concerne l'exécution forcée fut réglé chez nous par cette célèbre loi du 29 septembre 1819, œuvre du jurisconsulte Bellot. Elle fut plus tard modifiée, sur l'objet qui nous occupe, par celles du 30 novembre 1842 et du 21 octobre 1874, sur les justices de paix, et par celle du 25 mars 1852, dont je veux parler plus particulièrement.

Pour faire opérer une saisie, le créancier doit, dans la règle, être porteur d'un titre exécutoire (loi de 1819, 374, 375, 376) ; sous ce rapport, les titres délivrés par les notaires, dans cette forme, sont assimilés aux jugements rendus par les tribunaux (loi de 1819, 368 et suivants). A défaut de titre exécutoire, le créancier peut, dans certains cas exceptionnels, obtenir du président du Tribunal civil et du juge de paix, dans leurs compétences respectives, même pour dettes non-exigibles, l'autorisation de saisir par mesure provisionnelle (loi de 1819, 7 à 31 ; loi de 1842, 83 à 88 ; loi de 1874, 9).

Le créancier, porteur d'un titre exécutoire, du moment qu'il est signifié au débiteur avec commandement de satisfaire à son contenu, peut, dans la règle, cumuler contre lui tous les modes d'exécution autorisés par les lois, sauf au tribunal civil à n'en permettre qu'une partie, suivant les circonstances (loi de 1819, 407). Le créancier peut donc, d'après nos lois, poursuivre l'expropriation simultanée de tous les immeubles du débiteur, lors même que son hypothèque ne frapperait que quelques-uns d'entre eux.

La loi de 1819 limita toutefois la saisie immobilière aux

immeubles par nature ; mais elle admit en même temps que la saisie de ces biens comprendrait, de plein droit, comme accessoires, les objets que le propriétaire y aurait placés pour son exploitation ou à perpétuelle demeure (loi de 1819, 515). Or, si l'on rapproche cette disposition de celle de l'article 524 du Code civil, au titre de la distinction des biens, il en résulte que l'adjudicataire d'un immeuble exproprié acquiert de plein droit, comme placés par le propriétaire pour l'exploitation du fonds saisi, des objets essentiellement meubles par leur nature, tels que les animaux attachés à la culture, les ustensiles aratoires, les semences données au fermier ou au colon partiaire, les pigeons des colombiers, les ruches à miel, les pailles et engrais, etc. Et cependant, aucune mention de ces accessoires, dont la valeur peut être très-appréciable, n'est exigée ni dans les placards indicatifs de la vente, ni sur le cahier de la saisie. L'adjudicataire se trouvera ainsi, de plein droit, mis en possession d'objets qu'il n'a peut-être pas compris dans son évaluation du domaine, d'après les indications du placard de la saisie. On peut donc affirmer que l'application rigoureuse d'un principe théorique de droit, entraîne une perte réelle pour le débiteur, lequel n'en retire aucune compensation par une augmentation équitable du prix d'adjudication.

Observons que la disposition de l'article 514 de la loi de procédure, en excluant l'usufruit de l'expropriation, n'a pu avoir pour effet de prohiber l'hypothèque de l'usufruit, permise par l'article 2118 du Code civil ; car l'hypothèque donnerait toujours au créancier un droit de préférence, sur le prix, en cas de vente de l'usufruit, comme il aurait pu l'exercer sur le prix de la récolte, lorsque la saisie des fruits pendants par racine était encore permise contre l'usufruitier.

On ne peut méconnaître que la loi de 1819 ne fût encore

très-dure envers le débiteur, dans ses dispositions relatives aux saisies mobilières, à celle des fruits pendants par racine, sans parler de celles relatives à la contrainte par corps, qu'elle avait soigneusement réglementée. Réduire les objets absolument insaisissables au lit du débiteur et aux vêtements dont il est couvert, et permettre la saisie de tout le reste, c'était évidemment excéder les bornes de l'humanité ; c'était appliquer le principe de la dépossession jusqu'à ses limites extrêmes.

Ce fut donc sur de puissants motifs que se fonda la loi de 1852, pour restreindre les poursuites du créancier dans des bornes plus équitables ; et l'expérience a pleinement justifié les vues du législateur.

« Les principes de l'humanité et ceux de l'intérêt général de la société, dit le rapport que fit à ce sujet, au Grand Conseil, M. Pierre Raisin (1), réclament impérieusement des entraves aux saisies mobilières et aux expropriations. Toute dépossession est accompagnée d'une perte réelle pour l'individu qui en souffre ; le capital social tout entier en est atteint.

« Les mots *vente forcée* sont presque toujours synonymes de ceux de vente au rabais. Il ne suffit pas d'offrir une valeur sur le marché pour que la demande s'en formule ; celui qui ne peut suivre aux conditions de la vente, telles que les règlent les lois de l'échange, fait une opération ruineuse, une vente à tout prix. Joignez, aux mauvais effets de l'obligation de réaliser en argent une valeur, sans tenir compte des circonstances du moment, ce fait, que personne ne contestera, à savoir que les personnes les plus aisées répugnent souvent d'acheter les objets meubles ou immeubles vendus par autorité de justice, vous comprendrez facilement quelle dépréciation subissent les biens d'un débiteur..... »

(1) *Mémorial* de 1852, t. I, vol. 390.

« D'autre part, ajoutait M. Raisin, si la société ne doit point laisser vilipender les valeurs qui composent sa richesse collective, si elle doit protéger l'individu dans son existence, et prévenir, par de bonnes lois, l'abus irraisonné du droit, elle a aussi à veiller aux intérêts des créanciers, à conserver précieusement le crédit, cette condition d'être des transactions sociales; elle doit surtout se garder de confondre dans sa sollicitude la bonne et la mauvaise foi, l'homme qui ne veut pas satisfaire à ses engagements, avec celui qui demande les moyens d'y faire face. »

La loi de 1852, pour atteindre ce double but, devait modifier assez profondément la loi de 1819. C'est ainsi qu'elle fit entrer dans la catégorie des objets insaisissables absolument, une partie de ceux dont la loi précédente n'autorisait la saisie qu'à défaut d'autres objets saisissables et pour certaines créances spécialement privilégiées. Elle conserva donc au débiteur, son ménage, restreint cependant aux objets nécessaires à lui et à sa famille, ses outils personnels, les livres et instruments servant à sa profession, les farines et menues denrées nécessaires à la consommation de la famille pendant trois mois. Elle maintint, d'ailleurs, la disposition de la loi de 1819 qui déclare insaisissables, dans l'intérêt de l'agriculture, sauf pour aliments, loyers, fermages ou autres créances privilégiées sur certains objets, les instruments, animaux, semences et engrais nécessaires à la culture des terres, la vache qui fournit le lait de la famille, les pailles, fourrages et graines nécessaires pour la litière et la nourriture, pendant trois mois, des animaux laissés au débiteur ; enfin, les métiers en activité et les ustensiles indispensables à l'exploitation des manufactures, fabriques et usines.

L'exécution forcée sur les immeubles fut aussi entourée de plus de garanties. La loi de 1852 eut surtout en vue de laisser

au débiteur le temps de se procurer des ressources pour éviter, si possible, la saisie, et, dans le cas où il ne pourrait y
réussir, d'empêcher une vente à vil prix.

La première de ces garanties fut l'essai préalable de conciliation par devant l'un des juges du tribunal civil, et la
déclaration écrite de ce magistrat sans laquelle l'apposition
du placard indicatif de la saisie ne pourrait avoir lieu.

La seconde garantie, que la loi de 1852 donna au débiteur,
fut celle qui lui permit de demander une expertise contradictoire, dans le but de déterminer la valeur approximative de
l'immeuble, de manière à ce que cette estimation pût figurer
dans le placard de la saisie, et à ce que la mise à prix ne pût
être inférieure aux cinq douzièmes de la valeur indiquée par
les experts. L'expertise préalable eut pour but de remédier
aux inconvénients graves résultant du droit que la loi de procédure (525) accordait au créancier de fixer lui-même la mise
à prix, quelque faible qu'elle fût et de l'imposer, sans que le
débiteur eût aucun moyen de la faire modifier. Un pareil droit
pouvait facilement donner lieu à des abus et causer la ruine
du débiteur, si, comme le cas s'est plus d'une fois réalisé, la
concurrence faisait défaut au moment de l'adjudication.

Il est vrai qu'aussitôt la loi rendue, les actes d'emprunts
hypothécaires exigèrent d'avance de l'emprunteur la renonciation au droit de demander, en cas d'expropriation, l'expertise préalable et de contester la mise à prix qui serait alors
fixée par le créancier ; mais, une pareille renonciation ne saurait avoir, à nos yeux, d'autre effet que celui d'une obligation
naturelle, d'un engagement d'honneur ; car la loi de 1852, en
disposant « qu'aucune mise à prix ne pourra être au-dessous
des cinq douzièmes du prix de l'expertise, en conformité de
l'article 1674 du Code civil, a certainement entendu mettre le
débiteur au bénéfice de la protection accordée au vendeur ; or,

celui-ci est admis à demander la rescision de la vente, » quand
même il aurait expressément renoncé dans le contrat à la
faculté de demander cette rescision et aurait déclaré donner
la plus value. »

Cette référence du législateur à une pareille défense ne peut
laisser aucun doute sur son intention de l'étendre au cas de
l'expropriation.

La troisième garantie, introduite par la loi de 1852, est
relative à la faculté donnée au débiteur de faire suspendre la
saisie immobilière, du moment qu'il justifie que le revenu net
et libre de ses immeubles, pendant trois années, suffit pour le
paiement de sa dette, si, d'ailleurs, il en offre la délégation au
créancier. Cette disposition existait déjà auparavant, mais la
loi de 1819 (522) ne permettait la suspension de la poursuite
qu'autant que le revenu d'une seule année était suffisant pour
éteindre la dette.

D'autres garanties encore furent insérées dans la loi de
1852, soit pour protéger l'absent, contre lequel l'expropriation serait dirigée, soit pour que les immeubles saisis soient
désignés d'une manière précise, concrète et populaire dans le
placard, soit pour faciliter les acquéreurs, en leur permettant
de se substituer d'autres personnes, même pour une partie
des immeubles adjugés, soit en permettant à toute personne
solvable et ayant la capacité d'acquérir, de faire dans le délai
de trois semaines une surenchère excédant d'un dixième le
prix d'adjudication, au lieu de celle d'un cinquième que la loi
de 1819 permettait seulement dans les trois jours ; soit enfin,
en donnant au débiteur la faculté de vendre les immeubles
saisis, moyennant le seul consentement du créancier poursui-
vant, sans l'obliger, comme le faisait la loi de 1819, à rapporter, en outre, la ratification de tous ses créanciers hypothécaires.

Enfin, la loi de 1852 supprima dans celle de 1819 la saisie des fruits pendants par racine, au préjudice du débiteur, propriétaire ou usufruitier du fonds, c'est-à-dire des récoltes non encore détachées de la terre. Elle ne la laissa subsister qu'au préjudice du débiteur de loyers ou fermages; on recula, à son égard, devant les modifications profondes que cette suppression aurait entraînées, car on ne pouvait toucher à cette matière, sans réviser en même temps le titre du louage, au livre III du Code civil. Il convient, toutefois, de faire remarquer ici que la nouvelle énumération des objets insaisissables, pour quelle cause que ce soit, introduite dans la loi de 1852, a nécessairement limité l'exercice du privilége du propriétaire (C. c. 2102), lequel est d'ailleurs garanti, du moins quant aux loyers des maisons, par l'usage ancien chez nous de les payer d'avance (1).

Bien que les garanties résultant des lois de procédure relativement aux saisies, soient générales et s'appliquent à tous, sans distinction; elles cessent, toutefois, d'avoir leur effet en matière de faillite. A ce point de vue, la loi du 19 octobre 1861, qui a introduit chez nous la loi française de 1858, en modification du livre III du Code de commerce, ainsi que des articles 69 et 635 du même Code, que nous avons conservé, a maintenu le débiteur commerçant dans une position exceptionnellement défavorable.

Le système consacré par cette loi repose, en effet, sur l'application absolue de la règle rappelée en tête de ce chapitre, à savoir que celui qui s'est obligé personnellement est tenu de

_____

(1) Voir notre volume : *Usages ou jurisprudence coutumière du canton de Genève*, livre IV, n°ᵒˢ 408 et s.

remplir son engagement sur tous ses biens mobiliers et immobiliers, présents et à venir. La cessation de paiements constitue l'état de faillite; or, le jugement qui la déclare a pour
effet de dessaisir le débiteur commerçant de l'administration,
et, par là même, de la disposition de tous ses biens. Des syndics, nommés par les créanciers, exercent, dès lors, tous ses
droits, sous l'autorité, il est vrai, d'un juge et du tribunal de
commerce; ils les administrent et en opèrent la vente et la
liquidation, pour le compte de la masse, sous la réserve des
droits des créanciers privilégiés ou hypothécaires. Ainsi, le
dépouillement du failli est absolu; seulement la loi autorise le
juge-commissaire, sur la proposition des syndics, à remettre
au failli et à sa famille les vêtements, hardes, meubles et
effets mobiliers qui leur sont nécessaires, ainsi qu'un secours
alimentaire; mais même, à cet égard, le débiteur est complétement livré à la discrétion des syndics, d'abord, puis du juge-
commissaire; les garanties ordinaires, en matière de saisie,
lui sont absolument refusées; s'il n'obtient pas de concordat,
sa dépossession se trouve définitivement consommée, et son
dénuement sera peut-être d'autant plus complet, qu'il aura
été plus honnête et plus irréprochable.

Au surplus, la déclaration de faillite a aussi des conséquences très-graves pour les personnes qui ont pu traiter
avec le débiteur. Le Tribunal, en ordonnant la mise en faillite,
peut en faire remonter l'effet à l'époque qu'il juge convenable;
s'il n'a rien fixé à cet égard, la cessation de paiements date
du jugement. Cette faculté donnée au Tribunal de faire
remonter la faillite a pour but de rendre nuls, du moins relativement à la masse, certains actes faits, non-seulement depuis
l'époque fixée comme étant celle de la cessation des paiements,
mais encore dans les dix jours qui l'ont précédée. De ce
nombre, sont les actes translatifs de propriété, à titre gratuit,

les paiements de dettes non échues, même ceux de dettes
échues faits autrement qu'en espèces ou effets de commerce.
La cessation de paiements annule également tout droit d'hypothèque, d'antichrèse ou de nantissement constitué sur les
biens du débiteur pour dettes antérieurement contractées. Les
paiements faits par lui pour dettes échues, les actes à titre
onéreux qu'il a pu passer après l'époque de la cessation de
paiements, quoique avant le jugement qui la constate, peuvent
même être annulés, si ceux qui ont reçu du débiteur ou qui
ont traité avec lui, avaient déjà connaissance de l'état de
cessation de paiements.

La loi de 1861, dont nous ne rappelons ici que quelques-
unes des dispositions, ne fut, au surplus, que la reproduction
textuelle de la loi française de 1838 ; elle ne fit subir à celle-ci
que trois modifications : l'une limitant à deux années, au plus,
le privilége accordé par l'art. 2102 du Code civil, au bailleur ;
la seconde, indiquant la forme et les délais de la surenchère,
en cas de la vente d'immeubles ; la troisième, enfin, donnant au
Tribunal la faculté de demander au ministère public l'empri-
sonnement provisoire du failli, pour un terme de vingt jours au
plus. La question de constitutionnalité de cette dernière disposition a été soulevée ; on s'est demandé si ce n'était pas là un
moyen détourné de rétablir la contrainte par corps, abolie par
la loi constitutionnelle du 25 avril 1849, sur la liberté individuelle. Cette objection serait très-certainement fondée, si la
loi sur les faillites, faisait une obligation au procureur général
d'obtempérer dans tous les cas à la demande du Tribunal, car
la privation de la liberté ne peut, dans la règle, résulter chez
nous que d'un jugement rendu par un Tribunal statuant en
matière pénale ou d'un mandat décerné pour assurer l'instruction d'une procédure criminelle ; mais la loi de 1861 se taisant
sur cette obligation, on en doit conclure que le ministère

public demeure juge de l'opportunité de cette mesure de rigueur sur la personne du failli.

Quoiqu'il en soit, la position exceptionnelle faite au débiteur commerçant exigera sans doute une révision de la loi de 1861 dans un temps peu éloigné, car elle jure avec les principes plus humains de notre législation civile et elle place le débiteur, à un moment donné, dans une position d'autant plus redoutable qu'elle précipite sa ruine, par les dangers mêmes auxquels les tiers sont exposés (1).

(1) Cet objet est maintenant du ressort de l'Assemblée fédérale. (*Constitution de 1874*, art. 64.)

ONZIÈME PARTIE

—

§ XLVII

DÉROGATIONS SPÉCIALES A QUELQUES PRINCIPES GÉNÉRAUX DU CODE CIVIL

Les dérogations que nous allons rappeler, n'étant qu'exceptionnelles, laissent subsister en plein les principes de droit civil, hors les cas spéciaux pour lesquels elles ont été établies.

A) Dérogations au principe de l'inaliénabilité de l'immeuble dotal, et aux formes des ventes de biens de mineurs.

Lorsque les époux ont, en se mariant, adopté le régime dotal, et que la femme s'est constitué en dot un immeuble, cet immeuble, à moins d'une stipulation contraire faite par elle dans le contrat, est frappé d'inaliénabilité, pendant le mariage ; elle ne peut plus en disposer, même avec l'autorisation de son mari, si ce n'est dans des cas exceptionnels, et moyennant l'autorisation de la justice. Si le tribunal autorise la vente, elle ne peut avoir lieu qu'aux enchères publiques. (C. c. 1554, 1558, loi du 27 juin 1855, art. 1er et 20.)

Ce principe a toujours été respecté, de même que le titre entier du contrat de mariage ; cependant, le législateur genevois a cru devoir y déroger dans les cas exceptionnels suivants :

a) En matière d'expropriation pour cause d'utilité publique : le tribunal peut, dans ce cas, sur simple requête, autoriser l'acceptation des offres faites par l'Etat ou par la commune, ainsi que l'aliénation elle-même qu'elles ont pour objet ; mais aussi, il peut ordonner telles mesures qu'il juge utiles pour le remploi ou la conservation du prix. Cette exception, introduite par la loi du 21 janvier 1865, a passé dans celle du 11 septembre 1867, et dans la nouvelle loi sur les routes du 25 février 1874.

b) Lorsqu'il s'agit de la cession à l'Etat ou à la commune d'un chemin privé. (Loi du 6 juin 1868, art. 5.)

c) Lorsqu'il y a lieu de céder au domaine public, cantonal ou communal, un terrain d'une surface de soixante toises au plus, si, d'ailleurs, sa valeur ne dépasse pas 250 francs. La mutation de propriété est dans ce cas, comme dans le précédent, extrêmement simplifiée, puisqu'elle résulte d'un procès-verbal rédigé par le conservateur du cadastre, et transcrit au bureau des hypothèques. (Loi du 11 juin 1851 ; loi du 25 février 1874. art. 66.)

Dans tous les cas que nous venons d'indiquer, les formes ordinaires sont également modifiées à l'égard des mineurs et des interdits. Les tuteurs et administrateurs peuvent consentir aux aliénations avec l'autorisation du Conseil de famille. Elles s'appliquent également aux absents, en cas d'expropriation ; mais le Tribunal est appelé à homologuer la délibération du Conseil de famille, en ce qui concerne l'aliénation et les mesures que ce Conseil a indiquées pour le remploi ou la conservation du prix. (Loi de 1865, précitée, 23 ; loi de 1867, précitée, 7.) Cette homologation n'est, toutefois, pas applicable au cas prévu par l'art. 57 de la Loi du 25 février 1874, en ce qui concerne l'expropriation exceptionnelle autorisée pour l'élargissement des routes.

B) Dérogation relative à l'exercice des droits réels.

Les lois que nous venons de rappeler ne se sont pas bornées à déroger aux formes ordinaires de la loi civile, en ce qui concerne les personnes ; elles ont encore introduit d'autres dérogations aux principes généraux du droit, en ce qui concerne la surenchère (C. c. 2181 et s.), les actions en résolution de vente (C. c. 1654, 1658) ou de donation (C. c. 953 et s.), et les actions relatives à la revendication d'immeuble, à l'usufruit, aux servitudes ou autres droits réels ou de bail. Dans tous ces cas, le droit prétendu est transporté sur le prix et l'immeuble en est affranchi. (Loi de 1854, 13 ; loi de 1865, 15 ; loi de 1867, 20 ; loi de 1851, 5 ; loi de 1868, 5 ; loi du 25 février 1874, 51.)

On a pensé, non sans raison, que la diminution du gage du créancier serait, dans le plus grand nombre des cas, de peu d'importance ; que, d'ailleurs, elle serait compensée par une augmentation de la valeur de la propriété, du moment que celle-ci demeurerait contiguë à une voie publique plus large et mieux entretenue.

C) Dérogations relatives à certains priviléges consacrés par le Code civil.

Ces dérogations ont été introduites par la loi sur les faillites, du 19 octobre 1861 (549 à 551) ; elles consistent en ce que :

1° Le salaire acquis aux ouvriers employés directement par le failli, pendant le mois qui précède la déclaration de faillite, est admis au nombre des priviléges généraux, au même rang que celui accordé aux gens de service par l'art. 2101 du Code civil ;

2° Les salaires dus aux commis pendant les six mois qui précèdent la déclaration de faillite, sont admis au même rang ; tandis que le privilége que le Code civil accorde aux gens de service s'étend à l'année échue et à ce qui est dû sur l'année courante ;

3° Le privilége et le droit de revendication établis par le n° 4 de l'art. 2102 du Code civil, au profit du vendeur d'effets mobiliers, n'est plus accordé en matière de faillite. Ce dernier est donc maintenant classé dans la catégorie des créanciers ordinaires ;

4° Enfin, quant au privilége accordé au bailleur par le n° 1 du même article 2102, il ne peut plus, en cas de faillite, excéder deux années, savoir l'année courante et celle qui la suit.

D) Dérogation aux droits des femmes mariées.

La même loi sur les faillites (557 à 564) a apporté en outre certaines dérogations aux principes qui régissent les biens de la femme mariée. Elle établit d'abord la présomption légale que les biens acquis par la femme, l'ont été des deniers de son mari ; de telle sorte que si elle ne peut établir la preuve contraire par un titre authentique, ces biens sont le gage commun des créanciers ; elle restreint en outre l'hypothèque légale à certaines créances déterminées et y soustrait les immeubles acquis par le mari, à titre onéreux, par le seul fait qu'il était déjà commerçant au moment de la célébration du mariage ou qu'il l'est devenu dans l'année. Dans le même cas, la femme ne peut se prévaloir des avantages qui lui ont été assurés par son contrat.

E) Dérogations relatives au renouvellement décennal des inscriptions hypothécaires.

L'art. 2154 du Code civil soumet au renouvellement décennal toute inscription prise pour garantir l'existence d'un droit de privilége ou d'hypothèque. Deux exceptions ont été successivement apportées à ce principe ; l'une en faveur des inscriptions, garantissant les emprunts hypothécaires décrétés par une loi et concernant l'État (loi du 14 juin 1851, art. 2) ; l'autre en ce qui concerne les inscriptions d'hypothèques légales des femmes mariées, des mineurs ou des interdits, mais seulement pendant la durée du mariage, de la tutelle ou de l'interdiction ; ces inscriptions sont définitivement périmées si elles n'ont pas été renouvelées dans les dix années qui suivent, soit la dissolution du mariage, soit la majorité ou la cessation de l'interdiction. (Loi du 12 septembre 1868, art. 12 et 14.)

F) Dérogation relative à la cession des obligations résultant d'emprunts hypothécaires décrétés par une loi.

En matière de transport de créance, il est de principe que le cessionnaire n'est saisi, à l'égard des tiers, que par la signification du transport faite au débiteur par acte d'huissier, à moins que le débiteur n'ait déclaré l'accepter par acte authentique. (C. c. 1690) D'où la conséquence que, si avant que le cédant ou le cessionnaire ait rempli cette formalité, le débiteur payait le montant de sa dette en mains du cédant, il serait valablement libéré. (C. c. 1691.)

La loi du 14 juin 1851 a dérogé à ce principe, en disposant que, dans les emprunts précités, les obligations peuvent se transmettre par simple endossement, sans garantie solidaire des cédants et que, par cet endossement, les cessionnaires sont substitués à tous les droits hypothécaires des premiers créanciers inscrits.

G) Dérogation relative au dépôt de certains objets sur les terrains de l'État. Cet objet a été réglé par la loi du 12 juin 1861.

H) Dérogation relative aux objets déposés à la Caisse publique de prêts sur gages. Cet objet est réglé par la loi précitée du 1872.

I) Dérogation relative aux certificats de propriété. Cet objet est réglé par la loi du 5 décembre 1843.

J) Dérogation relative à l'interruption de la prescription des droits immobiliers.

19

D'après le Code civil (art. 2245), la citation en conciliation devant le bureau de paix, interrompt la prescription, du jour de sa date, lorsqu'elle est suivie d'une assignation régulière donnée dans les délais de droit.

La loi sur l'organisation des Justices de paix, du 30 novembre 1842, art. 110, a disposé que, pour les causes immobilières, la citation en conciliation, donnée par le juge de paix, interrompt la prescription, pourvu qu'elle soit suivie, dans les deux mois, d'un exploit d'ajournement devant le Tribunal civil.

CONCLUSION

—

§ XLVIII

J'ai exposé dans ses traits principaux la synthèse du droit civil spécial à notre République. La méthode historique que j'ai suivie convenait pleinement à mon dessein, car elle seule pouvait me permettre de grouper d'une manière intéressante un grand nombre de dispositions législatives qui ne sont, dans leur variété, que les matériaux épars de l'édifice futur de notre législation nationale.

Il me reste maintenant à jeter un coup d'œil d'ensemble sur la route que j'ai parcourue, afin de mettre en relief quelques-unes des grandes lignes qui résultent de ces études.

Le premier fait qui s'offre aux regards est d'abord la persistance sur notre territoire des Codes français, et le développement du droit civil genevois dans le cadre de ces codes. Ce phénomène assurément méritait d'être étudié à la fois dans ses causes et dans ses conséquences pratiques. Pour cela, il était nécessaire de remonter jusqu'à l'ancienne législation de notre République, remarquable par ses origines démocratiques, par sa simplicité, par son esprit religieux, sa conception élevée de la vie nationale. Nous avons constaté à cette occasion les analogies frappantes que l'élimination du droit canonique et du droit féodal avait produites dans ces deux législations si différentes d'origine, à tel point que le Code civil s'est trouvé être, à ce point de vue, en quelque sorte le développement, le complément de nos anciens Édits.

Cependant, malgré ces analogies, le sentiment national avait des exigences légitimes ; d'autre part, l'étroitesse de notre territoire permettait d'apporter, à certaines parties du Code civil, des améliorations qui constituaient pour nous de véritables progrès ; il fallait enfin édicter les lois spéciales que les besoins nouveaux devaient nécessairement réclamer. Tel fut l'objet de la législation civile genevoise proprement dite qui fait le sujet de ces études, dans lesquelles j'ai cherché à rattacher les principes qui la régissent à ceux des codes français, comme aussi d'en bien marquer les différences, quand nous y avions innové.

Dans la carrière relativement restreinte, et pourtant encore si large que j'ai parcourue, nous avons constaté la lutte des courants opposés qui se disputent partout, et sous des formes parfois inattendues, mais toujours vives, la prééminence, et dont la conciliation est l'éternel problème qui s'impose au législateur ; les traditions du passé et les besoins, les nécessités mêmes de la civilisation moderne ; d'une part les prétentions d'un individualisme exagéré, de l'autre, les tendances de l'État, personnification naturelle et constitutionnelle de la société elle-même dont il est appelé à défendre les intérêts généraux, et sur laquelle il a pour mission de faire régner la justice par la liberté de tous, sous une loi égale pour tous. A ce point de vue, n'est-ce pas ici le cas d'affirmer que la liberté, pour avoir une durée permanente, doit savoir s'imposer des limites, selon la profonde observation de notre grand historien national, Jean de Muller?

On a pu voir, à cette occasion, quelle puissance de résistance recèle le droit civil, et de combien d'obstacles est semée la route du législateur. Sous ce rapport, son œuvre ressemble à celle de l'artiste, qui ne parvient jamais à réaliser complétement l'idéal qu'il porte en lui ; mais cette imperfection relative est le levier même qui pousse à de nouveaux progrès. A cet égard, chaque génération a sa tâche nettement tracée ; à elle il incombe de renouveler sans cesse le droit pour l'adapter aux faits et aux besoins nouveaux, de la même manière qu'elle modifie le langage ; car l'un et l'autre expriment, sous des formes diverses, la vie sociale.

Si l'on considère l'œuvre des législatures genevoises sous le rapport des objets qu'elle embrasse, elle se présente sous un aspect essentiellement pratique et concret. Au premier coup d'œil, elle paraît avoir plus en vue le développement des intérêts matériels, que de créer de nouvelles formes à la liberté individuelle ; mais cette impression cesse en grande partie cependant dès qu'on l'étudie plus à fond ; car on ne tarde pas à s'apercevoir que, sous les intérêts matériels, se cachent et s'agitent les intérêts moraux, et que les problèmes de la liberté se retrouvent partout, sous les formes les plus diverses et les plus modestes. Nous ne devons pas oublier, d'ailleurs, que le propre du droit positif est de s'incarner dans les objets de l'ordre matériel, et qu'à moins de vouloir reprendre l'édifice dans ses fondements, les principes sur lesquels il repose ont, jusqu'à présent, été hors de discussion. Les principes qui régissent la famille et la propriété, la capacité des personnes, les obligations en général, et la transmission des biens par l'effet des successions légitimes, des donations et des testaments, avaient été posés à une de ces époques

rares dans l'histoire, parce qu'elles marquent une ère nouvelle ; et le Code civil n'avait fait que les consacrer en cherchant à établir une conciliation entre l'ancien et le nouveau
droit, quand elle paraissait convenable et possible. Car, il
faut le reconnaître, bien qu'il n'eût reçu sa forme définitive
qu'au moment où, par l'effet des institutions politiques et
d'une centralisation exagérée des pouvoirs administratifs,
judiciaires et militaires, le gouvernement impérial enchaî-
nait la liberté, le Code civil s'était heureusement trouvé
indépendant de ces institutions elles-mêmes, en sorte
qu'il pouvait, sans difficulté, s'approprier aux institutions
républicaines, qui constituent, après tout, son atmosphère
naturelle. Mais nous avons appris, par expérience, que
la meilleure législation civile ne pourra jamais se consoler
de la perte de la liberté politique et surtout de l'indépendance
nationale.

L'importance qui s'attacha chez nous aux lois relatives à la
propriété du sol tint à deux causes principales : d'un côté, l'extrême morcellement de la propriété, conséquence naturelle de
la densité toujours croissante de la population ; de l'autre, les
besoins de sécurité, de salubrité, qui en résultaient ; mais,
chose remarquable, cette partie elle-même de notre législation s'est en grande partie développée sans toucher aux bases
du Code civil.

Dans la formation de notre droit, on peut distinguer trois
périodes.

La première, qui suit immédiatement la Restauration, est
celle où la République devenue canton suisse, après s'être
constituée politiquement, crée son organisation judiciaire,
règle, par une loi de procédure, les formes de l'administration de la justice civile, et les modes d'exécution permis contre le débiteur, se préoccupe d'assurer, par de nou-

velles garanties, la protection des femmes mariées et des incapables, cherche enfin à sauvegarder la liberté de conscience, l'une des bases de notre état social, dans les formalités de la célébration du mariage, tout en laissant aux églises le soin d'y mettre le sceau de la religion. Cette première période est importante par l'objet même des lois qu'elle édicte ; elle l'est à un autre point de vue : elle voit naître et s'affirmer les prétentions du clergé de l'Eglise Romaine à apporter des limites à la souveraineté de l'Etat.

La période qui suivit peut être appelée celle des droits réels, parce qu'on s'y préoccupa surtout de l'amélioration du système hypothécaire et du régime de la propriété immobilière, au double point de vue de la sécurité des transactions et du crédit agricole, et de leurs rapports avec le public.

Cette seconde période fut enfin suivie de celle où le développement du crédit mobilier et immobilier obtint une large part des réformes législatives, et où les fondations d'utilité publique aussi bien que les associations civiles et commerciales font l'objet de dispositions nouvelles.

Les deux premières périodes correspondent surtout à la durée du système politique inauguré en 1814, où les anciennes traditions paternelles de gouvernement avaient plus ou moins repris vigueur, où la vie politique, concentrée presque entièrement dans les Conseils, sort peu à peu de l'enceinte fermée pour se répandre au dehors. Elles furent marquées par l'active coopération d'excellents jurisconsultes que nous avons montrés à l'œuvre dans l'élaboration de nos lois civiles, en même temps que plusieurs enrichissaient notre littérature d'ouvrages d'un haut mérite. Il suffit de signaler, en nous bornant au sujet spécial qui nous occupe, le célèbre *Exposé des motifs de la loi sur la procédure civile,* admirable travail du professeur Bellot, que MM. Pierre Odier, Édouard

Mallet et Charles Schaub ont complété d'après les cours et les manuscrits de l'auteur ; les ouvrages de Etienne Dumont, rédigés et publiés, d'après les manuscrits de Bentham ; le grand *Traité du Contrat de mariage*, du professeur Pierre Odier, et son livre sur les *Systèmes hypothécaires ;* le *Commentaire* de M. Simond Delapalud sur le *cadastre genevois*. A ces ouvrages d'une valeur incontestable, sont venus, plus tard, s'ajouter ceux de MM. Joseph Hornung et Charles Brocher, aujourd'hui professeurs de droit à notre Université. Parmi les ouvrages de ces jurisconsultes, nous devons une mention spéciale à la belle *Etude sur la Légitime et la Réserve*, et au *Traité de Droit international privé* de M. Brocher, ainsi qu'au travail de M. Hornung, sur l'*Evolution juridique des nations chrétiennes* (1).

Le régime populaire que consacra la Constitution de 1847, et qu'affermit la Constitution fédérale de 1848, influa d'abord dans une mesure assez restreinte, sur le développement du droit civil. Il s'agissait alors, avant tout, d'assurer la marche régulière de la démocratie, de développer la Constitution nouvelle par les lois organiques qu'elle avait prévues, de réaliser la transformation matérielle de l'ancienne Genève. La révolution avait été essentiellement politique ; mais, par cela même, elle ne pouvait manquer de toucher tôt ou tard au droit civil : l'abolition de la contrainte par corps, celle de la mort civile, l'introduction de principes plus équitables et plus humains dans les relations de créancier à débiteur, dans les poursuites juridiques ; les lois sur les fonda-

---

(1) Nous tenons également à rappeler ici la monographie latine que feu M. Alphonse Vuy a publiée en 1838, sur *les Origines et la nature de l'emphytéose ;* l'importante publication du *Régeste Genevois*, de MM. E. Mallet, Lullin et O. Le Fort, et les nombreux et savants travaux d'archéologie juridique de M. Jules Vuy.

tions, sur les sociétés, et d'autres touchant directement au développement du crédit, enfin les récentes dispositions relatives aux droits successoraux de l'époux survivant et de l'enfant naturel, furent les conséquences des nouvelles institutions.

C'est ainsi qu'au milieu de bien des essais et des tâtonnements, le développement du droit civil a suivi, chez nous, une marche lente, mais assurée et harmonique. Le temps, sans doute, n'a pas permis d'accomplir toutes les améliorations qui ont pu être raisonnablement désirées; car, dans les démocraties, les législatures se succèdent rapidement; elles ne marquent leur passage qu'en réalisant les réformes les plus impérieusement réclamées par l'opinion publique. Malgré cela, les progrès suivent une marche logique, tantôt sur un point, tantôt sur l'autre. Et en fait, toutes les fois qu'une réforme a été sérieusement réclamée, cette réforme a eu lieu.

L'esprit fortement accentué de notre nationalité a passé dans nos lois et leur a imprimé le sceau de l'unité. Il n'en pouvait être autrement. Le développement du droit n'est, après tout, que l'expression de la société elle-même; le droit est chose vivante; il s'élabore lentement, mais d'une manière continue, par l'effet de mille causes concourant au même but: celui de faire jaillir les principes en vertu desquels la justice doit régner au sein d'une nation d'hommes libres.

FIN.

TABLE

—

DEUXIÈME PARTIE. — *Le domaine public.*

TROISIÈME PARTIE. — *La propriété privée dans ses rapports
avec l'Etat ou le public.*

QUATRIÈME PARTIE. — *Conservation de la propriété et publicité
des droits réels.*

FIN DE LA TABLE.

Genève. — Imprimerie ZIEGLER et Cⁱᵉ, rue du Rhône, 52.

DU MÊME AUTEUR

Lois civiles et commerciales qui constituent, avec les Codes, la législation du canton de Genève, réunies dans l'ordre des Codes, par Antoine FLAMMER, avec la collaboration de Edouard Fick ; 1 vol. in-8°, de 408 pages, 1859, 6 fr.

Lois pénales, d'instruction criminelle et de police, qui forment, en ces matières, avec les Codes français et le Code pénal militaire fédéral, la législation du canton de Genève, réunies dans l'ordre chronologique, annotées, suivies des concordances des Codes avec ces Lois, et précédées d'une Introduction, 1 vol. in-8°, de 440 pages, 1862, 5 fr. 50 (1).

Usages ou jurisprudence coutumière du canton de Genève, 1 vol. in-8°, de 242 pages, 1866, 6 fr.

De l'organisation des Tutelles dans le canton de Genève, br. de 36 pages, 1869, 1 fr.

(1) Un nouveau *Code pénal* a été promulgué en 1874.

Genève. — Imp. ZIEGLER et Cᵉ.

www.ingramcontent.com/pod-product-compliance
Lightning Source LLC
Chambersburg PA
CBHW060422200326
41518CB00009B/1451